自由贸易

全球化变局下推进机理研究

郑 军 ◎ 著

图书在版编目(CIP)数据

自由贸易:全球化变局下推进机理研究 / 郑军著.
上海：上海财经大学出版社, 2025. 6. -- ISBN 978-7
-5642-4661-7
Ⅰ.F741.2
中国国家版本馆CIP数据核字第20258ZW771号

□ 责任编辑　姚　玮
□ 封面设计　贺加贝

自由贸易
全球化变局下推进机理研究
郑　军　著

上海财经大学出版社出版发行
(上海市中山北一路369号　邮编200083)
网　　址:http://www.sufep.com
电子邮箱:webmaster@sufep.com
全国新华书店经销
上海颛辉印刷厂有限公司印刷装订
2025年6月第1版　2025年6月第1次印刷

710mm×1000mm　1/16　10.75印张(插页:2)　181千字
定价:78.00元

序　言

这些日子,特朗普2.0政府扛着"美国优先"大旗,抡起"对等关税"大棒砸八方,全球股市惶恐暴跌。本已步履艰难的全球自由贸易,俨然站在了百年未有之大变局的三岔路口。当是时,作为每日胸怀世界大局、兼具历史责任感的一介渺渺学者,自觉有必要代表正确历史发展观,声援全球自由贸易!

声援便是这本书。该书稿粗成于2017年初,彼时,作为"逆全球化"拐点事件,特朗普逆袭当选,第一次步入白宫,贸易保护风声渐紧。而我,忙于应付毕业,整天死磕文献综述,为继续推进全球自由贸易研究殚精竭虑。书中删芜就简,梳理出全球变局下推进自由贸易的所谓三大机理。第一个机理是全球化价值理念转向。本国经济理性的贸易保护和贸易报复重复博弈,让各国都偏离最大福利水平;唯有"命运共同体"理念下"计天下之利",信奉自由贸易与合作共赢,才能达成全球利益最大化和整体贸易公平。第二个机理是大国责任担当。维护与拓展自由贸易的当前利益,来自各国间资源优化配置,而长远利益则需要大国提供公共产品,培育欠发达国家发展能力、不断创新和引领。第三个机理是资本与劳动利益平衡。金融资本跨国逐利催生虚拟经济泡沫风险,加剧贫富分化,劳动阶层沦为"全球化输家";约束和引导跨国金融资本"脱虚向实",使庞大劳动阶层分享自由贸易红利,自由贸易才能得到社会政治支持。最后指出,中国倡议和引领"一带一路"建设,便是依据上述三大机理推进全球自由贸易的新实践。

本书稿压箱底八年。敝帚自珍心理作祟吧,不轻易出版示人,总认为费心劳神难得熬成的,应当抽时间打磨,完善,继续打磨,继续完善。而事实上,生活总是来来去去,忙忙碌碌,竟一直没时间修改,估计以后也不会有。稍加整饬,就这样献丑吧!

说丑,或许会有点,毕竟学术造诣有限,且成稿仓促,打磨欠工夫。您若治学严谨,批判性审阅本书,挑出一筐概念、逻辑或文法瑕疵来,不在话下。您若能够将就读,或许会发现,其实也没那么丑,文中一些独到视角、思想和研究方法,如散落米粒之珠玑,俯首可拾。

亲爱的读者,当您读完此书合上最后一页时,您的炯炯目光将越过当前的全球经济动荡、混沌和焦虑,坚信未来一定是:世界和平、人类繁荣与自由贸易同在!

郑　军

2025 年 4 月 9 日

于开物楼

目 录

绪 论/1
  一、研究背景：全球化变局/1
  二、研究文献综述/11
  三、研究思路、内容、方法与创新/38

第一章 新型全球化特征、理念与发展趋势/43
  一、全球化基本内涵/43
  二、全球化 4.0 时代新特征/44
  三、全球化多元价值理念/51
  四、全球化发展新趋势/60

第二章 全球化价值理念转向：自由贸易主观博弈/67
  一、全球化与自由贸易价值认知/67
  二、自由贸易主观博弈模型构建/72
  三、全球化价值理念对博弈演化的影响/75
  四、公平贸易与全球利益最大化/87

第三章 大国责任担当：自由贸易网络维护与拓展/101
  一、双边自由贸易形成机理/101
  二、全球自由贸易网络的拓展机理/106
  三、维护与拓展自由贸易的大国责任/114

第四章 资本与劳动利益平衡：金融服务贸易准入交换博弈/117
  一、金融服务贸易自由化的利弊/117

二、金融服务贸易准入的交换博弈/122
三、金融服务贸易自由化的约束性引导/128

第五章 "一带一路"推进自由贸易的新实践/133
一、"一带一路"倡议的全球化价值理念/133
二、"一带一路"倡议的资本流向与金融支持/137
三、"一带一路"贸易网络演化中的大国作用/140

第六章 全球化变局下自由贸易推进策略建议/148
一、全球化价值理念转变推进自由贸易/148
二、以大国责任担当推进贸易自由化/149
三、平衡国际与国内各方利益以推进自由贸易/151
四、借助"一带一路"推进贸易自由化/152

第七章 总结与展望/153
一、主要内容与结论/153
二、研究不足与未来展望/155

参考文献/157

绪　论

一、研究背景：全球化变局

(一)传统全球化发展面临困境

经济全球化历程最早可追溯到 15 世纪末地理大发现时期，欧洲国家探索和殖民新大陆，推动了资本、商品和劳动力全球性流动。至 19 世纪初，西方工业革命极大地提高了生产效率，引起广泛的社会分工和国际商品交换，形成以英国为中心的世界大市场。第二次世界大战后，美国主导建立了布雷顿森林体系、国际货币基金组织(IMF)和世界贸易组织(WTO)，为全球经济提供稳定的货币环境、金融支持和贸易制度保证。大工业时代的一百多年间，经济全球化总体上对世界产生积极作用，它"促成了贸易大繁荣、投资大便利、人员大流动、技术大发展"[1]，使得生产要素向使用效率最高的国家或地区流动，提高了全球资源配置的效率[2]。

然而，经济全球化的问题也伴随着全球化的进程而滋生，一些国家和群体开始质疑全球化带来的利益分配公平性问题，以及对国家主权安全和社会稳定的负面影响。这些问题在全球金融危机引发全球经济滞涨的时期，更加凸显。

金融危机本身就是经济全球化不可忽视的重要风险，还可能导致一系列经济和社会问题。经济全球化促进了资本跨国界流动，使得各国金融市场联系紧密，一国金融市场动荡可能会迅速传导至他国，引发全球性的金融危机。2008 年美

---

[1] 习近平.共同构建人类命运共同体——在联合国日内瓦总部的演讲[N].人民日报,2017-01-20.
[2] 张宇燕,李增刚.国际经济政治学[M].上海:上海人民出版社,2008:413-414.

国次贷危机爆发,迅速蔓延至欧洲金融市场,继而导致全球金融市场动荡、经济增长乏力和国际贸易持续低迷,一系列社会问题开始凸显。根据欧盟统计,2009年欧盟28个国家和欧元区19个国家经济增长降至20多年来最低点,平均跌幅分别为4.37%和4.52%。欧盟区域直到2012年经济才开始缓慢复苏,但增长依旧乏力,部分国家,如希腊、芬兰与意大利2015年的增长率分别为-0.2%、0.2%和0.8%。同时,失业率居高不下。2009年欧盟和欧元区失业率激增至9.0%和9.6%,2013年扩大到10.9%和12%,直到2015底失业率依然维持在9.4%和10.9%的高位。青年人失业问题尤其严峻,2015年底统计青年失业率超过20%,为社会稳定埋下严重隐患。与高企的失业率密切相关的是贫富分化问题。根据欧盟统计,欧盟和欧元区国家平均基尼系数从2012年起一直缓慢上升,2015年达到31%左右,欧盟范围内近四分之一(23.7%)公民被视为受贫困或社会排斥威胁的人员,状态令人担忧。而且,越来越多全日制工作者也受到贫困威胁,该比例从2009年的7.0%增至2015年的7.8%,即便经济状况整体较好的德国,这一比例仍在2015年达到7.1%。欧盟内贫富分化还体现在国别差异,南、北欧国家间社会鸿沟明显,尤其希腊与西班牙,受贫困或社会排斥威胁的比例高达到28.6%与35.7%。贫富程度还存在代际差距,中下层年轻人为主的群体参与经济的机遇恶化。全球经济危机冲击使得中产阶层进一步萎缩,各国国内需求下降,极富和赤贫人口比例上升明显,社会财富结构由"橄榄型社会"转向所谓"M型社会",成为社会和政治不稳定的经济根源。

"逆全球化"思潮是全球金融危机冲击使得西方国家贫富分化加剧背景下,引发的一场"全球化输家"由下而上反思全球化发展方向和成果的思想运动[1]。这种思潮主张通过强化民族主义、保护主义、排外主义或本国优先等策略来减轻全球化的负面影响,并试图为本国或本民族在全球化进程中遭受的损失寻求补偿。在西方国家,这具体表现为欧盟各国右翼民粹政治力量的兴起、贸易保护主义的抬头、英国的"脱欧"行动以及商人出生的政治素人特朗普两次胜选美国总统等事件。

1. 欧盟右翼民粹政治力量崛起

全球化生产分工与贸易扩散加剧了不同国家之间以及国内不同利益群体之间的不平等,形成了庞大的所谓"现代化输家"的群体,他们由于受教育程度、工作

---

[1] Teneyal C, Lacewella O P, Wildea P D. Winners and losers of globalization in Europe: attitudes and ideologies[J]. *European Political Science Review*. 2014;6(4):575—595.

技能等处于劣势,不能适应全球化进程,客观上或主观感知到被社会边缘化、被排斥、面临身份地位损失,因此,需要从激进民族主义的身份认同感以及面对少数外来族群的身份优越感中得到补偿,从而形成右倾态度模式[①]。他们臆想一个均质的"人民"或"小人物"社会,把自己视为"人民"的真正代言人,并树立起两类敌人形象:第一类敌人是主流社会精英,或者说建制派,把全球化带来不断扩大的收入差距、大量失业现象,归咎于主流政党和精英阶层没有意愿或者没有能力造成的错误决策后果;第二类敌人是不属于"人民"的少数边缘化人群,或者说外部人,主要是异教徒与移民群体,如欧洲难民潮危机激起一些本国民众的强烈排外情绪,局部战乱和欧盟内的自由迁徙体制,导致大量移民从贫穷国家涌向较富裕国家,被指为侵占迁入国的社会福利、引起社会治安问题。特别是2015年11月巴黎发生史无前例的恐怖袭击事件,袭击者的难民身份坐实了民粹政党关于"外来移民是法国恐怖主义根源"的断论,更加助长了民众的不满和仇恨情绪,使德国、法国、意大利等欧盟主要国家右翼民粹政治力量迅速壮大。威廉·海特梅尔(Wilhelm Heitmeyer等,2008)认为,欧洲右翼民粹政党的成功反映了全球化的阴暗面[②]。

2. 全球贸易保护主义抬头

全球化过程产生的"现代化输家"通过选举制度、抗议运动、媒体舆论等各种渠道给本国政府施加压力,要求通过贸易保护措施、强调国家边界和主权政策独立性等抗击全球化的冲击[③]。2008年金融危机爆发以来,欧盟一方面进一步启动了与美国、日本、加拿大等国双边自由贸易谈判;另一方面引发了与中国光伏产品贸易争端,要求欧盟内部贸易防护体系升级,由此可见,危机后欧盟的全球贸易政策延续出现不对称性。欧盟虽然没有采取传统关税壁垒与单纯的非关税壁垒,但规制型贸易保护主义有所抬头,"爬行贸易保护主义"(Creeping Protectionism)措施逐渐增加。随着政府"危机干预"的强化,在资本和产品市场方面有更具防御性的贸易政策出台[④]。

---

① 郑春荣. 欧盟逆全球化思潮涌动的原因与表现[J]. 国际展望,2017(01):34-51.
② Sitzer P, Heitmeyer W. Right-wing extremist violence among adolescents in Germany[J]. *New Directions for Youth Development*,2008,119:169-185.
③ Ghibuţiu A. The surge in trade protectionism: evidence and Implications[J]. *Impact of Socio-economic and Technological Transformations at National,European and International Level*(ISETT),2016,13.
④ Wynne M A, Kersting E K. Trade, globalization and the financial crisis[J]. *Economic Letter*,2009,4(10):43-52.

全球化冲击下一些国家的民众寻求庇护的呼声，使得新的双边自由贸易谈判并非一帆风顺。例如，跨大西洋贸易与投资伙伴关系协定（TTIP）在欧洲遭到各国抵制，原因在于欧洲民众担心食品安全、医疗保障、劳动力就业与环境保护等方面监管标准下降，使得劳动阶层和普通消费者权益受损；另外的担忧是，统一争端解决机制可能使得本国丧失监管主权而失去安全保障①②。

欧盟针对中国贸易的防护措施更加明显。随着中国的全球贸易份额不断扩大，金融危机以来，"中国威胁"论比以往更为喧嚣。爱特罗·卡来顿（Italo Colantone, 2016）认为，英国人丢失工作岗位的真正原因是来自中国的竞争，并且以过去 30 年受中国进口产品影响最大的地区和支持脱欧投票之间的强统计关联作为佐证③。欧盟对华贸易保护主义暗流涌动，例如，根据中国入世议定书规定，到 2016 年 12 月 11 日中国加入 WTO 15 年过渡期终止，自动获得市场经济地位，针对中国产品反倾销时采用"替代国"价格认定的做法也应当终止。但事实上，欧盟委员会设法规避该条款来变相加强贸易保护体系，在 2016 年 11 月提出精确打击特定行业、特定情况下出现"倾销"行为的立法倡议中，如果认定中国钢铁行业产能过剩或者价格接受国家补贴，欧盟将征收高额反倾销税以阻挡中国产品的冲击④⑤。同年，德国叫停福建宏芯基金对德国最大半导体设备生产商 Aixtron 的收购案，德国经济部长 Sigmar Gabriel 宣称要在欧盟引入投资新规，防范中国国资背景企业或者接受国家补贴企业在欧盟的"蓄意"并购。与此同时，欧盟委员会发布《欧盟对华新战略要素》，表示愿与中国加强经济合作，强调双方合作的"公平性"与"对等性"原则，实质上隐含着以贸易保护权与中国进行利益交换的意图。WTO 报告指出，2015 年 10 月至 2016 年 5 月 G20 集团出台贸易保护主义措施高达 145 项，相当于每周都有 5 项贸易保护措施出台，频率和数量为国际金融危机以来罕见。时至今日，欧盟针对中国的贸易保护措施依然严厉。2023 年 9 月 13

---

① Hilary J. Europe mobilize against TTIP[R]. NACLA Report on the Americas. 2016(3): 242-243.

② Naim N. Transatlantic trade and investment partnership (TTIP) and the spill overs effects on the Gulf-cooperation council[J]. International Journal of Law and Management. 2017;59(1):1-9.

③ Italo C, Stanig P. The real reason the UK voted for Brexit? jobs lost to Chinese competition[N]. The Washington Post. 2016(7).

④ Fu D. China's CRC exports down 20% in November as anti-dumping measures bite[N]. Metal Bulletin Daily，2016:1.

⑤ Tanatar M. EU reopens anti-dumping probe into seamless tube, pipe from China[N]. Metal Bulletin Daily. 2016:1.

日,欧盟委员会以公平竞争为由,突然对中国电动汽车开展反补贴调查;2024年7月5日起对中国产电动汽车加征17.4%~37.6%不等的临时反补贴关税;10月4日投票通过对华电动汽车反补贴调查终裁措施,意味着将按照《欧盟对华电动汽车反补贴案》对中国电动汽车征收5年高额反补贴税[①]。近年来,欧盟对华实行"经济安全"和"去风险"策略,使得中国企业的欧盟市场准入和竞争环境恶化[②]。

3. "逆全球化"拐点事件频现

2016年英国"脱欧"和美国特朗普当选总统,被认为是标志着欧美国家可能到了全球化拐点的两个"黑天鹅事件"。

在经历了欧债危机、难民危机、乌克兰危机、暴恐危机等一系列叠加危机后,曾经作为全球化进程典范的欧盟国家群体内部出现了裂痕。2016年6月23日,英国以51.9%支持率出人意料地通过了全民公投,决定脱离欧盟。英国脱欧主要原因之一,是英国意图控制那些借助欧盟内部自由迁徙政策涌入的移民数量[③]。统计显示,2011—2015年英国5年净迁入移民人数扩张了1倍,相比2004年欧盟东扩之前,则增加了近10倍。英国统计局2016年数据显示,2015年净迁入移民达33.3万人,其中主要来自中东欧国家的欧盟内移民18.4万,创下历史最高纪录,远远超出卡梅伦首相承诺每年净移民人数10万人以内的控制线,给英国脱欧埋下伏笔。这些欧盟内(主要是东欧)的工作移民被指责耗费了英国大量社会福利资源,抢占英国人的就业机会。根据公投结果分析,18~24岁的年龄段支持留欧的比例高达71%,反映了全球化、一体化和互联网背景下成长的年轻一代生活理念和追求;49岁以上的中老年人多数支持脱欧,反映了他们对昔日英国享有完全主权、强势英镑时代的美好回忆和对全球化结果不确定性的风险厌恶。英国脱欧表明全球尤其是发达国家的民粹力量日渐强大,可以认为是反全球化的第一波。在某种情况下,区域一体化对集团内国家起了"紧身衣"作用。英国脱欧无疑脱掉了欧盟这件"紧身衣"束缚,重新拥有参与全球化的自主身份和可选择机遇。有学者担忧,英国脱欧在欧盟内起到了分裂的示范作用,如果应对不善,可能会引发瓦解欧盟的多米诺骨牌效应,从而造成全球化进程历史性倒退[④]。

---

① 德国汽车工业协会:德国反对欧盟对华电动车加征关税是在发出正确信号[N]. 界面新闻,2024.10.04.
② 欧盟中国商会. 中国企业在欧盟发展报告2024/2025[R/OL].(2024-12-09)[2025-01-08]. https:// baijiahao. baidu. com/s? id=1820623043474665241.
③ 刘旭东. 移民影响英国脱欧的内在机制论析[J]. 世界民族,2019,(03):57-68.
④ 崔翠翠. 欧盟政治分裂与重心转移的消极影响[J]. 人民论坛·学术前沿,2019,(22):150-153.

2016年11月8日美国总统大选结果,共和党候选人唐纳德·特朗普(Donald Trump)逆袭成功。分析家指出,特朗普当选是美国国内民粹主义与民族主义的政治胜利,反映了广大民众对资本主导全球化所造成社会经济后果的不满和愤怒。特朗普在竞选时曾表示理解与支持英国脱欧的意愿,反对跨国难民自由迁徙政策,并在2017年1月25日宣布将在美墨边境修建隔离墙,加强边境安全和收紧移民政策。而在此前两天,特朗普总统签署行政命令,正式宣布美国退出跨太平洋伙伴关系协定(TPP),表明美国放弃全球自由贸易领头羊地位,回归民族主义和贸易保护主义之路[①]。

如果说,2016年特朗普首次胜选美国总统是"逆全球化"拐点事件,那么,2025年1月6日特朗普再次当选则是对这个拐点的再次确认。特朗普2.0时代依然奉行"美国优先"的单边主义政策,宣称要对中国、加拿大、墨西哥等多国商品征收25%～60%的高额进口关税,引发再次全球贸易战的担忧。特朗普奉行"交易型外交"艺术,在北约军费分担、能源贸易等方面主张自身利益,而不在乎所谓的西方共同价值观,必将在西方国家集团内部产生裂痕[②]。此外,特朗普对气候变化、环境保护、公共卫生等全球治理的国际组织和多边协议持消极态度。

尽管,以往经济全球化发展的负面影响引发一系列经济、政治和社会问题,从而出现"逆全球化"思潮和现象级的"逆全球化"拐点事件,但是这并不意味全球化走向了终结。当前世界正处于新旧全球化换挡的阶段,可以认为,欧美等西方发达国家主导的全球化正在全面退潮,而中国等新兴经济体扮演重要角色的新型全球化正在兴起。在这新旧交替的特殊时期,新型全球化面临诸多复杂艰巨的挑战。

(二)新型全球化的"一带一路"实践

2013年9月7日,习近平主席在出访土库曼斯坦时发表重要演讲,第一次深刻阐述了与中亚国家共建"丝绸之路经济带"的构想。同年10月3日,习近平应邀在印度尼西亚国会演讲时,提出中国愿同东盟国家共建"21世纪海上丝绸之路"的重大倡议。中国提出的这两张蓝图并称"一带一路"(The Belt and Road, B&R),得到了国际社会高度关注。"一带一路"倡议是全球化面临困境的背景下,中国从政治围堵与经济发展困境中突围的自身要求,也是引领沿途国家乃至世界各国走出全球化当前困境的希望之举,符合世界的、长远的发展利益。因此,

---

[①] 邱昌情. 特朗普政府"退群"对多边主义秩序的影响及应对[J]. 湖北社会科学,2019,(12):23—30.

[②] 雨山,王逸. 欧盟考虑应对特朗普"关税威胁"[N]. 环球时报,2024—12—25 (011).

"一带一路"倡议不仅是中国的全球化进程,而且是区域的乃至世界的全球化进程的重要组成。2016 年 9 月,中国杭州举办 G20 峰会,各国领导人一致支持成立全球基础设施中心,并与"一带一路"基础设施建设项目进行对接。这一举措不仅体现了各国对加强全球基础设施建设的共识,而且彰显了反对贸易保护主义、促进全球贸易增长的坚定决心,为"一带一路"倡议的全球化进程铺设了坚实的基石,也为推进全球化注入了新的动力。2013—2022 年 10 年间,中国与"一带一路"倡议沿线国家贸易累计总额 19.1 万亿美元,年均增长 6.4%,这个增速高于同期的中国外贸增速和全球贸易增速。在投资领域,中国与沿线国家双向投资累计超过 3 800 亿美元,促进了资本与技术的双向流动[1]。此外,基础设施建设取得显著成就,标志性项目如中老铁路、雅万高铁等陆续建成投运,中欧班列通达 25 个欧洲国家 227 个城市,连接 11 个亚洲国家 100 多个城市,货运量突破 1 100 万标箱[2]。这些成果不仅彰显了中国与沿线国家深厚友谊与紧密合作,而且为推动全球经济发展、构建人类命运共同体作出重要贡献。

1. "一带一路"倡议提出的背景

自改革开放政策实施以来,中国已经历了超过 30 年的迅猛发展,特别是自加入世界贸易组织(WTO)的 20 多年间,中国已经发展成为全球重要的制造业中心。然而,这种快速的经济增长也带来了一系列问题,包括产能过剩、产业转型的挑战、能源矿产供应安全问题——由于高度依赖进口,以及国内经济发展中地区结构的失衡。此外,中国在国际舞台上的快速崛起也引起了世界大国的打压和周边国家的疑虑。这些问题迫使中国寻求新的地缘政治合作方式,以及通过"走出去"战略来拓展经济发展的新途径。[3]

在国际层面上,全球金融危机的深层次影响仍在持续显现,世界经济复苏的步伐显得乏力。世界贸易组织(WTO)的多边贸易谈判遇到了阻碍,与此同时,双边和区域自由贸易协定的谈判却在积极进行。单边的或区域集体的贸易保护主义开始抬头,国际投资与贸易的格局以及规则正在经历深刻地调整。欧美等传统全球化主导国家正面临复杂的社会和经济发展问题,它们在提供全球公共产品方

---

[1] 刘亮. 数据梳理共建"一带一路"10 年来亮眼成绩单[N/OL]. 央视网(2023—10—11)[2025—01—08]. https://news.cctv.cn/2023/10/11/ARTIa03H9zKZns1WPHJwVrSA231011.shtml.

[2] 刘仲华. 共建一带一路第一现场:跨越山海,钢铁驼队为世界经济增动力[N/OL]. 人民日报(2024—12—11)[2025—01—08]. https://www.workercn.cn/c/2024—12—11/8411067.shtml.

[3] Nalbantoglu C. One Belt One Road Initiative: New Route on China's Change of Course to Growth [J]. Open Journal of Social Sciences. 2017;5(1):87—99.

面显得力不从心。在这样的国际背景下,中国提出了"一带一路"倡议,这一倡议秉持开放的区域合作原则,致力于维护全球自由贸易体系。它顺应了经济全球化、文化多样化、权力多极化的时代潮流,符合全球社会发展的根本利益。

2."一带一路"倡议构想与主张

"一带一路"倡议构想在地理空间上横跨亚洲、欧洲及非洲大陆,东端起始于经济活力充沛的东亚经济圈,西端则与经济发达的欧洲经济圈相接,而中间地带则为具有巨大发展潜力的广大内陆国家。这一倡议不仅连接了古老的丝绸之路,而且涵盖了现代的贸易路线,旨在促进沿线国家的经济合作与发展。在"丝绸之路经济带"中,主要的交通线路包括:其一,从中国出发,经中亚、俄罗斯,直至波罗的海沿岸的欧洲国家;其二,从中国出发,经中亚、西亚,抵达波斯湾、地中海沿岸国家;其三,从中国出发,延伸至东南亚、南亚、印度洋地区。至于"21世纪海上丝绸之路"的主要方向,则包括:其一,从中国沿海出发,穿越南海进入印度洋,进而通过红海延伸至地中海,直至欧洲;其二,从中国沿海出发,穿越南海,通往南太平洋诸岛国。这些路线不仅将促进货物和资源的高效流通,还将加强沿线国家之间的文化和人文交流。然而,"一带一路"倡议并未设定具体终点,为持续拓展留下广阔空间[1]。基于上述规划,陆上交通将依托国际主要通道,以沿线中心城市为支撑点,以重点经贸产业园区为合作平台,与沿线国家共同构建新亚欧大陆桥、中蒙俄、中国—中亚—西亚、中国—中南半岛等国际经济合作走廊;海上交通则以重点港口为节点,共同打造安全、畅通、高效的运输网络。进一步推动中巴、孟中印缅两个经济走廊的建设,以丰富"一带一路"倡议的内陆网络。

中国提出将"一带一路"倡议成为促进共同发展的合作共荣之路,增进相互理解与信任,加强全方位交流的和平友谊之路。中国政府倡导,应秉持和平合作、开放包容、互学互鉴、互利共赢的理念,全面推动务实合作,构建政治互信、经济融合、文化包容的利益共同体、命运共同体和责任共同体。各国经济开放合作的愿景,需要各国携手合作,朝着共同安全、互利互惠的目标共同努力。具体路径包括:建设并完善区域基础设施网络,形成安全高效的陆海空通道,促进区域互联互通;进一步提高贸易与投资便利化水平,形成高标准的自贸区网络,加强域内各国经济联系;广泛深入地开展各国人文交流,促进区域多元文明的互鉴共荣,增进各国人民友好交往、政治互信、世代和平。通过这些努力,可以期待"一带一路"倡议

---

[1] 马岩."一带一路"国家主要特点及发展前景展望[J].国际经济合作,2015,(05):28—33.

将为沿线国家带来更加繁荣的未来,为全球经济增长注入新的动力。

3."一带一路"倡议的意义

首先,"一带一路"倡议的核心价值在于探索当前全球经济增长的新路径。在后金融危机时代,欧美国家经济复苏乏力,而中国作为世界经济增长的重要引擎,实施全方位开放政策,将自身的产能优势、资金优势、特定技术优势以及经验模式优势投入国际市场合作中,通过"一带一路"建设与沿线各国共享中国改革开放三十年来的红利、经验与教训。中国致力于推动沿线国家间的对话与合作,努力构建一种更加平等与均衡的新型全球发展伙伴关系,为全球经济的长期稳定发展奠定基础。这一倡议不仅关注经济层面的合作,而且涉及文化交流、教育合作、科技创新等多个领域,旨在通过多元化的合作方式,促进各国人民之间的相互理解和信任,从而为全球和平与发展注入新的活力。

其次,"一带一路"倡议的目标在于促进沿途各国的共同繁荣,缩小贫富差距,实现全球化的再平衡。传统全球化发展的地域性不平衡导致了巨大的贫富差距。传统全球化起源于欧洲,兴盛于近代美国的主导,形成了"西方中心论"的国际秩序,导致了东方从属于西方,陆地从属于海洋,农村从属于城市等不合理和不平衡现象。"一带一路"倡议推动全球再平衡的努力体现在:向西开放带动中国西部开发与中亚内陆国家开发,推动全球化包容性发展;中国主动向西推广比较优势产业和优质产能,将使沿途国家获益,从而改变中亚等地仅作为东西方贸易过道和发展"洼地"的历史面貌,使西方中心化的全球化导致的地区贫富差距现象得以再平衡,打造共同繁荣、普遍安全的国际社会;此外,"一带一路"倡议还鼓励沿线国家在基础设施建设、能源资源开发、农业现代化等方面进行深度合作,通过互联互通项目,促进区域经济一体化,为沿线国家带来实实在在的发展机遇。

最后,"一带一路"倡议试图开创地区新型合作模式。"一带一路"倡议是中国全方位对外开放的新实践,正在形成经济带与经济走廊理论、21世纪国际合作理论等新型全球化理论。"一带一路"倡议倡导的共商、共建、共享原则,不同于马歇尔计划、对外援助等主张,为全球化合作带来了新的理念。例如,"丝绸之路经济带"是对地区经济合作模式的创新概念,不同于世界现有的各类"经济联盟"和"经济区",它通过多条交错的经济走廊使得经济增长极得以辐射周边,具有更高灵活性、兼容性与可操作性,相关各国自愿、平等参与,协同推进"经济带"。"一带一路"倡议以合作共赢的理念,探索新型全球治理与国际合作模式,促进沿途国家市场深度融合、要素有序流动、资源高效配置,引领开放、包容、均衡、共享的新型全球化方向,彰显了中国对世界和平与发展做出的智慧贡献和大国责任。通过这一倡议,中国希望与世界各国共同构建人类命运共同体,推动构建开放型世界经济,为全球治理体系的改革和完善贡献中国智慧和中国方案。

综合上述分析,当前世界正处于传统全球化退潮、新型全球化兴起的新旧模式更替阶段,必将经历一场由中国引领带动的新兴市场全球化力量与英美为代表的逆全球化力量之间的抵牾与较量,重要表现之一就是自由贸易与贸易保护之争。这场争端背后承载着各国应对国内社会经济矛盾、经济发展结构调整和走出当前发展困境的深层次需求,正如图0—1所展示的那样。本研究的主要目的是,深入探讨各国如何调整全球化价值理念,营造有利于各国合作共赢的外部环境,从而走出当前发展困境;同时,如何保护和平衡国内各方利益群体需求,确保经济的安全和社会的稳定,降低自由贸易的内部政治阻力;此外,本研究还将分析中国如何借助"一带一路"倡议契机,担当起大国责任,推动新型全球化和自由贸易进程,促进全球和平与共同繁荣。这些正是本研究试图解答的核心问题。

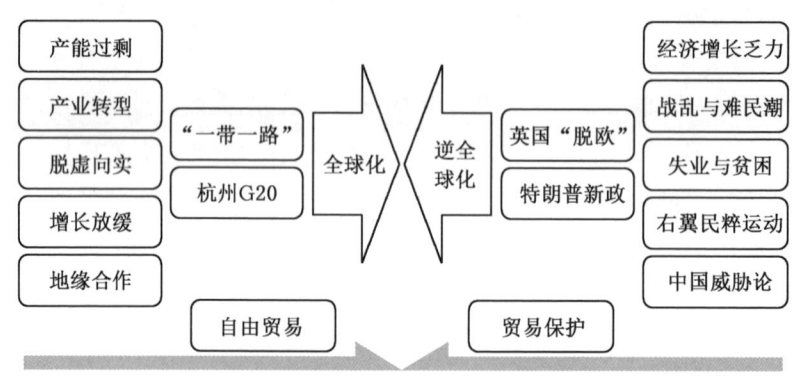

图0—1 全球化与逆全球化力量较量的背景

(三)本研究的目的与意义

自由贸易既是全球化的重要内容和具体表现,也是全球化进程的关键推动力量。本研究的目的在于揭示全球自由贸易在当前遭受挫折的根本原因,通过分析不同全球化价值理念、不同群体利益需求、不同国情条件对自由贸易决策影响的三大机理,最终提出从全球化价值理念、不同群体利益平衡、大国责任担当和"一带一路"倡议新实践等途径削减自由贸易阻力,推动全球自由贸易发展的策略建议。

本研究的理论意义在于拓展了在新型全球化背景下自由贸易理论的视角。首先,本研究通过剖析不同全球化价值理念对自由贸易决策及其带来的贸易福利效应的影响,阐释了"互信友好合作""命运共同体"等理念在实现自由贸易共赢合作中的积极作用。其次,本研究提出国内自由贸易利益分配的均衡问题,强调了保障劳动者权益、经济安全和社会稳定的重要性,并指出金融服务贸易应支持"脱虚向实"的经济转型,需要相应的约束与引导。最后,本研究分析了不同国情的国家从自由贸易中获益的条件,明确了"南方"小国参与自由贸易网络的策略,以及大国在维护和拓展自由贸易网络中的责任担当。

本研究的实践意义在于促进各国构建"互信友好、合作共赢"的全球化价值理念,探寻适应本国参与自由贸易的差异化策略。同时,借助"一带一路"倡议的机遇,促进自由贸易合作与共同繁荣,以摆脱当前全球经济增速放缓及多元非传统安全挑战的困境,最终实现"美美与共"的全球化长期发展目标。

二、研究文献综述

本研究主旨是要阐释自由贸易推进机理,需要了解为什么要自由贸易,自由贸易会带来什么影响,如何因势利导推进自由贸易。对此,学界已有十分丰富的相关研究,运用不同的学科理论、视角和方法进行广泛探讨。主流国际贸易理论基于国家经济理性的假设,重点分析自由贸易对国家经济利益(通常体现为特定集团的利益)的影响,以此来论证自由贸易或贸易保护主义的正当性。然而,从国际政治关系的角度来看,国际贸易不仅关乎经济,还涉及大国间权力的分配、价值观念的传播、国际安全与和平等重要议题,这为自由贸易理论增添了更深层次的含义。随着全球化进程引发的金融与经济危机、贫富差距扩大以及社会动荡等问题逐渐浮现,自由贸易中的利益分配与平衡问题逐渐成为学术界关注的焦点。因此,本研究选择从国家经济理性、国际政治关系和国内利益平衡三个维度,对自由贸易的相关文献进行回顾和整理。

(一)国家经济理性视角下的自由贸易研究

在过去的近400年里,西方主流的国际贸易理论一直建立在国家经济理性的假设基础之上。这一理论认为,贸易的产生与组织安排的根本动因,在于贸易能够增进本国经济利益的效用。从国际贸易理论的发展历程来看,不同的流派分别从国家层面的要素禀赋优化配置、产业层面的规模经济与不完全竞争、企业层面的异质性和内生边界、微观因素层面的内生技术进步等角度,对自由贸易的机理进行了不同的阐释。尽管这些理论流派在具体观点上存在差异,但它们的基本逻辑是一致的,即能否促进本国福利和经济增长是自由贸易的决策依据。基于同样的逻辑,一旦在特定条件下,自由贸易对本国福利和经济增长产生不利影响,那么,采取贸易保护措施就成为一个理性选择。

自由贸易与贸易保护主义作为国际贸易理论中的两个对立面,彼此既存在矛盾又相互依存,以下对相关研究分别展开综述。

1. 自由贸易相关研究

关于自由贸易的研究,大致经历了从宏观国家层面、中观产业层面、企业层面以及技术等微观因素层面的探讨过程。

早期自由贸易的研究始于国家间资源要素禀赋的优化配置。自由贸易最早倡导者为17世纪末期法国重农学派(Physiocratic School)创始人弗朗斯瓦·魁奈(Fransois Quesnay),他反对重商主义的政府干预,主张自由贸易,认为"自然秩序"是市场均衡和稳定的重要保障机制[①]。18世纪中叶,古典贸易理论代表人物亚当·斯密(Adam Smith)提出绝对优势理论,即"内生比较利益说",他在《国富论》中指出一国的自然禀赋和后天条件导致劳动生产率和生产成本差异,应当通过国际生产分工和国际交换,引导各国专门生产具有绝对优势的商品,换取具有绝对劣势的商品,从而使各国资源整体得到高效利用[②]。大卫·李嘉图(David Ricardo)继承发展了亚当·斯密理论,提出外生技术的"比较优势"理论,关注分工网络和经济组织变化,认为绝对成本差异不是国际贸易必要条件,专业化生产前提下技术水平差异产生比较成本差异,可以根据"两优取其重,两劣取其轻"原则来生产交换,获取比较利益[③]。新古典国际贸易理论代表赫克歇尔(Heckscher)和俄林(Ohlin)提出生产要素禀赋理论(H-O理论),探讨了资源分配问题,基于两国技术水平无差异的假设,在土地、资本、劳动力等多生产要素的框架内分析了商品生产成本[④]。他们认为,由于两国在生产要素充裕度及商品生产所需要素密集度方面的差异,导致了要素价格和商品生产成本的不一致。据此,各国应专注于生产并出口那些密集使用本国充裕要素的商品,同时进口那些密集使用本

---

① Philippe S. Demand, price and net product in the early writings of F. Quesnay[J]. *European Journal of the History of Economic Thought*, 1994,1(2):231.

② Young J T. Adam Smith at 240: A Symposium[J]. *Eastern Economic Journal*,2016,42(4):499—502.

③ Terry P. Economic essays by David Ricardo[J]. *European Journal of the History of Economic Thought*. 2014;21(1):170—172.

④ Hechscher EF. The effect of foreign trade on the distribution of income[J]. *Ekonomisk Tidslrift*, 1919, 21(2):1—32.

国稀缺要素的商品①。这种贸易模式能够使参与贸易的各国福利水平得到共同的提升②。

新贸易理论的创新性突破在于其研究视角从传统的国家层面转向更为微观的产业层面。这一转变引入了更贴近现实的规模经济和不完全竞争的假设,成功阐释了工业品领域产业内贸易现象的产生与持续。迪克西特(Dixit)与斯蒂格利茨(Stiglitz)的研究揭示,即便在缺乏外生比较优势的条件下,规模经济的存在也可促使两国选择不同的专业化生产路径,进而形成内生的绝对优势。在自由贸易环境下,这种内生绝对优势得以进一步放大,市场规模得以扩展,规模经济这一内生绝对优势得以充分展现③。保罗·克鲁格曼(Krugman,P R)开创性地提出了产业内贸易理论,也称差异化产品理论,首次将 Dixit-Stiglitz 模型拓展至开放经济条件,并将其应用于国际贸易理论的分析。通过该理论,克鲁格曼论证了规模经济与产品水平差异化共同作用,成为国际贸易的驱动力,从而阐释了为何在经济结构相似的发达国家间,产业内贸易规模却会持续扩大④。兰卡斯特(Lancaster)提出 Lancaster 模型进一步阐释了水平差异化的产业内贸易现象。该模型表明,在无贸易壁垒且不计运输成本的情况下,经济结构相似的国家会基于消费偏好的差异性和对规模收益最大化的追求,进行产业内的分工与贸易活动。而福尔维(Falvey)等学者的新要素比例理论对传统的 Heckscher-Ohlin 模型进行了修正。引入了劳动、资本要素与产品差异的不同组合,提出了新观点:劳动要素相对充裕的国家将倾向于生产和出口劳动密集型的低质量商品,而资本要素相对充裕的国家则会生产和出口资本密集型的高质量品种⑤。该理论成功阐释了垂直分工与水平分工、产业间与产业内贸易模式的形成。需求偏好相似理论则强调了产业内产品双向贸易的决定因素,即贸易伙伴国之间相互重叠的消费需求。根据该理论,两国消费需求结构的相似度越高,它们之间的贸易量越大。

新贸易理论将研究焦点从传统贸易理论的国家与产业间贸易、新贸易理论的

---

① Ford J L, Ohlin B. Interregional and International Trade[J]. *Economica*,1968,35(139):312.
② Jones RW. Heckscher-Ohlin and specific-factors trade models for finite changes: how different are they? [J]. *International Review of Economics and Finance*,2014,29:650—659.
③ Dixit A, Stiglitz J. Monopolistic competition and optimum product diversity[J]. *American Economic Review*.1977(67):297—308.
④ Krugman PR. Increasing returns, monopolistic competition, and international trade[J]. *Journal of International Economics*.1979;9(4):469—479.
⑤ Falvey R E, Lloyd P J. Uncertainty and the Choice of Protective Instrument [J]. *Oxford Economic Papers*,1991,43(3):463—478.

产业内贸易转向了更微观的企业层面,探讨了企业异质性和内生边界对自由贸易影响的复杂关系。梅里兹(Melitz)2003 年提出了一种创新的异质企业贸易模型(Heterogeneity of new trade theory),该模型深入分析了企业异质性对出口决策行为的影响[1]。这一模型建立在霍彭海因(Hopenhayn)的一般均衡框架下的垄断竞争动态产业模型基础之上,同时引入了企业生产率差异这一关键因素,并对保罗·克鲁格曼的贸易模型进行了扩展。Melitz 模型的基本逻辑是,由于企业之间存在生产率的差异,在自我选择机理的作用下,自由贸易会促使那些生产率较高的企业选择从事出口生产,而生产率较低的企业则会专注于生产本土市场商品,甚至可能会选择退出市场。这种自我选择机制有效地将资源重新配置,流向那些生产率较高的企业,从而提高了整个产业的生产率水平,并且对社会福利水平的提升也起到了积极作用。埃尔哈南(Elhanan)等人于 2004 年进一步扩展了 Melitz 模型的框架,他们分析了异质企业在选择以贸易方式还是以外国直接投资(FDI)方式进入国际市场时的决策过程[2]。安特莱斯(Antras)于 2003 年提出了企业内生边界模型(Endogenous boundary model),巧妙地将不完全合约理论(Grossman-Hart-Moore,GHM)的企业观点与赫尔普曼和克鲁格曼(Helpman-Krugman)的贸易观点结合起来,通过不完全契约的分析,界定了跨国公司企业边界与国际生产定位之间的关系[3]。安特莱斯在 2005 年进一步通过南北贸易模型分析,指出南方国家间契约的不完全性以及随着产品产出弹性减小而降低的高技术投入品的重要性,导致了产品周期性的出现[4]。不完全契约的存在使得产品开发活动减少。为了充分利用南方国家的低工资比较优势,低技术投入品首先会以企业边界内的外国直接投资(FDI)形式转移到南方国家。随后,这些生产活动会通过企业边界之外的外包形式进行转移。如果中间品供应企业比最终产品生产企业拥有更高的生产效率,那么对于国际服务外包的激励将会更大[5]。

---

[1] Melitz M J. The impact of trade on intra—industry reallocations and aggregate industry productivity[J]. *Econometrica*,2003,71(6):1695—725.

[2] Elhanan, Helpman, Marc Melitz, Yeaple s. Export versus FDI with heterogeneous firms[J]. *American Economic Review*,2004,94(1).

[3] Antras P. Firms, contracts and trade structure[J]. *The Quarterly Journal of Economics*,2003,118(4):1375—418.

[4] Antras P. Property Rights and the International Organization of Production[J]. *American Economic Review*,2005,95(2):25—32.

[5] Antras P. Incomplete contracts and the product cycle[J]. *The American Economic Review*,2005,95(4):1054—73.

此外,罗默(Romer P.)、卢卡斯(Lucas R.)、格罗斯曼(Grossman G.)、赫尔普曼(Helpman E.)等众多经济学家基于"内生技术进步"的新增长理论,深入探讨了经济增长与自由贸易之间的密切关系。该理论将内生创新与国际资本流动、产品贸易以及知识传播等因素紧密联系起来,提出了一个全面的分析框架。依据该理论,自由贸易为企业开辟了更广阔的市场空间,提供了更大的潜在市场容量,从而激发了企业进行技术创新和新产品开发的动力。同时,贸易活动有助于技术信息的快速传播,降低了创新的成本,并通过知识溢出效应和出口中学习(Learning-by-Exporting)机制,促进了技术知识的扩散。这些因素共同作用,使得自由贸易不仅对发达国家的经济增长具有积极的推动作用,而且对发展中国家(南北国家)的经济增长也产生了显著的促进效应[1]。蒙格斯泰(Mengistae T.)和吉尔玛(Girma S.)等于提出,自由贸易能够扩大市场规模,创新预期收益的提升激励了企业进行技术创新,从而推动企业成长[2][3]。陈焰(2008)指出,在自由贸易加剧的市场竞争环境下,无论是技术创新国家的企业为了保持技术领先,还是技术进口国家的企业为了抵御国外高技术产品的竞争压力,都会加强技术创新的力度[4]。苏志庆等(2014)将知识贸易从贸易活动中独立出来进行研究,证实了自由贸易能够促进技术进步和经济增长,但同时指出技术进口国难以通过自由贸易实现技术超越,而贸易保护主义则会降低经济福利;自由贸易为发展中国家提供了借助关键技术创新实现"蛙跳"式经济增长的可能性[5]。

除了上述自由贸易机理研究,还有很多自由贸易对经济增长贡献的实证研究。例如,里兹曼(Riezman R G)等采用时间序列分析方法研究1950—1990年126国实际GDP与出口的关系,发现有30个国家出口对收入增长的单向因果关系,65个国家出口与收入存在双向因果关系[6]。弗兰克尔(Frankel J. A.)等采用1985年150国截面数据对双边贸易进行回归分析,控制初始人均收入条件下以

---

[1] Bernard A B, Eaton J, Jensen J B. Plants and productivity in international trade[J]. *American Economic Review*, 2003, 93(4): 1268—90.

[2] Mengistae T, Pattillo C. Export orientation and productivity in sub—Saharan Africa[J]. *International Monetary Fund Staff Papers*. 2004; 51(2): 327—353.

[3] Girma S, Greenaway D, Kneller R. A Microeconometric analysis of matched firms[J]. *Review of International Economics*. 2004; 12(5): 855—866.

[4] 陈焰. 国际贸易与经济增长的机制条件论[M]. 北京: 经济科学出版社; 2008.

[5] 苏志庆, 陈银娥. 知识贸易、技术进步与经济增长[J]. 经济研究参考. 2014(8): 133—157.

[6] Riezman R G, Whiteman C H, Summers P M. The engine of growth or its handmaiden? A Time-series assessment of export-led growth[J]. *Empirical Economics*, 1996(21): 77—110.

双边贸易拟合值作为工具变量,得出国际贸易对经济增长促进作用的结论[1]。瓦钦(Waczing R)分析了 1970—1980 年 57 国双边贸易面板数据,考虑宏观政策质量、政府消费、制造业出口、FDI 和投资利率等因素,认为国际贸易对诸多经济增长因素产生积极影响[2]。沃克斯(Awokuse)在对加拿大 1960—2000 年实际 GDP 与出口数据进行实证分析后,研究结果支持了出口导向型经济增长假说的存在性[3]。费尔伯梅尔(Felbermayr)通过对 1960—1999 年 108 个国家人均产出和贸易份额的面板数据进行分析,验证了贸易对收入具有显著的正向效应[4]。穆尔希德(Murshed)等对 49 个资源型出口国家的数据进行了研究,得出结论认为,只有通过优化出口结构,才能实现长期的经济增长[5]。李丽等(2007)利用 1983—2003 年中国数据进行分析,发现出口与经济增长之间不存在长期稳定的均衡关系,但存在相互影响的反馈机制[6]。李瑞琴(2010)通过对 1981—2006 年中国进口额与 GDP 关系的分析,揭示了加工贸易进口相较于一般贸易进口在促进中国经济增长方面具有更大的推动力[7]。

还有些学者实证研究发现自由贸易通过技术影响经济增长的两条路径。一部分文献从"自由贸易—技术创新—经济增长"的路径实证检验自由贸易对经济增长的作用。德尔加多(Delgado M.)检验比较西班牙出口与非出口企业全要素生产率,发现仅对于新生企业技术创新来说,从出口中学习的效应才较明显[8]。卡斯特拉尼(Castellani D)发现,参与出口贸易的程度越高,贸易伙伴间技术差距

---

[1] Frankel J A, Romer D. Does trade cause growth? [J]. *American Economic Review*, 1999,89(3): 379—399.

[2] Waczing R. Measuring the dynamic gains from trade[J]. *World Bank Economic Review*, 2001, 15(3):393—429.

[3] Awokuse TO. Is the export-led growth hypothesis valid for Canada? [J]. *Canadian Journal of Economics*, 2003, 36(1):126—36.

[4] Felbermayr G J. Dynamic panel data evidence on the trade_income relation[J]. *Review of World Economics*, 2005, 141(4):583—611.

[5] Murshed S M, Serino LA. The pattern of specilization and economic growth: the resource surse hypothesis revisited[J]. *Structural Change and Economic Dynamics*, 2011,22(2):151—161.

[6] 李丽,杜凌. 我国出口贸易对经济增长影响的实证分析[J]. 财贸研究,2007(4):44—49.

[7] 李瑞琴. 产品内贸易与传统贸易模式对发展中国家经济增长影响的差异性研究——基于中国的实证研究[J]. 世界经济研究,2010(2):62—67.

[8] Delgado M. Firm productivity and export markets: a non-parametric approach[J]. *Journal of International Economics*, 2002,57(2):397—422.

越大,这种技术创新的出口学习效应越明显[1]。万勇(2010)对 1997—2006 年中国省域数据检验后认为,技术创新在投入初期表现为"负担效应",一定时滞后对经济增长才会有明显推动效应,技术创新对经济增长效应体现为正负效应之和[2]。另一部分文献通过"自由贸易—技术扩散—经济增长"的路径实证分析了自由贸易对经济增长的影响。技术扩散主要通过两种途径实现:技术中间品的贸易以及先进机器设备的引进。例如,亨利(Henry M.)等人提出,发展中国家通过进口机器设备,可以获取先进国家的研发成果,从而推动本国生产可能性曲线的外移。特谢拉(Teixeira A. C.)等人通过对葡萄牙 1960—2001 年技术吸收能力和经济增长关系的实证检验,证实了从更先进国家引进设备和消化技术,可以显著促进本国长期全要素生产率的提升[3]。孙楚仁等人(2006)[4]以及赵丽佳等人(2008)[5]通过对比研究加工贸易与一般贸易对中国经济增长的影响,发现加工贸易通过中间品和进口机器设备的技术溢出效应,对经济增长的短期促进作用显著,但低附加值劳动密集型产业的加工贸易对经济增长的长期促进作用有限。

2. 贸易保护的相关研究

贸易保护是自由贸易的矛盾对立面,在国际贸易演进历程中,往往与自由贸易相互依存,交替发展,长期被各国所关注和实践。贸易保护主义是指一国在国际贸易活动中,通过设置关税壁垒和非关税壁垒等进口限制措施,以保护本国企业免受外部竞争的冲击,并确保其在国内市场的稳定地位;同时,为了提升本国产品的国际市场竞争力,国家亦会向出口企业提供各种补贴和优惠政策。根据贸易保护目的及其发展历程,贸易保护理论主要可分为五类:重商主义、幼稚产业保护、凯恩斯超保护、战略性贸易以及新贸易保护理论。

重商主义贸易保护理论的历史较之自由贸易理论更为久远,其起源可追溯至

---

[1] Castellani D. Export behaviour and productivity growth: evidence from Italian manufacturing firms [J]. *Review of World Economy*, 2002,138(4):605—628.

[2] 万勇. 技术创新、贸易开放度与市场化的区域经济增长效应——基于时空维度上的效应分析[J]. 研究与发展管理,2010(6):86—95.

[3] Teixeira AAC, Fortuna N. Human capital, R&D, trade and long-run productivity: testing the technological absorption hypothesis for the Portuguese economy, 1960—2001[J]. *Research Policy*, 2010, 39(3):335—350.

[4] 孙楚仁,沈玉良,赵红军. 加工贸易和其他贸易对经济增长贡献率的估计[J]. 世界经济研究,2006(3):54—62.

[5] 赵丽佳,冯中期. 加工贸易进口、一般贸易进口与经济增长的关系——一个协整和影响机制的经验研究[J]. 世界经济研究,2008(8):37—43.

16世纪中叶,即资本主义原始积累时期的重商主义(Mercantilism),也称为国际贸易差额论。该理论的核心观点在于,贸易的主要目的在于积累财富。重商主义的代表人物之一,托马斯·孟(Thomas Mun)在其著作《英国得自对外贸易的财富》中明确阐述,金银货币是衡量国家社会财富的唯一标准。从国家利益出发,他主张通过国家干预,实施保护性进口关税和鼓励出口的退税政策,以实现贸易顺差,进而积累社会财富[1]。该理论所倡导的保护性措施和政策,在当今世界许多国家中仍然得到广泛应用[2]。

幼稚产业保护理论的代表人物包括美国首任财政部长亚历山大·汉密尔顿(Alexander Hamilton)和德国政治经济学家弗里德里希·李斯特(Friedrich List)。在新中国成立初期,美国工业基础薄弱,为了保护本国产业免受英国产品的冲击,亚历山大·汉密尔顿在其《工业的奖励和保护》报告中提出:在工业基础尚未完善之前,自由贸易将使本国产业局限于农业领域,从而失去发展潜力。他主张通过高关税限制工业品进口,并同时奖励本国制造商。弗里德里希·李斯特则认为,财富的生产能力比财富本身更为重要,在经济发展的"农工业时期",应当有选择性地实施高关税政策以保护幼稚工业的发展,直到它们具备足够的竞争力,之后才能逐步恢复自由贸易[3]。

超保护贸易理论开创者是英国著名经济学巨匠约翰·梅纳德·凯恩斯(John Maynard Keynes)。1929—1933年席卷全球的经济大萧条期间,世界各国为了争夺有限的市场资源,竞争异常激烈。在此背景下,凯恩斯在其著作《就业、利息和货币通论》中深刻地分析了贸易逆差对国家经济的负面影响。他指出,当一个国家出现贸易逆差时,会导致该国的支付手段减少,进而引发一系列连锁反应,包括利率的上升、物价的下降以及投资的萎缩,这些经济现象最终会导致国内经济的萧条和失业率的显著上升。鉴于此,凯恩斯主张政府必须采取积极的干预措施,以改变这种不利的经济状况。他提倡政府应通过实施高关税政策、设置进口配额以及实行外汇管制等手段,来限制进口并鼓励出口,以此促进贸易顺差的形成。凯恩斯认为,通过这样的政策,可以有效地降低国内的利率水平,刺激投资增长,从而达到复苏经济和促进充分就业目的[4]。在凯恩斯理论的指导下,西方各国在

---

[1] 托马斯·孟.英国得自对外贸易的财富[M].北京:商务印书馆,1997.
[2] 黄阳华.重商主义及其当代意义[J].北京:学习与探索,2020,(04):90—98+175.
[3] 弗里德里希·李斯特.政治经济学的国民体系[M].北京:华夏出版社,2009.
[4] John Maynard Keynes. The general theory of employment, interest and Money[M]. London: Macmilland and Co., Limited, 1936.

那个困难时期纷纷采取了超保护贸易政策,这些政策的保护对象不局限于那些尚处于发展阶段的幼稚工业,还包括了那些已经形成垄断地位的工业,目的是巩固和加强对国内外市场的控制,确保本国经济的稳定和增长。

战略性贸易保护理论由保罗·克鲁格曼于 1985 年提出,是当代最具影响力的贸易保护理论之一。该理论指出,在不完全竞争和规模收益递增的条件下,扩大生产规模是提升国际市场竞争力的有效途径。政府应有选择性地保护和扶持具有发展前景且具有外部性效应的高科技产业,以迅速扩大生产规模,创造比较优势,增强国际竞争力。通过这种方式,可以促使外国垄断租金向本国转移,增加本国资本积累,进而促进经济增长。该理论为国家干预国际贸易提供了理论支撑。其早期主张政府采取贸易保护措施,如出口补贴与关税政策,以排挤国外竞争,实现"利润转移"。然而,克鲁格曼后来意识到这种做法可能引发他国的报复性措施,导致"以邻为壑"的局面,因此研究重点转向政府的 R&D 政策,旨在通过技术创新帮助企业获得国际竞争力。[1]

新贸易保护主义,或称"新重商主义",是全球化背景下贸易保护许多新特征和新主张的总称。这种思潮兴起于 20 世纪 80 年代,当时一些国家为了规避 GATT/WTO 多边贸易制度的约束,以公平贸易、保护资源与环境等名义,采取了知识产权保护、反倾销、绿色壁垒、技术认证、劳工标准等非关税壁垒措施,以保护国内产业利益和劳动就业[2]。范兆斌等(2005)指出,当前贸易保护的新趋势表现为保护手段的多样性,保护范围的区域化,保护措施的模糊性,保护对象的扩大化,以及保护目的的政治化。这些新趋势的成因包括对自由贸易理论假设前提的修正,地区经济主义引导区域贸易保护,国内利益集团的政治影响,竞争贸易伙伴博弈过程,以及发达国家与发展中国家对贸易保护有各自利益考虑等[3]。当前贸易保护的主要实践者是发达国家,他们凭借自身经济与科技优势,构筑新贸易壁垒,维护其在国际贸易与产业价值链分工中的有利经济地位,同时还服务于其他

---

[1] Krugman P R. Strategic trade policy and the new international economics[J]. *Journal of Economic Literature*,1987,25(1):214.

[2] Giumelli F, Roozendaal Gv. Trade agreements and labour standards clauses: Explaining labour standards developments through a qualitative comparative analysis of US free trade agreements[J]. *Global Social Policy*,2017,17(1):38—61.

[3] 范兆斌,左正强. 国际自由贸易背景下贸易保护的新趋势及动因分析[J]. 商业研究,2005(329):37—41.

国内、国际政治需要[①][②]。

上述这些贸易保护理论主张的核心目标始终围绕着提升国家经济收益和增强经济竞争力。随着时间的推移,这些措施呈现出政治化的倾向,并且在实施方式上逐渐变得更加间接、多样化、隐蔽,以及保护范围的扩大化。这些演变趋势在表0—1中进行了归纳。

表0—1　　　　　　　　贸易保护目的与措施

贸易保护理论阶段	贸易保护目的	贸易保护措施
重商主义	贸易顺差,财富积累	普遍高关税,出口退税
幼稚产业保护	保护幼稚工业发展	工业品高关税,奖励制造商
凯恩斯超保护	贸易顺差,国内垄断,经济复苏,促进就业	普遍高关税,进口配额,外汇管制
战略性贸易保护	促进规模经济,经济增长,垄断企业竞争	差别化关税,出口补贴,R&D政策
新贸易保护主义	维护发达国家有利产业分工地位及其政治目的	知识产权,环境保护,反倾销,市场准入,技术认证,劳工标准等非关税壁垒

实证研究揭示,在特定条件下,贸易保护措施能够对国家的经济发展产生正面效应。李杰等(2005)研究指出,如果两个竞争国家未实现纵向一体化,中间产品的补贴为正将推动中间产品部门的规模扩张,这可能导致成品部门的补贴为负;若两国都实现了纵向一体化,则成品的最优补贴应为正;若本国产业实现了纵向一体化而对方未实现,则本国对中间品和成品的最优补贴都应为正。只有根据竞争双方产业一体化的对比,才能有效选择战略性贸易政策,改善本国的贸易条件,进而促进经济增长[③]。余道先等(2007)研究提出,中国政府应当对具有正外部效应的战略性产业提供研发(R&D)投入,以降低本国企业的投资成本,增强其投资获利能力,扩大市场份额,从而改变本国企业与外国企业的力量对比,推动本

[①] Grossman GM, Helpman E. Protection for sale[J]. *American Economic Review*,1994(4):833—850.

[②] Goldberg PK, Maggi G. Protection for sale: an empirical investigation[J]. *American Economic Review*,1999(5):1135—1155.

[③] Lee J, Wong K. Vertical integration and strategic trade policies[J]. *North American Journal of Economics and Finance*. 2005;16(1):93—117.

国经济增长[①]。陈焰(2008)认为,从静态角度看,限制国外商品的流入可以使国内企业在国内市场占据更大的份额,获得更大的生存空间;而从动态角度看,对新兴产业的贸易保护可以引导资源向新兴产业转移,这些新兴产业能够产生技术外溢和产业关联等外部经济效应,从而带动本国经济的发展[②]。

但是,贸易保护也往往引发各种贸易摩擦。新贸易保护主义在形式上具有隐蔽性,但它在战略上具有进攻性,对贸易伙伴约束具有广泛性和强制性,贸易摩擦不可避免。萨缪尔森(Samuelson)指出贸易摩擦原因是,国际贸易分工过程中各国的比较优势动态发展,引起各国之间对贸易福利分配不均[③]。范伯格(Feinberg)等通过实证发现,反倾销与反补贴是WTO框架下合法的贸易管理手段,但在贸易摩擦发生时,反倾销不是为了促进公平贸易,而成为"以牙还牙"的报复行为[④]。全球贸易保护主义抬头对中国出口产生不利影响,王孝松等(2014)对中国1996—2010年相关数据计量结果表明,遭遇反倾销措施对中国出口增长内涵边际和外延边际产生显著抑制作用,其中对外延边际的抑制效应更大[⑤]。戴翔等(2014)对中国应对贸易摩擦的新思路进行了思考,认为贸易摩擦是国家利益冲突的表现,应该从互利共赢的思路寻找化解对策,加强伙伴国之间贸易政策和产业政策协调,融入全球价值链,建立与伙伴国的深度互利关系[⑥]。徐丽(2016)认为全球价值链利益分配不均造成的摩擦包括价值链中上游竞争,承接发达国家订单的发展中国家企业与进口竞争行业的矛盾,发达国家劳动密集产业转移后国内劳动阶层就业压力的影响,发达国家再工业化和发展中国家向新兴产业价值链高端移动造成利益冲突。目前,贸易摩擦形式隐性化,技术性壁垒增加,中国遭遇的贸易摩擦从传统行业向新兴行业延伸,贸易摩擦发起国中,发展水平和经济结构相似的发展中国家增多[⑦]。

[①] 余道先,刘海云.战略性贸易政策与我国自主创新的发展战略[J].国际经贸探索.2007(7):18-22.

[②] 陈焰.国际贸易与经济增长的机制条件论[M].北京:经济科学出版社,2008.

[③] Samuelson P. Where Ricardo and MillRebut and Confirm Arguments of Mainstream Economists Supporting Globalization[J]. *Journal of Economic Perspectives*. 204(18):135-146.

[④] Feinberg, Robert M. The spread of antidumping regimes and the role of retaliation in filings[J]. *Southern Economic Journal*,2006,72(4):877-890.

[⑤] 王孝松,施炳展,谢申祥,赵春明.贸易壁垒如何影响了中国的出口边际?—以反倾销为例的经验研究[J].经济研究参考,2014(11):58-71.

[⑥] 戴翔,张二震.互利共赢新内涵与我国应对贸易摩擦新思路[J].天津社会科学,2014(3):88-91.

[⑦] 徐丽.全球价值链视角下的贸易摩擦应对策略研究[J].改革与战略,2016;32(277):141-145.

(二)国际政治关系视角下的自由贸易研究

20世纪70年代起,国际政治经济学崭露头角,从国际政治的角度审视国际贸易的研究逐渐受到青睐,并催生了"国际贸易政治经济学"这一跨学科领域[①]。该领域致力于同时从经济学和国际政治学的视角解读国际贸易关系,深入探讨自由贸易与民主、权力、安全等国际政治因素之间的联系[②]。

1. 自由贸易与民主的关系研究

冷战结束之后,经济全球化与政治民主化成为一个时代的标志性符号,两者相伴发展,使得"经济全球化促进民主化"的观念流行。出于对贸易开放与民主政治这种默认因果关系的认知,美国等西方大国把推行民主政治作为对外自由贸易决策重要依据[③]。

在1992年,老布什政府签署了具有里程碑意义的《北美自由贸易协定》(NAFTA),这一协定成为美国自由贸易政策的显著成就。尽管该政策遭到了国内最大工会组织劳联—产联(AFL-CIO)、环保组织以及民主党议员的强烈反对,老布什继任者克林顿总统仍然坚持寻找各种方法来推广并执行自由贸易协定[④]。克林顿支持自由贸易的一个核心理念是推动民主转型,他将提升美国安全、发展美国经济与在海外促进民主视为国家安全的"三大目标",从而将推广民主政治提升至美国国家安全战略的高度。克林顿(2008)坚信:"正如民主为贸易创造了安全的全球环境,贸易也为民主创造了安全的全球环境。"小布什总统继承了这一理念,他宣称:"当我们推进自由贸易时,实际上我们也在推进政治自由。那些开放边境以接纳自由贸易的国家,同样也会在国内接纳民主。"小布什政府积极推行双边自由贸易协定,一方面为区域和多边自由贸易铺平道路;另一方面旨在巩固反恐伙伴的双边关系,以实现美国的全球经济、政治和安全利益[⑤]。

西方学者们对自由贸易如何促进民主转型的理论解释主要在于以下三个方面。

首先,是将贸易视作一种外部施加压力的工具。一些西方国家将推动民主作

[①] 王勇. 国际贸易政治经济学:全球贸易关系背后的政治逻辑[M]. 北京:中国市场出版社,2008.

[②] 余淼杰. 国际贸易的政治经济学分析:理论模型与计量实证[M]. 北京:北京大学出版社,2009.

[③] López-Córdova E, M. Meissner C. The Impact of International Trade on Democracy: A Long-Run Perspective[J]. *World Politics*. 2008;60(4):540.

[④] Globerman S, Walker M. *Assessing NAFTA: A Trinational Analysis*[M]. Toronto: The Fraser Institute Press; 1993.

[⑤] 邝梅. 布什政府贸易政策调整分析[J]. 国际问题研究,2004(2):46—7.

为其外交政策的一个重要目标,并利用其所主导的国际组织作为达成这一目标的手段[1]。在西方国家的双边或多边贸易协定中,民主和人权条款被作为附加条件,以推动缔约国进行国内民主政治改革。非民主国家为了获得贸易便利和经济利益,往往不得不接受这些政治条件,从而进行政策调整,以实现国内的民主转型[2][3]。

其次,自由贸易制度对国内政治产生了深远的影响。作为权力再分配的一种方式,自由贸易制度,例如,WTO 和 NAFTA,体现了广泛的公众利益。这些贸易制度的缔约承诺限制了国内特殊利益集团的行动能力,为民主转型创造了条件[4]。此外,贸易协定中市场经济原则的实施削弱了国家对经济的过度干预和垄断,这本身就是政治民主化改革的一部分[5]。最终,自由贸易协定将缔约国锁定在事先做出的承诺上,为了获取经济发展条件和国际信誉,缔约国必须推进国内政治改革。

最后,自由贸易为民主政治转型提供了有利的文化环境。自由贸易所代表的全球化不仅是一个经济现象,而且它具有政治、社会和意识形态的维度。全球化在经济上促进了自由资本主义的发展,在政治上推动了民主价值理念的普及,使得尊重人权成为普遍的道德准则。这些价值观念被内化为国家政策,限制了专制权力。国际贸易规则所体现的法治精神和人权观念,有助于促进民主的扩散。

此外,一些文献用计量模型实证检验自由贸易与民主转型相关性。

巴里(Barry)等以 1870—2000 年的贸易、资本控制与民主数据为基础,研究者检验了全球化与民主化之间的关系,得出的结论是两者之间存在显著的正相关性[6]。"自由贸易推动民主转型"的观点似乎也得到了一些经验证据的支持,韩国的民主化过程便是其中的一个重要例证。朴正熙政府推行了出口导向型的经济

---

[1] Pevehouse JC. Democracy from the Outside-In? International Organizations and Democratization[J]. *International Organization*, 2002, 56(3): 515—549.

[2] Ratner E. Reaping What You Sow: Democratic Transitions and Foreign Policy Realignment[J]. *The Journal of Conflict Resolution*, 2009, 53(3): 390—418.

[3] Horng D-C. The human rights clause in the European Union's external trade and development agreements[J]. *European Law Journal*, 2003, 9(5): 677—701.

[4] Keohane RO, Macedo S, Moravcsik A. Democracy-Enhancing Multilateralism[J]. *International Organization*, 2009, 63(1): 11.

[5] Türkmen F. The European Union and Democratization in Turkey: The Role of the Elites[J]. *Human Rights Quarterly*, 2008, 30(1): 151.

[6] Eichengreen; B, Leblang D. Democracy and globalization[J]. *Economics and Politics*, 2008, 20(3): 289—334.

发展战略,韩国迅速崛起成为"亚洲四小龙"之一。自由贸易促进了国内市场经济的成熟,中产阶级的壮大,以及市民社会与权威体制之间的矛盾激化,最终导致军政府退出了历史舞台[①]。

然而,也有学者提出不同的看法。胡雨等人(2014)提出了反例,指出自由贸易并不总是促进民主政治的发展[②]。例如,自20世纪60年代起,沙特、阿联酋、卡塔尔等中东产油国大规模出口石油,同时进口粮食和消费品,但这些国家至今仍保持君主专制或贵族共和政体。即使在经历"阿拉伯之春"的街头民主运动和政权更迭之后,它们仍能维持权威统治的稳定性。哈维丹·罗德里格斯(Havidan Rodriguez)认为,全球化并未给贫穷国家带来民主,反而使它们面临的问题恶化[③]。李权等人(2003)运用混合时序截面统计模型对1970—1996年127个国家的数据进行检验,发现贸易开放对民主的消极影响是长期且持续的[④]。

另外,还有学者认为不能简单判断自由贸易与民主政治两者之间正负相关性,必须考虑贸易参与国的要素禀赋。卡雷斯·鲍伊克斯(Carles Boix)指出,当穷人构成一国充裕要素,自由贸易导致的再分配压力较轻,有利于民主引入;相反,当穷人是该国稀缺要素时,贸易开放加剧收入不平等,使得专制可能更大[⑤]。詹姆斯(James A. R.)等博弈模型分析表明,劳动力充裕国家,自由贸易降低了富人与穷人冲突强度,使民主化更有可能;而土地充裕的国家,自由贸易提高了土地价格,增加精英相对收入,使民主转型难以发生[⑥]。此外,田野等(2016)基于阶级均势的分析框架的结论,也得出与James A. R.类似的结论[⑦]。米哈伊尔·巴拉耶夫(Mikhail Balaev)对苏联范围贸易与民主关系计量研究,发现霸权国家与边缘国家贸易对民主有消极作用,而非霸权国家之间贸易促进民主化[⑧]。

---

① 杨景明. 韩国政治转型的背景与21世纪东亚民主化变动的趋势[J]. 东北亚研究,2002(2):74—77.

② 胡雨. "阿拉伯之春"与中东君主制国家政治稳定[J]. 国际论坛,2014(2):63—70.

③ Rodriguez H. A long walk to freedom and democracy: human rights, globalization, and social injustice[J]. *Social Forces*,2004,83(1):391—412.

④ Li Q, Reuveny R. Economic globalization and democracy: An empirical analysis[J]. *British Journal of Political Science*,2003,33(1):29—54.

⑤ 卡莱斯·鲍什. 民主与再分配[M]. 上海:上海人民出版社,2011.

⑥ 达龙·阿塞莫格鲁,詹姆士·罗宾逊. 政治发展的经济分析:专制和民主的经济起源[M]. 上海:上海财经大学出版社,2008.

⑦ 田野. 国际贸易、要素禀赋与政体类型的变迁[J]. 国际政治经济学,2016(2):4—35.

⑧ Balaev M. The effects of international trade on democracy: A panel study of the post-Soviet world system[J]. *Sociological Perspectives*,2009,52(3):337—362.

2. 自由贸易与权力的关系研究

在国际政治学领域,对国际贸易的研究核心在于权力概念,强调贸易对国家相对收益的影响,并分析其对国家间冲突与合作的作用[1]。

"霸权稳定理论"的奠基人,美国经济学家查尔斯·P.金德尔伯格的研究认为,20世纪30年代的全球经济大萧条源于英国霸权的衰退以及美国拒绝承担经济稳定的责任。基于此,他提出一个观点:一个开放且稳定的世界经济体系需要一个核心的稳定力量,而国际贸易体系的发展则依赖于霸权国家提供公共产品和维护秩序[2]。随后,克拉斯纳(Stephen D. Krasner)等人对这一理论进行了进一步的发展和完善。结构现实主义则专注于国际体系结构特征对国际贸易的影响,认为国际体系中大国(即"极")的数量决定了世界经济的相互依赖性,这种依赖性在国际贸易关系中表现得尤为明显。然而,无论是霸权稳定论还是结构现实主义,都无法解释冷战结束后两极争霸格局消解、美国霸权或单极主导的国际体系下,全球贸易出现大规模波动和起伏的现象。这表明,除了"霸权"和"极"之外,还有其他重要的变量在起作用。

丁鑫南等(2011)引入权力差距因素解释这种贸易波动现象。根据奥根斯基(Organski)的权力转移理论,霸权国与挑战国权力差距缩小导致战争风险加大,因此,霸权国会对权力差距变动产生的压力做出回应[3]。单极世界的霸权国与次级大国权力差距较大时,霸权国倾向于维护自由贸易秩序,自身受益最大,次级大国倾向于追随霸权国,从霸权国提供的公共品中受益;当两者的差距较小时,霸权国利用贸易工具遏制次级大国的挑战,大量资源转投入安全部门,刺激了挑战国的不安全感,倾向于减少国际经济依赖,增加军备竞争投入,从而降低自由贸易水平的贸易规模。

自由贸易发展的重要趋势之一是"法治化倾向"。通过国际多边贸易体制和规则抑制和取代权力的影响,对抑制贸易领域的霸权主义、保护弱小国家利益的

---

[1] 宋国友.国际贸易政治的研究方法、政策意识和中国取向[J].国际政治研究,2011(2):178-184.
[2] Katzenstein P J, Keohane R O, Krasner S D. International organization and the study of world politics[J]. *International Organization*, 2007,54(4):660.
[3] Organski A F K, Kugler J. *The War Ledger*[M]. Chicago:University of Chicago Press,1980.

意义重大[1]。世界贸易组织（WTO）首次向世界展示了国际法治的确凿存在[2]，其法律体系的完整性和确定性得到了加强。通过"一揽子协定"的方式，WTO 确立了争端解决机制的强制管辖权，有效地限制了大国在贸易关系中的专断权力和单边贸易措施。然而，WTO 的"成员主导"组织特性为"权力政治"提供了空间：成员国的谈判实力以各自的国家实力为支撑，最强大的国家凭借其在市场份额、国际经贸信息分析、联盟组织能力以及国内机制方面的优势，往往能够通过谈判实现其目标[3]，这使得 WTO 的协商一致程序在一些学者看来，成为"形式上平等的实质寡头专制"[4]。曾晖等人（2013）分析了权力政治对贸易法治的困扰，包括对新加入成员的歧视性待遇，例如中国在加入 WTO 时被迫接受的"超 WTO"义务[5]。美国跨国公司推动的服务贸易与高标准知识产权保护议题与"一揽子协定"方式的结合，忽视了成员的发展水平和贸易利益差异，违背了国际法治深层次的正义目标[6]。WTO 争端解决机制中的"私力救济"措施，使得发展中国家明显处于"被贸易报复的可能性大于行使报复"的弱势地位。

当前，WTO 体制本质上是"贸易法治"与"权力政治"并存的生态，两者目标价值的内在不一致，使得多边合作谈判陷入困境[7]。WTO 的使命是国际贸易领域全球治理的公共品，其发展趋势应当是消除权力政治对多边贸易体制的负面影响，纠正以往重形式轻实质、重效率轻公平的倾向，避免"成员主导"异化为"强权主导"，从程序民主和"分配正义"方面增强 WTO 规则的正当性。

美国作为世界第一贸易大国和第一强权国家，长期以来是众多研究者关注的焦点。黄河等（2007）从结构性权力的角度出发，剖析了美国对全球自由贸易体系

---

[1] Jackson J. *The World Trading System: Law and Policy of International Economic Relations*[M]. The MIT Press, 1997.

[2] Bacchus J. The WTO and the international rule of law[J]. *Harvard International Law Journal*, 2003(44):541.

[3] Drahos P. When the weak bargain with the strong: Negotiations in the World Trade Organization[J]. *International Negotiation*, 2003;8:82—84.

[4] Steinberg R H. In the shadow of law or power? Consensus-based bargaining and outcomes in the GATT/WTO[J]. *International Organization*, 2002(56):342—365.

[5] 曾晖,黄志雄."权力政治"下的"贸易法治"——对 WTO 法律体系的几点反思[J]. 武汉大学学报（哲学社科版）,2013;66(3):58—62.

[6] Barton J H. *The Evolution of the Trade Regime: Politics, Law, and Economics of the GATT and WTO*[M]. Princeton University Press, 2006.

[7] Capling A. The multilateral trading system at risk? Three challenges to the WTO[J]. *Kluwer Law International*, 2003:37—58.

的双重作用①。他们认为,首先,美国利用"二战"后建立的经济和政治霸权地位,在金融、投资和贸易三大关键领域重塑了国际经济秩序。通过推动"关贸总协定"的建立,美国不仅实现了自身的战略利益,而且为其他国家提供了参与自由贸易的机会,从而在客观上促进了全球自由贸易和经济的发展;其次,进入20世纪70年代,随着西欧和日本经济的持续增长,美国的相对经济地位有所下降。尽管如此,美国在维护自由贸易体系的同时,采取了"灵活反应"策略,特别是通过制定《1988年综合贸易与竞争法》中的"超级301"条款进行反倾销调查和"特别301"条款加强知识产权保护等单边贸易措施,引发了多起贸易摩擦。

随着中国新崛起为世界第一贸易大国和世界第二大经济体,被视为美国经济霸权有力挑战者,中美贸易关系演变引起了研究者兴趣。王珏(2013)将美国对华贸易政策分为三个阶段:1979—1989年,极为友好阶段,目的是利用中苏矛盾牵制苏联,意图改造中国体制,实现长期经济利益,因而主动给予中国最惠国待遇,放宽贸易管理制,鼓励对华投资;1989—2001年,以违反人权为由对华发起经济制裁,但由于美国在华跨国公司利益不断扩张,推动国会解除制裁,给予中国"永久性正常贸易关系"地位,《中美贸易协定》和APEC组织框架也保障了这一时期的大体贸易友好;2001年至今,以美国"9·11"事件发生和中国"入世"为转折,进入贸易惯性加强和摩擦升级的复杂状态,一方面,美国承诺减少高科技出口限制,签署《纺织品和服务贸易的谅解备忘录》,达成互利共赢贸易关系共识;另一方面,中国成为美国反倾销调查头号目标国,在知识产权、市场准入、出口补贴、人民币汇率等问题对中国施压②。李晓燕等(2017)通过研究2008—2016年美国涉及对华贸易三项法案,指出其中减免原材料进口税、加大反补贴反倾销调查力度、加快资本回流、提升制造业竞争力等内容,改变了中国利用外资的格局,加剧了中美贸易摩擦,深究其美国国内政治,发现对华贸易提案与附议最积极的五个州自身产业结构与中国呈明显竞争关系③。

3. 自由贸易与和平的关系研究

20世纪90年代冷战结束后,经济全球化一度迅猛发展,和平与发展成为国

---

① 黄河,高辉. 美国与世界多边贸易体制—从结构性权力视角看美国的双重作用[J]. 现代国际关系,2007(7):24—29.
② 王珏. 国际贸易前沿专题[M]. 北京:中国经济出版社,2013.
③ 李晓燕,李铭晨,王谊茜. 美国国会对华贸易政策的自由主义新特征[J]. 学术界,2017(224):235—245.

际关系的两大主题,人们直观地将自由贸易与和平联系起来,探讨两者之间联系。时至当前,持续的俄乌战争和全球贸易格局重构,使得自由贸易与和平的关系越发错综复杂。

巴比里(Barbieri)对相关研究的观点做过总结:一是贸易削减冲突、促进和平;二是贸易既可能导致、也可能消减冲突;三是贸易增加冲突;四是贸易与冲突没有直接关联。

支持贸易削减冲突的理由有四点:其一,自由贸易使资源最有效配置从而增加参与国整体福利,冲突会导致这种福利损失;其二,贸易促进两国信息传递,利用及时化解利益冲突苗头,避免信息不充分而诉诸武力;其三,贸易能消减双方敌意,经济合作可外溢到其他领域,确立共同利益预期、观念和规范,发展成"安全共同体";其四,贸易利益集团通过国内政治途径影响国家决策,维护和平,避免冲突。基恩(Kinne B. J.)运用社会网络分析和机会成本分析,认为参与密集贸易显著提高了冲突的代价,并有效缓解了贸易一体化国家间的军事冲突。这一点通过1950—2001年的冲突数据得到了验证[1]。

在肯定贸易对冲突减少作用的同时,一些学者引入了更多元的讨论因素。拉塞特(Russett B.)等提出,民主体制、商业精神、自由贸易组织构成了支撑和平的互补三角关系,并通过1950—1985年的相关数据检验了自由贸易组织成员关系对国际和平的积极影响[2]。马丁(Martin P)等指出,区域贸易协定(RTAs)增加了冲突的成本,促进了和平共处的关系,历史上战争越频繁的两国,越需要签订区域贸易协定以促进和平[3]。李(Lee J. W.)等的实证研究显示,双边贸易依赖对和平的促进作用比邻国接壤因素更为显著,全球化开放程度也有助于降低冲突,且这种作用随着距离的增加而变得更加明显[4]。

另有学者认为,贸易对冲突的影响还取决于其他条件。巴比里(1997)研究发现,对称的贸易依赖能减少冲突,但不对称的贸易依赖与贸易摩擦及至战争都有

---

[1] Kinne B J. Trade integration, network centrality, and militarized interstate disputes: Assessing the systemic impact of international trade[J]. *International Studies Association*, 2008:1—52.

[2] Russett B, Oneal JR, Davis DR. The third leg of the kantian tripod for peace: international organizations and militarized disputes, 1950—85[J]. *International Organization*, 1998,52(3):441—467.

[3] Martin P, Mayer T, Thoenig M. The Geography of Conflicts and Regional Trade Agreements[J]. *American Economic Journal*:Macroeconomics,2012,4(4):1—35.

[4] Lee;J-W, Pyun J H. Does Trade Integration Contribute to Peace? [J]. *Review of Development Economics*, 2016,20(1):327—344.

正相关关系。马丁等(2008)建立了军事冲突与贸易的模型关系,分析认为仅在贸易获利、军事冲突减少贸易、决策者理性的条件下,"贸易促进和平"命题成立;以1950—2000年两国战争数据检验模型推导结果,显示战争对双边贸易影响高达22%～38%,而对多边贸易影响小得多,因此认为两边贸易流降低战争可能性,而多边贸易提高战争概率;考虑地理因素,距离越远这些效应越弱[1]。杰费逊(Gylfason T)等(2015)运用面板重力模型和1995—2010年贸易数据,测量欧盟邻国政策对地中海东南沿岸10个国家民主化和冲突缓解的进程,结果发现至今收效不大,说明除了贸易,还有更多其他影响民主进程冲突的因素,需要全面深化合作与引导[2]。

综上所述,从国际政治关系视角对自由贸易的研究,主要聚焦的是西方大国的权力政治。以自由贸易为筹码向他国推广民主制度,是大国权力扩张的表现,而发起贸易摩擦、制裁乃至战争是大国控制利益分配权的常用手段。这些大国权力表达方式反映的恰恰是"大国责任"的缺失,这正是当今全球贸易保护主义抬头和局部地区动荡的重要根源。

(三)国内利益平衡视角下的自由贸易研究

贸易自由化涉及资源的重新配置和利益的重新分配,这一过程不仅在国家之间展开,而且深入贸易国内不同地区、行业乃至社会群体之间,常常导致利益分配的不均衡。在全球化的当前背景下,贸易保护主义的支持者通常引用两个主要论点:一是贸易自由化导致的社会群体间利益分配不均,以及由此引发的贫富差距扩大、劳动市场失业和社会动荡问题;二是贸易自由化导致的金融行业与实体制造业之间的利益分配失衡,以及相关的虚拟经济泡沫和经济安全问题。因此,国内的收入差距、劳动就业问题,以及金融服务贸易与经济安全等议题,已成为贸易自由化研究的核心关注点。

1. 自由贸易对收入差距与劳动就业的影响研究

现有文献从空间经济区位、价值链分工环节、产业要素禀赋、地区研发(R&D)投入差异、金融资本流向、劳动技能培养、经济发展阶段等多个角度,分析了自由贸易对收入差距和劳动就业的影响。

---

[1] Martin P, Mayer T, Thoenig M. Make trade not war? [J]. *Review of Economic Studies*, 2008, 75(3): 865−900.

[2] Gylfason T, Martínez-Zarzoso I, Wijkman P M. Can free trade help convert the 'Arab Spring' into permanent peace and democracy? [J]. *Defence and Peace Economics*, 2015, 26(3): 247−270.

克鲁格曼(1995年)与维纳布尔斯(1999年)采用新经济地理学(NEG)的建模方法,探讨了贸易自由化对地区收入差距的影响。其研究逻辑框架为"贸易自由化→产业集聚变化→地区收入差距变化"。研究认为,当贸易自由化达到一定阈值时,制造企业为了实现规模经济和降低运输成本,倾向于通过生产的"后向联系"和消费的"前向联系"集聚于大市场周边的区位,从而形成中心—外围的空间经济结构。由于"本地市场效应"和"价格效应"的作用,地区收入差距将被扩大,中心地区的实际收入将高于外围地区。波特(1985)指出,产品分工的细化导致全球价值链中仅在部分关键环节能创造更多价值,因此从事不同分工的国家从自由贸易中获得的收益必然存在差异[1]。肖晓军(2011)提出,贸易自由化导致的收入差距体现在三个层面：国家间、一国内部地区间以及个人间。不同假设前提下的贸易理论对这些差距的解释结论存在差异[2]。Heckscher-Ohlin理论的S-S定理指出,从长期影响来看,自由贸易通过要素价格均等化机制使区域收入差异收敛,但出口商品中包含的本国充裕要素的报酬会提高,而进口商品中包含的本国稀缺要素的报酬会降低；若贸易主要集中在工业(或农业)部门,则制造业(或农业)工人将获得更大的利益[3]。内生经济增长理论认为,技术进步是经济增长的主要驱动力,自由贸易能够带来国际先进技术的外溢效应,但技术吸收存在"门槛效应",本地的人力资本、研发(R&D)等投入水平影响对外来技术的模仿、吸收和再创新能力。发达地区在这些投入方面水平较高,因此能从自由贸易中获得更大的利益,而落后地区则相反。这一过程导致了地区经济增长的"棘轮效应",使得贸易自由化加剧了地区收入差距。

不同理论模型对贸易自由影响地区收入差距的推论并不一致,因此,不少学者进行了实证研究[4][5]。艾德斯(Ades A.)等(1994)实证研究表明,贸易开放有助于地区收入差距缩小。卡德纳斯(Cárdenas)等(1995)运用β条件收敛方法检验1950—1990年哥伦比亚24个地区数据,结果表明国家安全支出、教育投入是地

---

[1] Porter M E. *The Competitive Advantage*[M]. New York: Free Press,1985.

[2] 肖晓军. 贸易自由化与地区收入不平等研究进展综述[J]. 生产力研究,2011(10):209—14.

[3] Rybcaynski T M. Factor endowments and relative commodity[J]. *Economics*,1955(22):336—341.

[4] Boyera R. A World of Contrasted but Interdependent Inequality Regimes: The Latin America Paradox[J]. *Review of Political Economy*. 2016;28(1):1—22.

[5] Helpman；E, Itskhoki；O, Muendler；M-A, Redding SJ. Trade and inequality: from theory to estimation[J]. *The Review of Economic Studies*. 2017,84(1):357—405.

区收入差距收敛的重要因素,而贸易开放所起作用不大。席尔瓦(Silva)等(2003)检验了美国各州之间、经济统计区之间、州内部各县之间、城乡之间收入差距受对外贸易的影响,结果表明美元汇率变动影响进出口商品价格,进而影响地区收入差距变化方向,如果美元贬值,将使各州、州内各县以及城乡之间收入差距扩大。胡大鹏等(2002)采用新经济地理学 NEG 建模方法,分析与预测中国的地区收入差距原因和趋势,结果表明贸易开放是沿海地区和内陆地区收入差距扩大的主要成因[1]。在研究1952年至2000年中国地区收入不平衡的演变过程中,学者们运用了 GE 指数和基尼系数作为分析工具。研究结果表明,自20世纪90年代起,贸易自由化改革成为导致中国沿海地区与内陆地区收入差距扩大的关键因素之一[2]。乔杜里(Chowdhury)等(2010)的研究指出,国际服务外包、贸易自由化以及技术创新共同作用,导致了低技术和高技术劳动收入差距的扩大[3]。霍伊(Hoi)等人(2010)对越南的外国直接投资(FDI)与本地企业工资收入关系进行了探讨,发现 FDI 对本地工资水平具有正向溢出效应,但其垂直溢出效应则因产业特性而异[4]。秋本朝洋等(Akinori Tomohara et al. 2011)的研究揭示,FDI 对发展中东道国部分劳动者的收入产生负面影响,尽管如此,它仍能提升当地的总体工资水平[5]。李寿等人(2016)通过结合宏观和微观数据的实证分析得出结论,FDI 能够提高当地居民的收入,但同时加剧了收入分配的不平等[6]。

上述研究表明,无论是理论还是实证,大多数研究确认贸易自由化对收入差距有影响,但对影响方向的结论并不一致,还需要考虑前提假设或者实际条件综合加以分析。

---

[1] Hu D P. Trade, rural-urban migration, and regional income disparity in developing countries: a spatial general equilibrium model inspired by the case of China[J]. *Regional Science and Urban Economics*, 2002(32):311—338.

[2] Kanbur R, Zhang X B. Fifty years of regional inequality in China: a journey through central planning, reform, and openness[J]. *Review of Development Economics*, 2005;9(1):87—106.

[3] Chowdhury, Roy S. Inducing human capital formation: how efficient is an education subsidy? [J]. *International Journal of Business and Economics*, 2010;9(2):105—114.

[4] Hoi, Quoc L, Thomas RW. Foreign direct investment and wage spillovers in Vietnam: evidence from firm level data[J]. *ASEAN Economic Bulletin*, 2010;27(2):159—170.

[5] Tomohara, A, Takii S. Does globalization benefit developing countries? Effects of FDI on local wages[J]. *Journal of Policy Modeling*, 2011;33(3):511—521.

[6] Li S, Li L. The Impact of FDI on the Income and Income Gap of Urban Residents[C]//Proceedings of the 22nd International Conference on Industrial Engineering and Engineering Management. Atlantis Press, 2016.

与此有密切关联的是,贸易自由化与劳动就业的关系,这是贸易自由化研究的另一个重要领域。

劳动者失业是社会中、低阶层劳动者陷入贫困的重要原因,会导致一系列社会问题,因此得到学者们广泛关注。芒德尔(Mundell R. A.)等(1963)认为资本流动是要素价格趋同的加速器,发达国家对外投资劳动密集型商品生产,并予进口,将导致本国缺乏技能训练的工人工资下降,甚至失业,为保护本国工人,应当同时采取防止资本外逃和限制进口的措施。卡普林斯基(Kaplinsky)等(2001)指出,发达国家的跨国公司掌握研发和营销等高附加值关键环节,而将低端劳动密集型产业向发展中国家转移,这种专业化分工结果是各国生产要素效率最优,但导致发达国家失业率增加,在经济不景气形势下,上升为国家之间的贸易摩擦[①]。张红等(2015)对2004—2012年我国33个工业行业样本分析表明,目前阶段劳动密集型行业生产率已达到"饱和",贸易自由化对该行业就业的影响呈"倒U型"特征,因此需要优化和释放产业结构红利,但贸易自由化在总体上对就业的正向溢出效应仍处于上升区间,报酬增加、产业利润率提高也是促进就业的重要因素[②]。

可见,贸易自由化对劳动就业影响并非简单的对应关系,而与产业分工、劳动要素禀赋、经济发展阶段等其他因素复杂交织。

2.金融服务贸易自由对经济发展安全的影响研究

自由贸易不仅涵盖货物商品的自由贸易,而且包括服务贸易的开放。在众多服务贸易领域中,金融服务贸易的开放尤为引人注目,它常与虚拟经济及经济安全问题紧密相连,成为学术研究的焦点。

金融服务贸易包括银行基础业务、保险服务,以及融资租赁、外币支付、证券发行、基金管理、信息咨询等其他金融服务。根据世界贸易组织(WTO)的服务贸易总协定(GATS),金融服务贸易可以分为境外消费、跨境交付、商业存在和自然人存在四种模式。在这些模式中,外国直接投资(FDI)作为商业存在的一种形式,在金融服务贸易中占据着特殊的地位。

几乎每个国家都对通过FDI形式引入的金融服务贸易所带来的资本流入持欢迎态度。汪兴隆(2000)指出,应当将FDI从金融服务中独立出来进行考量,因

[①] Kaplinsky R, Morris M. *A Handbook for Value Chain Research*[M]. IDRC, 2001.
[②] 易自由化、生产率"饱和"与就业[J]. 软科学. 2015;29(181):124-128.

为 FDI 能够创造就业机会，增加贸易顺差，并且促进技术转移的利益[1]。然而，他也强调了对 FDI 在国防产业、房地产、银行等敏感部门进行资本控制的必要性。

各国对外国直接投资（FDI）以外的金融服务贸易通常持审慎态度。金融服务贸易的自由化导致国内经济调控政策的选择空间显著缩小，同时，国际金融市场的庞大规模和复杂的信用货币再造功能，使得各国央行难以准确评估真实的资本市场状况，实际上削弱了央行货币政策的独立性和有效性。著名的"蒙代尔不可能三角"理论（The Impossible Trinity）揭示了这种困境：政府无法同时实现货币政策的独立性、固定汇率和资本自由流动这三个目标。例如，为了推动本国贸易和经济增长，需要稳定的汇率政策，但如果同时开放金融贸易自由，本国利率将受到资本自由流动的影响，跟随国际利率变动，从而丧失货币政策的独立性，增加本国经济安全的风险。鉴于金融部门在国家战略中的重要地位，以及银行金融机构作为执行国家发展战略的工具，或者国内金融体系的不完善和金融企业竞争力的不足，外资金融机构往往被视为"入侵者"而受到谨慎对待。1997 年亚洲金融危机的案例表明，韩国、泰国等主要依赖外国贷款而较少 FDI 的国家，比中国、马来西亚、印度等拥有较多 FDI 而较少外国贷款的国家受到的金融危机冲击更大。各国对金融服务贸易的态度反映在贸易壁垒上，夏天然等人（2015）利用引力模型分析了 2000—2012 年间 83 个国家的金融服务出口数据，评估了各国金融服务贸易壁垒的高低，研究结果显示，各国金融服务部门的贸易壁垒普遍较高，发达国家的壁垒低于发展中国家，不同发达国家之间的服务贸易自由度存在显著差异，而中国的金融服务贸易壁垒目前仍然较高[2]。

金融服务自由化不仅有助于推动东道国金融服务市场的竞争，而且能提升金融服务的质量和效率。根据伦辛克（Lensink）等人（2004）的研究，外国银行进入发达国家市场后，直接促使国内银行业的利差、利润和成本持续下降，这有利于实体经济的发展以及投资和消费的增长。克莱森斯（Claessens S）等人（1998）在对 8 个新兴市场国家进行的实证分析中发现，外资银行的进入通过竞争效应压缩了国内银行的经营成本，减少了利差，但同时提高了经营效率[3]。即便如此，国内银

---

[1] 汪兴隆. 金融服务贸易自由化：走在国内稳定和国际冲突的边缘[J]. 对外经济贸易大学学报. 2000(6)：33—36.

[2] 夏天然，陈宪. 国际金融服务贸易壁垒的测度—对 83 个国家和地区的比较研究[J]. 财贸研究，2015.

[3] Claessens S, Glaessner T. Internationalization of Financial Services in ASIA[R]. World Bank, 1998.

行通过业务创新仍能提升盈利水平,这种积极影响虽缓慢却具有长期效应。王立文(2010)则认为,外国金融服务提供者的加入加剧了国内市场的竞争,影响了金融体系的稳定性,迫使监管机构加强规制以防范金融风险,然而,金融服务自由化与国内稳健金融体系的构建是可以并行不悖的[①]。

综上所述,自由贸易是国家间、国内各地区、行业以及社会群体间利益重新分配的过程。目前,全球自由贸易遭遇挫折的主要原因在于"全球化输家",尤其是社会劳动阶层的强烈反对,这凸显了全球自由贸易在利益分配上的不平衡问题。美国采取的贸易保护措施和"再工业化"战略,以及中国推进的"脱虚向实"经济转型和"走出去"战略,均可视为对利益再平衡的努力。

(四)现有文献研究述评

自由贸易不仅仅是一种发生在国际经济领域的现象,还总是与国际政治关系、国内经济和政治活动等密不可分;此外,国际贸易发展历程中,自由贸易和贸易保护几乎总是相伴相生,在不同历史条件下交替发挥主导作用。因此,以往文献对自由贸易的研究有两个显著特征:一是跨学科多视角,从国家经济理性、国际政治关系、国内利益平衡等角度探讨自由贸易动力和影响;二是自由贸易与贸易保护理论相辅相成,理论内涵不断得以丰富和发展。

从国家经济理性的视角来看,自由贸易理论从比较成本优势、要素禀赋、规模经济和技术创新等方面不断寻找各国自由贸易决策的动力,而贸易保护理论则从关税、补贴、许可配额、R&D 支持、知识产权等贸易壁垒不断翻新中寻找有效贸易保护措施。自由贸易与贸易保护在表面上看似矛与盾的关系,但实际上有着相通之处,共同目的都是维护国家经济利益。

西方国家一直主导着国际贸易理论的发展,因此,纵观全球化历史上自由贸易和贸易保护理论的兴替,事实上都是维护西方主流国家利益的有力工具。

19 世纪直至 20 世纪 30 年代,亚当·斯密古典经济学的自由贸易理论伴随着大英帝国全球殖民扩张的整个过程。大卫·李嘉图的比较优势理论也试图说明,自由贸易才可以达到伙伴国共赢。20 世纪 80 年代新自由主义促成的"华盛顿共识",则是美国为首的西方发达国家对发展中国家自由贸易的要求,并借助联合国、世贸组织、世界银行等组织机构的制度规则,确立有利于发达国家的世界经济秩序。随着全球化发展出现新特征和条件,贸易理论深入微观层面,论证在不

[①] 王立文.论金融服务自由化条件下我国金融业竞争力的提升[J].江西社会科学,2010(8):81—86.

断变化环境与条件下贸易自由化利益存在性和不可逆性。

在西方资本主义国家经济相对低迷时期,往往贸易保护主义抬头。19世纪,德国历史学家李斯特(List)基于德国工业落后于英国的现实,提倡在国家工业发展的不同阶段实施不同的关税保护策略。进入20世纪30年代,面对经济危机,凯恩斯主张实行超保护贸易政策,强化国内市场垄断和对外市场扩张的攻势,以实现贸易顺差,刺激国内需求,助力经济走出大萧条。到了20世纪七八十年代,西方经济遭遇"滞涨",日本和"亚洲四小龙"迅速崛起,美国等西方工业国家的经济地位相对下降,贸易逆差加剧,失业率居高不下,导致贸易保护主义浪潮再次涌现,保护措施变得多样化,并开始实施系统化的贸易管理,形成区域性的贸易壁垒。这一时期,战略贸易理论应运而生,主张政府应干预并保护国内市场,协助战略性产业中的垄断企业扩大规模,以在国际市场上占据更多份额。自2008年金融危机以来,欧美国家在金融危机的冲击下经济复苏乏力,面对中国等新兴经济体的崛起,贸易保护主义再度抬头,出现了更多样化的贸易壁垒,特别是针对中国的贸易摩擦频发。

自由贸易与贸易保护相通之处,是自由贸易理论为贸易保护准备了同样的理由。大卫·李嘉图比较成本理论解释了发达国家与落后国家都能从国际分工和贸易中获得利益,但利益分配却不完全平等,处于分配不利地位的国家通常采取贸易保护措施,以争取平等的或更多的贸易利益。俄林的生产要素禀赋理论认为自由贸易和国际分工使生产要素最有效配置和利用,按此观点,发展中国家可以利用丰富自然资源生产初级加工品,交换发达国家工业品获得最大利益,但实际上初级产品低附加值与低价格弹性,在贸易利益分配中处于不利地位;此外,斯托尔珀·塞缪尔森推论产品价格均等化趋势,导致密集用于出口产品的要素报酬提高,密集用于进口替代品的要素报酬降低,必然改变国内要素利益分配格局,因此,贸易保护能够使国际贸易利益在国内分配得以平衡。

尽管贸易保护主义对自由贸易理论中一些脱离实际的假设提出了批评,并指出了其在贸易利益分配问题上的不足,但它同样倡导积极参与国际贸易。贸易保护并不等同于闭关自守。早期的贸易保护理论代表人物托马斯·孟就曾指出,对外贸易是增加财富的常用手段。幼稚产业保护理论的创立者弗里德里希·李斯特认为,贸易保护只是实现自由贸易的手段,而自由贸易才是最终目标。在国家经济发展的五个阶段中,工业化前期和农工商时期都应当参与自由贸易。劳尔·普雷维什(Raúl Prebisch)的中心—外围理论分析了现有不公平的国际分工体系,认为发展中国家只有通过实行贸易保护政策,走工业化道路,提升产业结构层次,才能最终与发达国家进行公平的自由贸易。战略性贸易理论主张政府应支持本国战略性工业的规模扩张,这只是一个阶段性过程,其最终目标也是参与自由贸易竞争。因此,一些国际贸易的新观点和新思想,只是对自由贸易理论框架的修正,而非全盘否定。

由上述可见,从国家经济理性视角来看,贸易自由化的根本动力是贸易的价值增值功能,而贸易保护是影响全球化利益分配格局的手段,归根到底都是为本国经济利益服务。当一定形势下,自由贸易有利于国家利益时,选择实施自由贸易,反之,实施贸易保护。贸易保护主义虽然也承认国际贸易的利益以及贸易自由化发展趋势,但为了特定发展阶段本国经济利益,不可避免地采取贸易保护措施。正因为这种国家本位的经济理性存在,贸易保护主义就像挥之不去的"幽灵"总在某些时候出现在某些国家,引起贸易伙伴国连锁经济调整或贸易报复,不利于全球经济稳定和自由贸易利益的实现。事实上,国家利益是一个多元化的概念,不仅仅是经济利益,还有国际信誉和尊严、国际合作发展潜力、国家安全与制度稳定、民族文化发展、环境生态平衡等多方面利益,秉持不同的全球化价值理念对国家利益有不同认知,从而采取不同对外贸易政策。尤其是世界举足轻重的大国,如果仅仅以眼前的经济利益来定义国家利益,轻易切换以往的自由贸易政策,将连锁引发其他国家恐慌性经济调整和大范围经济波动,严重损害其自身国际信誉和政治地位,从而失去长远稳定发展的前景。

观照当前全球化贸易困境,大国需要突破的是自利狭隘的经济理性观念拘囿,从更全面的价值理性角度,重新认识自由贸易价值,通过各方利益协调和经济调整,克服当前发展障碍,坚持走有利于各国共同与长远发展的自由贸易之路。

从国际政治关系视角看,自由贸易一度是美国等西方大国推行民主政治的重要途径。西方大国以自由贸易利益作为非民主体制国家开放的诱饵和交换条件,以自由贸易制度渗透促使对方国内政治改革转型,以自由贸易代表的全球化文化扩散来宣扬西方人权、民主、自由等"普世价值"理念。但实证研究表明,这种夹带着推行西方"普世价值"理念政治目的自由贸易,并不必然促进民主政治,反而使一些贫困国家问题恶化。

事实上,以自由贸易为筹码或手段,向外推行民主政治和西方价值观的行为本身,是西方大国强权的展示;全球化自由贸易发展过程,无不体现霸权国家维护权力、抑制挑战的努力。第二次世界大战后,美国作为资本主义世界体系的霸主国家,积极倡建关贸总协定、世界银行、国际货币基金组织等国际经济组织,维护能使其自身利益最大化的自由贸易秩序。20 世纪 70 年代两度石油危机严重冲击美国经济,同时,西欧与日本等国经济快速崛起,缩小了与美国经济地位差距,美国即出台《贸易改革法》,从自由贸易转向"公平贸易"或"管理贸易"。2008 年金融危机至今,美国经济衰退伴随着中国经济崛起,美国对华抑制的战略意图体现在经济牵制、政治围堵、军事布局等各个方面,中国成为其反倾销调查的头号目标国。除了对臆想的权力挑战者进行打压,霸权国还寻求"例外主义"特权,譬如,美国贸易法规中 301 条款明显违反了其倡导建立的 WTO 多边贸易体制规则。

尽管,大多数研究支持自由贸易对和平的积极作用,认为自由贸易有效配置国际资源,增进各国整体福利,提高了因冲突中断自由贸易的经济代价,但是,权力政治挑起的贸易摩擦,给"贸易削减冲突、促进和平"的命题做了一个反面注脚。

总体看来,从国际政治关系视角研究自由贸易,大国权力是自由贸易绕不开的核心议题。大国按照自身价值观推行民主同化世界的意图,臆想他国崛起可能挑战自身霸权而设法抑制,以及对贸易利益分配(如中东石油贸易)的控制欲,往往可能导致贸易摩擦、社会动荡甚至军事冲突,使全球自由贸易的环境恶化。因此,推进贸易自由化,需要改变大国的权力观念,以及大国追逐权力的方式,同时,需要增加对大国责任的思考。

从国内利益均衡的视角来看,贸易自由化引发了国内不同地区、行业以及社会群体间利益分配的不平衡,这种不平衡最终表现为人们之间财富差距的扩大。现有文献的研究成果表明:在不同的空间位置、价值链分工、产业要素禀赋、地区研发投入差异、金融资本流向、劳动技能培养以及经济发展阶段等因素的影响下,自由贸易对收入差距和劳动就业的影响各异。通过分析这些条件,我们发现大多数条件是可以通过外部投入或内部政策调整来改变的。因此,在当前全球化背景下,贸易保护主义者将贫富分化、劳动失业及其引发的社会动荡归咎于贸易自由化,实际上这些问题可以通过全球治理与国内发展策略结合来加以改善。

至于金融服务贸易自由化引发经济安全问题,已有文献研究倾向于将投入实体企业的 FDI 独立出来做正面评价,而将滞留于金融市场体系的短期资本视为风险因素对待。金融服务贸易有促进东道国金融服务业改革、提高服务质量与效率的积极一面,但在监管体系不健全条件下,也可能激发和助推虚拟经济泡沫风险。此外,还有不少关于金融风险如何防范的研究。更新的研究视角应该是,探讨金融服务贸易带来金融行业与实体制造业的利益分配失衡问题,以支持当前中、美等大国不约而同地向"脱虚向实"经济结构转型。

综上所述,传统全球化背景下自由贸易主流研究是,基于国家经济理性分析自由贸易动力和影响,探讨自由贸易在国际政治关系中维护和扩张大国权力的工具属性,确认和解释自由贸易带来的利益分配和社会问题。根据这些研究的理论逻辑,可以认为全球化发展到当前阶段,自由贸易带来贫富分化是存在的,贸易保护主义是合理的,逆全球化也是必然的。

而新型全球化背景下的自由贸易研究目的是,如何趋利避害继续推进全球自由贸易。因此,需要突破国家本位的、短视的、经济理性的思维拘囿,从共赢的、长远的、价值理性视角重新认识全球化和贸易自由化利益;需要认识到大国权力政治、一元化"普世价值"对现实世界和平稳定与自由贸易的负面影响,应当关注大国责任对全球经济共同发展和贸易自由化的建设性作用;需要研究如何优化匹配各国资源,做大全球自由贸易"蛋糕"前提下,探讨各方利益分配平衡问题,以消减"全球化输家"阻碍力量,顺利推动全球自由贸易进程。

本研究正是沿着这个思路,在第二、三、四章分别讨论全球化价值理念、大国责任、国内利益平衡等因素对自由贸易的影响机理。

三、研究思路、内容、方法与创新

(一)研究思路

本研究的基本思路是,首先,归纳分析传统全球化困境中贸易保护根源问题;其次,针对这些根源问题,探究新型全球化趋势背景下,从全球化价值理念转变、维护自由贸易的大国责任、平衡国内利益的金融服务转向等途径推理自由贸易的内在机制;最后,提出从文化理念、根本利益、技术层面、实践路径等四个维度推进全球自由贸易的策略建议。本研究的思路框架如图 0—2 所示。

(二)研究内容

本研究的主要内容概述如下:

第一,探讨全球化与贸易自由化遭遇挫折的背景及其成因。在新的全球化发展阶段,世界经济力量格局呈现"东升西降"的趋势,全球化流动,如货物、资本、人员、信息等加速进行。然而,金融危机的爆发,以及西方国家主导的全球化治理模式一元化的"普世价值"的失败,导致了全球经济发展失衡、局部地区战乱频发、难民潮涌现、跨国恐怖活动、高失业率以及底层劳动者对金融业的敌视等社会问题。这些因素催生了欧美国家民粹主义排外运动的兴起和贸易保护主义的抬头。

```
研究      "全求化3.0"治理失败、   新型全球化        "一带一路"倡议
背景      民粹排外、贸易保护    "4.0时代开启"     中国实践引领
```

文献综述　　　　　贸易自由化的"三大障碍"
　　　　　　国家自利理念　大国责任缺失　利益分配失衡

理论分析　　　　　推进贸易自由化的"三大机理"

全球化价值认知	小国策略与大国责任	资本与劳动利益平衡
主观博弈深化分析	贸易网络效用模型	市场准入交换博弈
全球化价值与国家利益 全球化价值与自由贸易 价值理念影响博弈收益 *友好互信，合作共赢 *沟通协商，对等贸易 *自利理性，机会义均 *大国单边主义 *命运共同体发展	自由贸易内在动力 自由贸易网络促进因素 国家异质性对贸易网络稳定性影响 参与自由贸易网络的小国策略 维护自由贸易网络的大国责任	金融服务贸易与跨国资本流动的利弊 金融服务贸易开放的国内利益权衡 约束与导金融资本"脱虚向实"必要性

实证分析　　　　推进贸易自由化的"一带一路"倡议实践
*"一带一路"的全球化价值理念
*金融服务贸易支持实体企业"走出去"
*核心大国推动区域贸易全球化发展

策略建议　　　　推进贸易自由化的策略建议

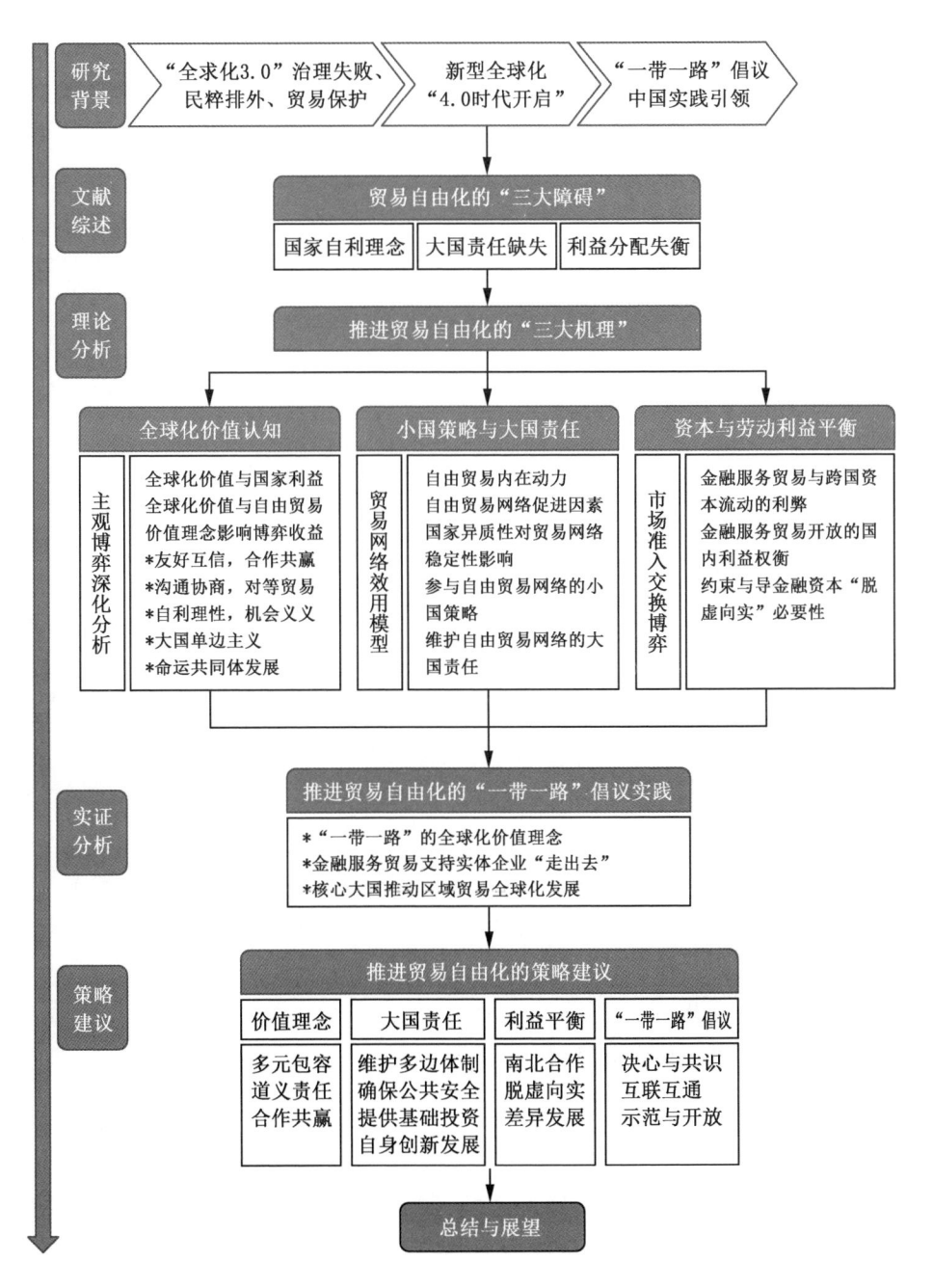

价值理念	大国责任	利益平衡	"一带一路"倡议
多元包容 道义责任 合作共赢	维护多边体制 确保公共安全 提供基础投资 自身创新发展	南北合作 脱虚向实 差异发展	决心与共识 互联互通 示范与开放

总结与展望

图0—2　本研究思路框架

第二，分析全球化治理价值理念的转变及其发展趋势。西方国家现实主义对

权力的追求导致国际政治关系紧张和局部地区动荡,而本位主义的经济人理性促使某些大国放弃全球化道义,转向战略收缩和贸易保护主义。与此同时,非西方国家,特别是中国的综合国力提升,为全球治理带来了非西方视角的发展理念。中国秉持传统儒家文化中的"仁礼观""义利观""和谐观"等价值理念,提出了包容发展、合作共赢的新型国家关系,并以大国的责任感和道义形象引领新全球化发展进程。

第三,探讨全球化价值理念对贸易自由化的影响。国家利益是全球化价值和贸易自由化价值判断的基础,国家利益的多元性决定了贸易自由化价值的多元性。不同的价值理念会导致不同的对外贸易决策。自由贸易利益是通过国家间策略互动构建并实现的,本研究运用主观博弈模型分析了"政治友好互信,合作共赢""平等互利,尊重契约""坚持贸易对等"以及"机会主义""单边主义""命运共同体"等不同价值理念对贸易策略收益的影响,并倡导有利于全球共同福利和推进贸易自由化的全球化价值理念。

第四,探讨促进自由贸易网络形成的因素、小国策略与大国责任。自由贸易的动因在于其能够增进国内整体福利,通过运用代表性效用函数模型,分析工业化水平、初始关税水平、已有贸易伙伴在本国市场份额中的占比、产品可替代弹性等因素对国内整体福利从新建双边自由贸易关系的边际收益的影响。进一步地,利用自由贸易网络模型,研究国家对称性、产品可替代弹性、现有自由贸易网络规模、工业化水平等因素对自由贸易网络稳定性的影响。各国应结合自身经济发展水平、产业特色、资源禀赋以及贸易历史条件和发展需求,选择适合自己的参与自由贸易网络的策略。同时,对如何维护和拓展自由贸易网络、推动全球贸易自由化的大国责任提出具体要求。

第五,权衡金融资本、实体企业和劳动者利益对金融服务贸易自由化的影响。金融服务贸易自由化是资本市场自由化的配套服务,它促进了全球资本的跨国流动,对资本流出国和流入国的国内利益分配均产生影响。政府必须权衡各方利益,做出能够最大化政治支持的金融服务贸易决策。运用市场准入交换博弈模型和 Grossman 政治支持函数概念,分析金融服务贸易开放对东道国各利益群体的影响,以及东道国产品初始出口价格、金融服务产出弹性、国内金融服务平均成本、未来市场准入交换的概率、政府对劳动阶层福利关注程度等因素对金融服务贸易自由化决策的影响。分析跨国资本滞留在金融市场体系内可能催生虚拟经济泡沫的风险,提出如何约束与引导金融资本"脱虚向实"的途径,制定符合本国国情的金融服务贸易自由化方案与进程表。

第六,讨论中国推动贸易自由化的"一带一路"倡议。中国倡导合作共赢、"美美与共"的"一带一路"行动愿景,以"计天下利"的大国道义帮助沿途欠发达国家共同发展,绕开"修昔底德陷阱"走大国和平崛起新路径。中国金融服务贸易支持实体企业"走出去",在"一带一路"投资创造实实在在的物质财富,而非虚拟经济泡沫。同时,运用2000—2014年双边贸易数据,通过社会网络方法实证分析"一带一路"倡议对区域贸易稳定、小国经济发展以及推动区域贸易全球化发展的作用。

最后,提出新型全球化背景下推进贸易自由化策略建议。基于前文分析结论,结合新型全球化背景条件,从全球化价值理念、大国责任、利益平衡、"一带一路"倡议实践等四个方面提出推动贸易自由化的具体策略建议。

(三)研究方法

本文研究主要采用了以下研究方法:

1. 系统动力学分析

用Vensim软件定性描述西方普世价值观对政治安全、经济安全、环境安全、社会安全等非传统安全威胁影响的传导关系,找出当前全球化困境的根源所在;描述金融服务贸易对资本流入国的金融资本、制造企业、劳动者利益影响,以及虚拟经济与实体经济资金挤占的关系。

2. 主观博弈演化模型分析

初始时期,不同价值理念的博弈者对博弈策略收益有不同的主观评价,博弈过程中对原来经验的主观评价加以修正;不同价值理念的博弈者有不同的主观评价修正函数;经反复博弈,观察双方走出,或者陷入囚徒困境的博弈演化路径,并讨论其总体福利。

3. 演化博弈数据仿真分析

分别根据国家同质性和异质性设定博弈收益矩阵参数,再根据不同价值理念设定初始博弈策略主观评价值和主观评价修正函数,数值仿真实验描述不同价值理念的博弈演化路径,以及双方博弈收益。

4. 自由贸易网络效用模型分析

所有参与自由贸易国家构成的自由贸易网络,考虑国家对称性、已有自由贸易伙伴数量、产品可替代弹性、初始关税、工业化差异性等因素,分析拓展不同条件的自由贸易关系的边际效用,找出各国参与自由贸易的有利策略。

5.市场准入交换模型分析

以考虑了金融资本与劳动者利益的国内政治支持函数最大化为目标,探讨初始产品出口价格、金融服务产出弹性、国内金融服务平均成本、政府对劳动者福利考虑权重、未来市场准入交换概率等因素对金融服务贸易自由化决策的影响。

6.社会网络分析

以国家为节点,贸易关系为连边,贸易依赖度为边权重,构建海上丝绸之路贸易网络。采用2000—2014年双边贸易数据,计算贸易影响强度中心性以呈现区域贸易影响力"东升西降"现象,计算加权PageRank值以表明贸易大国对区域贸易稳定的贡献,计算影响强度Pearson相关系数来论证大国贸易对小国经济发展的带动作用。运用贸易依赖派系过滤算法划分贸易社团,并以地图展示说明贸易社团"大国—小国"贸易匹配关系、贸易影响力"东升西降"现象、贸易地域化特征与跨区域趋势,以及中国多重贸易社团枢纽身份对推动区域贸易全球化的贡献。

(四)创新之处

本研究的创新之处,主要体现在研究方法改进和观点创新,包括但不限于以下几点:

(1)将全球化价值理念引入主观博弈演化模型的讨论,通过设置不同初始主观评价和评价修正函数,反映不同价值理念对自由贸易策略演化路径与整体收益的影响。

(2)将虚拟经济市场对跨国资本分流的因素引入金融贸易服务市场准入交换模型讨论,提出对金融服务贸易自由化的"脱虚向实"约束与引导措施。

(3)设计了贸易依赖派系过滤算法,通过贸易社团划分,实证展示中国多重贸易社团枢纽身份对推动区域贸易走向全球化的贡献。

第一章

新型全球化特征、理念与发展趋势

一、全球化基本内涵

全球化尚未形成统一的定义,众多学者在不同历史时期及研究领域,如政治学、经济学、社会学等,从过程与结果等不同视角对全球化进行了多元化的解读。这些解读各有侧重,大致可归纳为以下几种论点:

首先,现代性制度扩张学说。英国著名社会学家安东尼·吉登斯(Anthony Giddens)提出,全球化是现代性制度向全球范围的扩张,资本主义、工业化、军事和监管四种现代性制度分别发展成为全球资本主义、国际劳动分工、全球军事秩序和民族国家体系[1]。因此,全球化与现代性制度之间存在逻辑关系:全球化的发展需要现代性制度的支撑,而现代性制度也通过全球化进程得以扩展。

其次,资本主义性质学说。吕世荣等(2014)依据马克思关于占主导地位的生产方式决定社会性质的理论,认为资本主义生产方式是当前世界生产的主要特征。资本具有超越时空限制以追求利润的本性,"资产阶级社会的真实任务是建立世界市场和以这种市场为基础的生产"。因此,可以认为资本是推动当前经济全球化的直接力量,而跨国公司则是全球化资本的载体,资本主义性质是经济全球化的本质特征[2]。类似的观点包括全球化即美国化、新自由主义化、帝国主义化等,这些观点有助于我们理解西方国家在全球化中所扮演的霸权主义角色,以及资本扩张和政治文化控制的潜在意图。然而,这种认识也存在片面性和局限

---

[1] 安东尼·吉登斯. 现代性的后果[M]. 南京:译林出版社,2011.
[2] 吕世荣,姚顺良. 马克思主义视域中的经济全球化[M]. 北京:人民出版社,2014.

性,无法完全揭示全球化作为历史进程的多维性和复杂性。

再次,跨地域网络联结学说。英国政治学家安东尼·麦克格鲁(Anthony McGrew)认为,全球化是指社会空间的跨地域联结,世界各地社会的相互作用与影响,以及跨越地理空间的运动构成全球化的内容[①]。美国著名社会学家罗兰·罗伯森(Roland Robertson)认为全球化概念的产生,表明世界整体性意识的增强,除了客观上社会关系跨越时空的重建,全球化还涉及文化和主观意识上的问题[②]。还有许多学者把全球化定义成时空交织的网络世界,网络节点之间通过商品流、资金流、信息流、人员交往、生态环境相关性甚至暴力活动蔓延等因素相互联结起来。这种全球网络化相互依存的认识,把国家、阶层和公民的身份抽象化,把全球化的结果结构化,忽略了全球化过程中社会关系的复杂性。

最后,经济全球化学说。经济学家群体中较为普遍的看法,即全球化就是经济全球化。他们从经济理性角度,考察16世纪发端的全球殖民历史以及其后全球化发展的驱动力,认为"全球化就是资本全球化"[③]。这种观点过于强调全球化背后的重要驱动因素,甚至是最重要的驱动因素,但淡化了与经济关系紧密交织、不可分割的政治、社会、环境等其他因素,反而不利于经济全球化推进。

上述学说从多元视角对过往全球化趋势进行了总结与提炼,对深化全球化本质特征的理解具有积极作用。综合来看,传统全球化以经济全球化为核心,主要由欧美发达国家引领,其特征主要表现为资本主义生产方式的推广、西方文化价值观的传播以及霸权主义的扩张。客观上,这一过程促进了全球范围内的人力、物资、资本和信息的流动,并加强了世界政治、经济、社会和生态环境等多方面因素的相互联系与依赖。[④]

二、全球化 4.0 时代新特征

"新型全球化"是近年频繁出现的一个概念名词,关于其观点、理念、特征等内容描述零散见于官方发言、媒体报道和评述,但学术界对其研究还处于理论初探阶段。从字面上静态地理解,新型全球化可以是呈现出"新型"特征的全球化阶段;动态地理解,新型全球化则可以指以"新型"的途径和方式推进全球化的过程,

---

[①] 戴维·赫尔德,安麦. 全球大变革—全球化时代的政治、经济与文化[M]. 北京:社会科学文献出版社,2001.

[②] Robertson R. *Globalization*[M]. London:Sage Publications;1992.

[③] 向红. 全球化与反全球化运动新探[M]. 北京:中央编译出版社,2010.

[④] 任琳. 英国脱欧对全球治理及国际政治经济格局的影响[J]. 国际经济评论. 2016(06):21—30+4.

而这种"新型"途径和方式必须适应"新型"的特征,目的则指向顺利推进全球化进程。事实上,全球化的"新型"特征并非一朝一夕涌现出来,"风起于青蘋之末",这些新特征潜滋暗长于传统全球化过程之中,并随着全球化发展而逐渐成形和显现。

按照邵宇等(2016)对全球化发展历史阶段的划分,当前的新型全球化已属于"全球化 4.0 时代"[①]。"全球化 1.0"始于 1492 年美洲的地理大发现,标志着大航海时代的开启。这一时期延续至 19 世纪后半叶,英国通过工业革命取得了先发优势,确立了其"海上霸主"的地位,引领世界进入了以英国和英镑为主导的"全球化 2.0"时代。两次世界大战的爆发曾一度中断了全球化进程,但第二次世界大战后,全球化再次启动。美国作为战后经济重建的主要推动力,主导构建了一系列政治和经济的国际秩序框架。在微观经济层面,美国跨国公司活跃于世界经济舞台,世界随之进入了以美国和美元为主导的"全球化 3.0"时代。然而,2008 年美国次贷危机的爆发并演变为全球金融危机,暴露了美元单极货币体系和需求驱动的全球经济结构的缺陷。由于美国制造业的回流和能源独立,需求开始"内卷化",对全球经济伙伴国家(包括产业分工和资源提供者)的溢出效应减弱,导致世界经济复苏乏力和全球化进程停滞。这标志着美式"全球化 3.0"时代的结束。与此同时,中国在"全球化 3.0"时代全力加入世界工厂行列,完成了原始积累。现在,中国正以"构建合作共赢为核心的新型国际关系"和"共建人类命运共同体"的新理念,积极推进"一带一路"倡议,积极参与全球治理。这显示了中国对外战略从"韬光养晦"向"奋发有为"的转变,正引领着一个新的"全球化 4.0"时代的开启。

(一)全球经济力量"东升西降"

在全球化 4.0 时代,世界经济格局呈现出显著的"东升西降"趋势。2008 年的金融危机对国际经济格局和政治秩序产生了深远的影响,标志着世界经济和政治变革的开始。多方力量正在积极争夺规则制定的主导权,无论是明争还是暗斗,新一轮竞争与合作正在展开[②]。主要经济体正在进行深度的结构调整,尽管国际新秩序的全貌尚不清晰,但世界经济力量"东升西降"的趋势已初露端倪。

金融危机过后,西方主要发达国家的经济实力遭受了重大打击。与此同时,

---

① 邵宇,秦培景. 全球化 4.0:中国如何重回世界之巅[M]. 桂林:广西师范大学出版社,2016.

② Nakano R. The Sino-Japanese territorial dispute and threat perception in power transition[J]. *The Pacific Review*. 2016;29(2):165−186.

以中国、俄罗斯、印度、巴西等金砖国家为首的新兴市场国家,首次在第二次世界大战后成为推动世界经济复苏的主要动力。G7 集团,包括美国、加拿大、英国、法国、德国、意大利和日本发达工业国家,其经济总量自成立以来曾占全球经济的 80%,但在金融危机后已降至约 50%。这场危机还暴露了西方国家体制和观念中的深层次问题,引发了难民危机、右翼排外运动和社会治安等问题。在对外经济政策方面,保护主义势力抬头,预示着可能开启一场恶性竞争,其对长远经济发展的负面影响不容乐观[1]。

与之形成鲜明对比的是,新兴市场国家的经济份额正在迅速扩大,其经济总量已经具备与传统"精英"国家相抗衡的实力[2]。以主要发展中大国为核心的 G20 集团,在 1997 年金融危机之后取代了 G7 发达工业国俱乐部,成为全球经济的支柱力量。特别是中国,作为新兴市场国家的典范,在经过 30 多年的改革开放和制度完善,资金和技术的积累,以及人口红利的支持下,其后发优势逐渐显现。在近年来应对金融危机的过程中,中国发挥了中流砥柱的作用,被视为世界经济多极化格局中的重要一"极"[3]。世界银行发布的预测报告指出,到 2030 年,发展中国家在全球投资存量中的占比将超过一半,其中金砖四国的总占比将达到 69%。

随着经济力量的东升西降,全球生产分工格局和贸易秩序规则正在经历重塑[4]。在金融危机之前,欧美国家主导着高端技术研发和产品营销,同时作为世界商品的主要消费市场;亚洲的发展中国家,如中国,则主要承担了制造分工的角色;中东、非洲、拉美、澳大利亚等地区则主要出口能源和初级资源。然而,危机之后,这种分工格局正逐渐瓦解。发达国家为了应对国内就业问题,提出了"再工业化"战略;中国则致力于通过扩大内需来提升其在全球消费市场的地位;非洲、拉美等地区国家也在努力推动工业化,以促进经济的长期发展。

重塑全球生产分工格局将触发一个复杂、漫长且充满不确定性的世界经济再平衡过程。这一过程将影响国际政治关系格局的变动、各国内部经济结构的调整、国际贸易网络的重组、金融服务贸易体系的改善以及跨国行为体治理等多个领域。

---

[1] Carmichael K. The free-trade backlash[J]. *Canadian Business*, 2016, 89(6):18.
[2] Subacchi P. A Multipolar World[J]. *Chinese American Forum*, 2015, 31(1):8—9.
[3] Vines D. Chinese leadership of macroeconomic policymaking in a multipolar world[J]. *China Economic Review*. 2016, 40:286—296.
[4] Efstathopoulos C. Reformist Multipolarity and Global Trade Governance in an Era of Systemic Power Redistribution[J]. *Global Journal of Emerging Market Economies*, 2016, 8(1):3—21.

(二)全球资源要素流动加速

在 4.0 全球化时代,互联网和跨境电子商务等电子信息产业的革命性发展再次掀起波澜。技术创新、制度创新以及跨国生产经营和资本流动的加速,伴随着世界集装箱运输与物流服务业的迅猛发展,推动了全球物流、人流、资金流和信息流的规模扩大和流动速度加快。这些变化对全球发展的平衡和经济安全产生了深远的影响。

世界集装箱运输业的迅猛发展极大地推动了经济全球化。正如美国经济学家马克·莱文森(Marc Levinson)在其著作《集装箱改变世界》中所言,"没有集装箱,就没有全球化"。集装箱运输的发明可以追溯到 1880 年的美国,而到了 20 世纪 80 年代,集装箱航运开始在全球范围内蓬勃发展。世界上涌现出一系列集装箱大港,实现了集装箱的环球航行。进入 21 世纪,随着海路、铁路、航空、公路和内河水道集装箱多式联运体系的不断完善,集装箱运输实现了"门到门"的服务优势。集装箱的身影无处不在,成为经济全球化的一个标志性象征。首先,集装箱运输规模在持续快速增长。据英国海洋咨询公司数据,2007—2010 年世界港口集装箱吞吐量增长速度约为 80%,到 2010 年港口集装箱吞吐量超过 6 亿标准箱(TEU)。其次,全球集装箱运力增长。据 Alphaliner 网站数据,截至 2024 年 1 月 8 日,全球运营中的集装箱船共计 6 789 艘,总运力为 2 857 万 TEU。接着,集装箱大型化趋势明显。我国中远川崎 398 轮是目前全球最大的集装箱船,全长 399.99 米,宽 61.30 米,甲板面积相当于 3.5 个标准足球场,载箱容量 24 188TEU,具有很高的规模经济潜力。最后,集装箱铁路运输正朝着班列化、直达化的先进运输组织形式迈进。例如,据央视网 2025 年 1 月 10 日消息,2011 年 3 月首列中欧班列从重庆开往德国杜伊斯堡以来,至今累计突破 10 万列,发送货值超 4 200 亿美元。此外,条码技术、RFID 技术和 GPS 技术等信息化技术系统的应用,极大地支持了"门到门"运输服务的准确性和安全性。全球各国的大型物流园区蓬勃发展,在众多港口节点规划建设了大型综合物流园区,从仓储、包装到周边货物加工等综合物流服务配套,形成了集装箱多式联运网络体系,为全球集装箱化物流提供了强有力的支持[1]。

以集装箱运输为代表的国际物流服务业快速发展,促进了更大范围、更大规

---

[1] Verhetsel A, Vanelslander T, Balliauw M. Maritime world cities: development of the global maritime management network[J]. *International Journal of Shipping and Transport Logistics*, 2016, 8(3): 294—317.

模、更深化的国际生产分工,以及与之匹配的国际贸易活动。这不仅使得要素资源在全球范围得以配置,整体上推动了全球经济增长的同时,而且加剧了全球经济发展的不平衡性。经济全球化发展为具有技术竞争优势的发达国家与利益集团带来更大利益,而大多缺乏技术竞争力的发展中国家则遭受外来部分冲击的巨大风险。尤其发展中国家大量存在的劳动密集型产业首当其冲,为了获得规模经济在竞争中生存,不得不把产品廉价出口,结果发达国家流通商获得发展中国家出口产业的大部分价值收益。与此同时,发展中国家之间同质出口的竞争关系,迫使企业只能压低劳动工资以维持市场竞争力,使发展中国家劳动收益始终锁定低端水平。而对于资本要素的流动,发达国家比发展中的边缘国家有更高投资收益机会和外资吸引力,使得发展中国家投资贫乏,从而进一步被边缘化。

此外,全球化资源要素流动促进全球市场联动,包括大宗产品期货市场和繁杂的金融衍生品交易市场,吸引全球逐利资本大规模流动,催生虚拟经济泡沫,扩大风险传播,屡屡引发世界性金融危机[①]。经济全球化背景下,劳动力也不再是古典经济学中不可移动的静态要素。相对欠发达国家劳动者涌入发达国家寻找更好的发展机会,结果导致发达国家缺乏适应性技能的原住民大量失业,社会福利被稀释,引发右翼民粹主义排外风潮等一系列社会问题。

(三)面临多元非传统安全威胁

在全球化向 4.0 时代切换初期,世界面临着诸多全球化 3.0 时代遗留的非传统安全威胁问题。这是全球化要素快速流动加剧全球经济发展不平衡的条件下,美式全球治理失败带来的金融危机、大规模失业、跨国恐怖主义、生态污染、网络信息安全等一系列全球性问题。

首先,是经济安全威胁问题。从过去数年现实情况来看,最需要警惕的是全球金融安全风险。全球化过程中频发的金融危机表明,许多国家存在金融基础设施薄弱与资本监管能力缺失问题,在西方大国货币政策变动与跨国"热钱"冲击的影响下显得很脆弱。但从目前全球经济发展情况来看,需要重点关注的是全球经济结构调整的不确定性风险。无论是欧美等发达经济体,还是以中国为代表的新兴经济体,目前都面临深层次的产业结构调整期,中短期之内全球经济前景不确定,因此,对内需要处理好产业转型期经济大局稳定和大量失业问题,对外需要防

---

① 穆献中,吕何. A股与美股、港股联动性的两次比较[J]. 金融发展研究,2016(12):9—16.

范跨国投、融资的风险。

其次,是政治安全威胁问题。全球化使得世界各民族国家相互依存,必然也带来文明交流和冲突。欧美国家本位的一元化价值观,及其对世界其他文明的"普世价值"转型要求,除了直接插手发动局部战争,还在世界各地导演了一系列颜色革命,输出所谓的自由与民主,引发多国政局和地区动荡[1][2]。颜色革命旨在促使政权更迭,组织形式常表现为街头政治运动或者暴力冲突。长期政治动荡必然会破坏该国、该地区经济发展,导致贫穷、仇恨、难民输出和宗教极端主义。从实践表现来看,全球政治安全威胁主要源于西方主流国家对非西方国家的政治疑虑,是一个相互构建的过程。例如,面临中国的快速崛起,某些国家基于"安全零和思维"臆想存在"中国威胁论",于是联合对中国发起地缘政治围堵,数度造成南海紧张局势,对中国形成事实的安全威胁;而当中国不得不采取防卫性应对措施,就又强化了相关国家的"中国威胁"臆想[3]。

再次,是社会安全威胁问题。社会安全威胁在某种意义上说,是经济问题和政治问题的叠加产物,是随经济和政治问题而来的社会秩序混乱、人身财产安全得不到保障的风险状态。例如,近年来令欧洲惶恐不安的难民潮危机,就是经济、政治诸多问题叠加的结果。虽然移民在历史上是欧洲极寻常现象,但如果不是近年来欧洲陷入经济低迷和债务危机的泥淖,即使估计 100 万的难民人数也不过约占欧洲总人口 0.135%,不可能成为一场危机。究其难民来源,本次难民潮主要是来自叙利亚、伊拉克、利比亚等战争地区,而这些地区的战乱最初发轫于一场"阿拉伯之春"的民主政治动荡[4]。随着难民的涌入,恶化欧洲国家就业、社会治安,甚至伊斯兰极端分子伺机潜入发动恐怖袭击,引发国内民众恐慌、仇视和右翼排外情绪。难民还导致欧洲人口结构变化和明显伊斯兰化倾向,引发政治家对长远趋势的忧虑。此处,宗教极端组织产生本身,也是经济贫富差距和政治失败的结果。例如,2015 年 11 月 13 日巴黎遭遇伊斯兰极端组织(IS)炸弹袭击。维基解

---

[1] Soysaa Id. Capitalism & the "new wars": free markets and societal insecurity before and after the cold war, 1970−2013[J]. *Civil Wars*, 2016, 18(1): 1−24.

[2] Magu S. Toxic mixtures: democracy, ethnicity electoral politics, and state failure in Africa[J]. *African Journal of Democracy and Governance*, 2016, 3(1−2): 21−50.

[3] Okuda H. China's "peaceful rise/peaceful development": A case study of media frames of the rise of China[J]. *Global Media and China*, 2016, 1(1−2): 121−138.

[4] Hassan O. Undermining the transatlantic democracy agenda? The Arab Spring and Saudi Arabia's counteracting democracy strategy[J]. *Democratization*, 2015; 22(3): 479−495.

密创始者阿桑奇指出,这是西方冒险主义在中东地区宗教政治的产物。

最后,是环境安全威胁问题。全球化使得人类生产活动规模和活动范围进一步扩张,对自然生态环境的破坏升级。污染型跨国产业转移导致污染扩散,国际河流的负外部性排污活动,石油运输泄漏导致海洋污染,国际旅游业发展破坏了野生动物栖息环境,盲目垦伐导致森林面积急剧萎缩,过度远洋捕捞损害鱼类资源多样性,以及全球废气排放破坏大气臭氧层等,使得全球生态环境脆弱性越发显现,对人类的共同生存安全造成威胁。尤其在战乱地区,不仅经济活动对环境破坏得不到有效规制,而且会造成人为生态灾难。例如,2016年8月IS在伊拉克摩苏尔市亚拉镇败退时,炸毁了当地所有油井,造成不可估量的人为生态灾难。总之,全球化环境安全威胁,不是一国一地所能解决,必须由全球各国协调努力,合作治理。

梳理以上四方面非传统安全威胁问题产生与传导的逻辑关系,如图1-1所示。

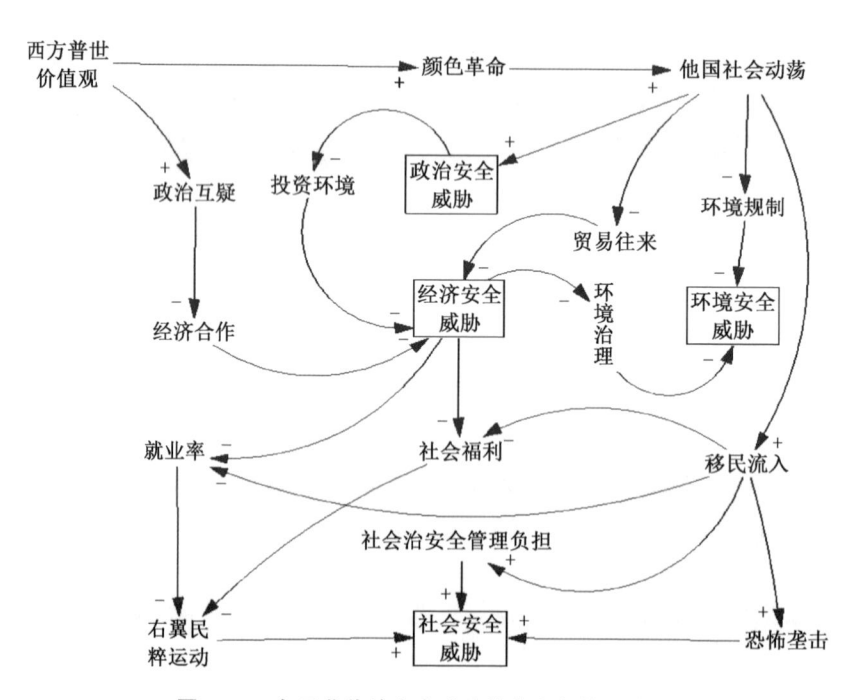

图1-1 多元非传统安全威胁的产生与传导关系

观察图1-1可以清楚发现,西方本位的一元化普世价值观对政治、经济、社会、环境等四类非传统安全威胁的产生都起到正向促进作用,是当前中东地区动荡和欧盟政治分裂、经济发展乏力、难民危机及右翼风潮等一系列威胁的根源所在。这引起了世界各国对当前西方"普世价值"理念进行深刻反思。

三、全球化多元价值理念

习近平总书记指出,"全球治理体制的变革离不开文化价值理念的引领",特别提出要"积极发掘中华文化中积极的处世之道和治理理念同当今时代的共鸣点,继续丰富打造人类命运共同体等主张"[①]。时至 21 世纪,文化从政治和经济潜在制约的后台走到前台,与政治、经济等因素共同影响全球化发展趋势,文化战略被整合到国家利益与综合国力提升战略,广泛体现在内政、外交政策之中。文化价值理念是全球化治理结构的潜在约束和外显符号表征,全球化治理主体多元性契合着全球文化价值理念的多元性。全球治理是文化价值理念支配下的全球协调行为,不同民族、国家对全球治理的价值认知存在分歧,从而使全球治理进程受阻。不过在一个共生的世界,全球治理存在客观共识,人类有足够智慧根据全球治理的实践不断修正、协调全球治理的价值共识,从而推进全球治理进程[②]。

(一)全球化的传统西方价值理念

在近现代的漫长岁月里,全球化通常视为西方资本主义生产模式的传播过程。因此,在应对全球性挑战的策略上,西方的价值观念长期占据着全球治理的主导地位。西方工业文明凭借其先进的生产力和持续的创新能力,吸引了众多相对落后的非西方国家的追随和学习。西方化几乎等同于现代化,主导了全球化的演进。然而,在 20 世纪六七十年代的冷战时期,受苏联模式的启发,本土化的发展模式在第三世界国家中一度盛行。这些国家试图发掘或重新认识本国的文化和制度价值,构建具有本土特色的政治、经济和社会组织体系,以推动经济和社会的进步。这一时期出现了东亚模式、南亚模式、撒哈拉以南非洲模式、拉丁美洲模式和伊斯兰模式等与西方不同的发展模式。随着苏联的解体,非西方发展模式的全球影响力逐渐减弱,西方价值观和西方经济模式成为全球化的绝对主流。

冷战结束后,在西方国家与世界其他文明的互动中,出现了一种所谓的"普世

---

① 习近平. 为改革和优化全球治理注入中国力量[EB/OL]. [2025−01−12]. 央广网. https://baijiahao.baidu.com/s?id=1604209868306159536(2018−06−25).

② 胡键. 全球治理的价值问题研究[J]. 社会科学,2016(10):3−15.

价值文明转型"的对话模式。这种模式是在西方文明优势的大背景下进行的,它有意或无意地促使其他文明接受一个预设:世界文明应朝着一个共同的方向发展,而这个方向就是"普世价值"。各文明应以"普世价值"为基准进行自我改革和转型。否则,西方文明将承担起责任,通过外部压力,实际上更多是通过强势手段,迫使弱势文明进行转型[1]。这种"普世价值"教化式推广方式,往往压制了其他文明的核心价值观念,引发了弱势民族国家的内部动荡,从而对地区乃至世界的和平构成了威胁。

西方国家认为"人权"就是一种"普世价值",并对人权享受绝对解释权优势。西方认为民主选举、言论自由、宗教自由等是人权核心内容,应该得到各国社会制度的保障。对于未能按照西方对人权内容设想进行社会治理的国家,西方国家就会动用其强大舆论、经济手段甚至军事力量,强迫甚至直接干涉该国实行政体变革,以保障西方所理解的人权。客观地说,普世价值观的推行对促使弱势文明自我反省视角盲点起到一定作用,但是要求"文明转型",要求弱势文明附庸于西方的价值理念,并按西方意愿进行体制改革,结果往往是使当地文明根基动摇,甚至引发国家动乱,对于国际政治起到消极影响。近些年,伊拉克、利比亚、埃及、叙利亚、乌克兰等诸多国家动荡和战乱,说明了这个问题。因此,即使是自认为正面的价值理念,也可能因为不合理的认知和推广方式,从社会正义沦为压迫手段和战祸根源[2]。

西方国家"人权"涵盖的宗教自由概念,塑造了追求自由民主、经济理性和自身权力的文明性格。人权是人类生存的出发点,但人并非孤立的、瞬间的存在,而在群体生活中持续走向未来,因此,享受人权还涉及对他人存在和自身未来的责任;不同的责任意识,造就了文明的差异性。近代的宗教改革引发对权力阶层极端不信任,出于在人际互动关系中自我保护,或者所归属群体的保护需要,产生了社会契约精神。对他者不信任、对自身安全和利益契约保护的要求,表现在社会政治生活中,即对绝对权力或者权力制衡的追求。长期以来,美国笃行全球秩序"霸权稳定"的信条,到处插手他国内政,时时挑起地区战乱。时至当今,面对中国崛起,本能地产生"中国威胁论",积极布局"亚太再平衡"战略,几度造成南海局势

---

[1] 沈贺. 美国文化霸权与"普世价值"在我国的传播[J]. 思想教育战线,2017(270):37—42.
[2] Youngs G, Widdows H. Globalization, Ethics, and the 'War on Terror'[J]. *Globalizations*,2009,6(1):1—6.

紧张局面[①]。而追求个体自由和科学理性，表现在社会经济生活中即"经济人理性"行为，这是西方文明价值理念普遍的外显，在全球化进程中，则表现为不时回潮的贸易保护主义。

综上所述，在传统全球化进程中，西方国家推行所谓的以人权为核心的"普世价值"理念，并强加于其他国家的行为，必然对世界产生广泛的负面效应，如图1－2所示。

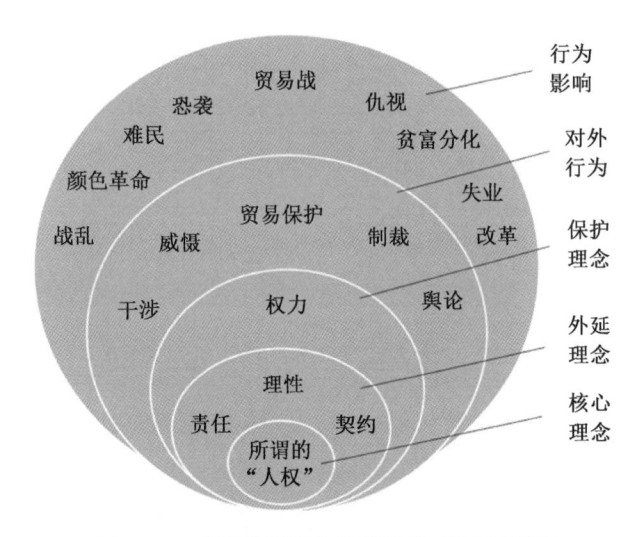

图1－2　全球化的西方价值理念、行为及影响

西方价值观中的经济人理性，体现在国际关系上成为对本国利益优先、本国利益最大化的追求，贸易保护是其重要的政策工具，反复在西方国家经济低迷时期重现于世界。回顾20世纪30年代资本主义世界经济大萧条以及70年代美元危机和石油危机爆发，贸易保护主义都曾一度甚嚣尘上。2008年，美国暴发次贷危机，当年年底，欧美各国就紧急祭出各种形式的贸易保护措施，这些措施的示范性和连锁性使得贸易保护主义全球蔓延，层层叠加的贸易壁垒导致世界经济进一步恶化。2009年是国际贸易惨淡的危机年，世界贸易总量跌幅超过10%，是20世纪30年代以来贸易衰退最严重的一次。有学者认为，持续近30年的贸易自由化至此开始逆转。时至2016年，贸易保护主义再掀高潮，不少国家不断加筑贸易

---

① Cao X Y. The US Asia-Pacific Rebalance Strategy versus China's Belt and Road Initiative[J]. *China's Belt and Road Initiatives and Its Neighboring Diplomacy*, 2016, 1: 39—61.

壁垒,进行中的自由贸易协定谈判纷纷搁浅。其中,美国表现尤为抢眼。候任总统特朗普竞选期间声称,自由贸易协定严重损害了国内劳动阶层利益,削弱了美国制造业的国际竞争力,因而要反对各种自贸协定,包括将退出《跨太平洋伙伴关系协定》(CPTPP)。而在欧洲,除了英国公投脱欧的激烈行动,更多国家采取所谓"爬行的贸易保护主义",表现为比较温和可控的反倾销、限制公共采购、补贴和反补贴等保护措施。即便如此,研究表明贸易壁垒导致2008年以来全球贸易量减少超过1/2,严重拖累全球经济复苏的脚步。

需要指出的是,西方国家本位和自利思考的经济人理性导向,以及与它总是藕断丝连的贸易保护主义,是一种狭隘、短视的行为。或许对国内经济在短期内有所帮助,但从长期考察,必然会削弱该国的综合国际竞争能力。并且,对于迫切需要扩大世界贸易来提振持续低迷的全球经济的当下,某些大国贸易保护的自利行为,对全球经济复苏起到负面的影响,有失全球化中的大国道义。

(二)全球化的文明视角转换

随着西方文明主导的全球化进程受挫,全球文化交流进一步加深与非西方国家综合国力的提升,全球治理的非西方视角蓬勃兴起,国际学术界开始探讨更丰富全球治理方式的可能性。新兴大国在自身国力变化后,寻求符合自身需求的理论重构,兴起国际关系理论本土化的潮流。新型全球化需要突破文明冲突的理论局限,为构建多元文明共存、共荣的新型国家关系提供理论支持。

一种文明不可能具备自我反思的能力。谢文郁(2014)认为人们生活在一种文明之中,他们所接受的核心价值理念左右着对事物的判断与选择,而特定文明核心价值是在特定原始责任意识中培育得来,原始责任意识具有基础性,价值判断符合特定原始责任意识的即为理所当然,因此,人们不可能追问作为文明基础的原始责任意识的合法性,因为它本身就是一切合法性的基础[1]。由此推论,如果没有外来文明影响,文明发展会一直受特定原始责任意识驱动自我发展或者消亡,该文明的人们不可能对自身文明进行深刻反思,因没有反思的基础。再者,既然原始责任意识是文明生存的基础,那么限制或否认文明的原始责任意识,就等于阉割或摧毁这种文明。

文明对话可以帮助彼此认识并消除自身视角盲点,推动文明共同发展。文明建立在一定原始责任意识上,任何文明都有自己不同的观察世界视角,并由此作

---

[1] 谢文郁. 宗教问题:权利社会和责任社会[J]. 世界宗教研究,2014(2):19—32.

出评判。因此，受自身文明原始责任意识有限性制约，任何文明都存在视角盲点。例如，英国科学史学家李约瑟感慨：中国古代科技如此发达，为什么没有在中国产生近代科学？冯友兰的回应指出，虽然中国古人敬畏自然界，但并不关心自然界内在结构，而只关心与人生存有直接联系的那些方面，如风水学说、中国历法等很发达，科学精神并未成为中国传统文明核心价值取向。就像眼睛看不见自己眼睛一样，一种封闭文明认识和消除视角盲点需要引入其他文明作为参照物，只有彼此信任、平等和尊重对方的文明对话中，以其他文明映照自身视角盲点，扩展视野，实现"核心价值文明自觉"与自我更新。

新型全球化背景下，西方文明价值理念化身的"普世价值文明转型"受到来自不同文明的挑战，但是，由于近代西方文明相对于非西方文明居高临下的优越感，很难在短时期内做到放低姿态、平等对话、相互借鉴、自我反思和修正。相比之下，一些非西方文明长期受西方文明冲击影响，通过对照、反思、借鉴、融合，逐步消除自身文明的视角盲点，增强了自身全球化的适应性。作为非西方文化的典型代表，中华文明随着当代中国复兴，吸引了全球化理论研究者广泛关注。

(三)全球化的中国儒家价值理念

漫长的人类历史进程中，世界聚焦点在东西方之间切换。从历史上看，在18世纪世界迈入现代化进程之前，中国文化曾经长时期地引领世界文明史。在西方国家主导的全球治理失灵背景下，学术界将目光重新转向传统文化与复兴的中国，寻求全球化治理的东方智慧。中国传统儒家文化思想为新型全球化治理提供了中国处方。

1."仁德"——全球化领导权的合法性来源

美国政治学家、"权力政治学派"创立者汉斯·J.摩根索（Hans J. Morgenthau）指出，国际政治是一种追逐权力的斗争。关于权力的定义很多，其中，德国政治社会学家马克斯·韦伯（Max Weber）给出的定义对现实主义学派影响最大，他认为"权力意味着在一种社会关系里哪怕是遇到反对也能贯彻自己意志的任何机会，而不管这种机会建立在什么基础之上"[1]。这是一种从支配角度描述的强制性权力，凭借力量对比与制约方式实现强势一方自身利益要求，这种权力观影响之广，影响之久远，至今仍是某些大国政治的主流思维，最初表现为军事实力竞争，后来表现为包括经济实力的综合国力竞争。新自由制度主义对权力提出了不

---

[1] Weber M. *The theory of social and economic organization*[M]. New York: Free Press, 1947.

同见解,认为权力是一种制度性权力,由于国家集体安全体系是维护各国利益与安全的可行途径,权力体现为国际组织制度、规则制定的影响力,强势国家在国际组织框架下对相对弱势国家实行间接控制。建构主义则认为权力是一种结构性权力,是各国能力和相互利益的内在关系决定的,结构位置可能分配不同的能力和利益,但结构关系塑造各国对自我定位的理解,希望各国能"心甘情愿地接受"现存秩序,即使这种秩序事实上并不平等。雷蒙德·杜瓦尔(Raymond Duvall)等还提出了生产性权力概念,认为权力产生于扩散性的社会关系,通过主体实践行为在一般化与分散化社会进程中发挥作用,生产性权力关注的是事物意义、规范、习俗等历史性变化的话语权竞争[1]。上述西方主流权力观,揭示了权力产生形式和不同竞争途径,有其历史背景和一定现实意义,但这些权力观在本质上都出于国家利益的理性思考,为美欧主导国际权力与财富分配的利益格局做注脚,在实践中导致不同程度抵触和紧张关系。

在当前全球治理的背景下,发展中国家对于大国权力的分配寄予厚望,期望权力的行使与道德责任相匹配。中国传统儒家文化对权力的阐释,为大国权力的合法获取及其合理运用提供了理论上的参考。

中国先哲们很早就开始对权力合法性的根源进行深思。周武王推翻殷商并取而代之,周公姬旦为周王朝权力的合法性辩护时提出"敬德保民,以德配天"的理念,其中"德"指的是"仁德",意即:只有践行仁德,才能领导人民,并承担起上天赋予的使命。这强调了商纣王因失去仁德而导致王权转移至周朝。孔子在创立儒学文化时,"仁"成为一个核心概念,它不仅是君子(通常指领导阶层)的德性,而且是君子处理人际关系的智慧,可被视为面向全人类未来的"普世价值"[2]。

"仁者爱人"运用于国际关系,即是尊重他国,理解他国发展需求,乐于帮助他国共同发展。《孟子·尽心下》里提出"以大事小讲仁",要求大国对待小国要有公平意识,"己所不欲,勿施于人""民悦之则取之,民不悦则不取",指大国权力的运用应当尊重相关国家利益和感受。反映在全球化资源配置过程,大国不能凭借武力威胁或者不公平交易规则等对他国资源强夺豪取,而要在对方愿意合作前提下共同开发或开展贸易。有责任感的大国应当胸怀天下,但绝不是为了占有和控制天下,而是"乐以天下,忧以天下",心系天下的共同发展和繁荣。鉴于全球经济发展的不均衡性,各国之间存在显著的贫富差异。因此,大国应承担起对较不发达

---

[1] 赵长峰. 国际政治中的新权力观[J]. 社会主义研究,2007(172):107—109.
[2] 杜维明. 儒家的"仁"是普世价值[J]. 西安交通大学学报(社会科学版),2016,36(3):1—8.

国家的援助责任,且这种援助应超越形式,致力于实现真正意义上的"博施于民而能济众"目标。援助不应仅限于金钱手段,如捐赠、低息贷款、债务减免等,更应着重于帮助这些国家构建自我发展的能力。大国的繁荣发展与全球经济环境的稳定息息相关,因此,遵循"己欲立而立人,己欲达而达人"的原则,各国的共同进步与繁荣是实现国家长远发展与繁荣的必要条件和有效途径。在多边合作框架下的全球化进程中,"仁"的道德准则提出了两项重要警示:其一,大国应自我约束,避免自私自利的行为,即遵循"克己复礼为仁"的原则,这里的"礼"指的是公共规范和秩序,特别是在大国行使制度性权力时,不应存在大国例外论;其二,在推广其视为真理的价值观念或多边贸易规则时,必须考虑到各国文化的多样性、发展阶段和条件的差异性,采取灵活变通的思维,尊重差异性,避免绝对主义。若缺乏灵活性,将导致"执中无权",正如"执一而废百"的情况。一个有力的例证是西方大国在中东、北非等地区煽动"颜色革命",试图建立符合"普世价值"的民主政权,结果导致了连年战乱、经济衰退和社会混乱。西方大国的这些行为,实际上违背了"仁"的原则;它们应当"观过知仁,过则勿惮改",重新审视"普世价值观"的合理性和可行性。

总之,大国行"仁",需要理解、尊重别国利益,在自身发展的同时帮助他国成就事业,注意自我约束和制度约束,包容文化差异性,做到"仁者无敌",这样也能使自身无障碍发展。对于整个世界来说,"夫仁,天下尊爵也,人之安宅也",指出大国行"仁"是世界和平稳定的最重要支柱,体现了"仁者"对于世界的权力,这是一种众望所归的影响力,与其贡献相匹配,它来自道义的力量。

2."以义制利"——获取全球化利益的合理行为

经济全球化是全球化的重要方面,对经济利益的追求是全球化的初始驱动力。传统儒家文化并不反对利益追求,但儒家文化对追求利益的正当性做出要求。

首先,要求谋取利益的途径正当性原则。儒家文化认为"义为利之本","义"本指德性操行,属于"仁"的范畴,这里引申为道德、正义,意思是:合乎道义是首要的商业准则。无论是国家、企业还是个人,通过全球化过程追求更大利益的本身无可厚非,但应当坚守道义准则,如果逐利行为与道义准则发生冲突,则应当有"以义制利"的商业理念。正如孔子说,"所欲之富贵,不以其道得之,不取也"。诸如在战争中贩卖军火,挑起他国内乱趁机控制石油资源,资本玩家在金融危机国家火中取栗,莫不是攫取"不义之财",为儒家所不耻。

其次,要求谋取利益的方式正当性原则。子曰:"放于利而行,多怨。"国际贸易是各国利益互换过程,涉及财富再分配的公平性问题,即使是正当合法的交易,如果一方利用贸易优势地位牟取暴利,造成利益分配不公,其累积性后果就是各国贫富差距加大,引发穷国民众对富国的不满、仇视,甚至付诸恐暴活动。儒家将商业利润的适度性作为"义"的内容之一,要求逐利行为的自我约束。朱熹以"廉贾"自居,反对暴利,做于人于己皆有利的生意,甚至在关乎道义的交易面前,"宁可失利,不可失义",因此,"廉"既是商业表现,又具道德内涵。儒家还关注商业形象问题,清代儒商舒遵刚总结经商实践,称"生财有大道,以义为利,不以利为利",指出商业成功需要塑造"道义"的形象;"以义谋利,有故之利",指出利益之获得与"义"的行为和形象具有因果联系,所有两者的先后顺序为"先义后利,义中取利"。当前中国一些援外基础建设投资项目,获利微、风险大,正是中国"义为利先"的理念反映;但中国当前表现出来的道义,必能塑造良好的国际形象,相信将会带来更长远的利益。朱熹对此判断是:"循天理,则不求利而自无不利。"

最后,要求谋取利益的结果正当性原则。儒家对谋取利益行为的结果正当性进行区分,指出"害义之利"为私利,"和义之利"为公利。私利包括损害他人利益为前提的零和博弈利益之争,也包括所获财富的不法使用,如为恐怖活动提供资金;公利指具有外部经济效应的经济行为,如跨国河流上游的植树造林、治理污染活动,使沿岸国家共同受益。对于私利和公利的关系,儒家主张"义以导利",即通过"道义"规范形成和宣传监督,引导追逐私利的行为转向促进公利的行为[1]。结合全球化跨国资本流动的实际,通过舆论和规制导向,将冲击金融安全的"热钱"逐步沉淀为 FDI 的长期生产性资本,资本收益同时带动东道国经济发展。"合义之利"才是"行仁之器",自身积累丰富物质基础,才有条件更好地"爱人""达人"和"济众",达到共赢结果。2013 年 10 月,习近平主席在印尼国会演讲时提出"计利当计天下利",追求本国利益同时兼顾他国利益关切,将中国"合义之利"的经济活动与世界共同发展结合起来,表达了"为天下兴利"的大国情怀。

3."和而不同"——全球国际关系处理原则

中华传统文化中蕴含丰富的治理之道和处世智慧,"和而不同"无疑是颇受推崇的普适原则。中国历来重视"和文化",中国文化基本价值取向是"以和为贵","君子和而不同"阐发了中国文化包容的胸怀。儒家"己所不欲,勿施于人"思想,

---

[1] 陈乔见. 儒家公私理念与治国理政[J]. 江汉论坛,2016(9):64—69.

被确立为全球治理的"黄金规则"载入《世界人类责任宣言》,而"君子和而不同"思想启示多元化和谐世界的构建方向。中国一直在世界舞台实践着"和而不同"外交原则。中国在1953年就提出和平共处五项原则的外交政策,改革开放遵循"和平与发展"两大时代主题,2012年中共十八大报告提出"和平、发展、合作、共赢"主张,习近平在2013年3月莫斯科演讲时,呼吁各国共建合作共赢的新型国际关系。由此可见,中国崛起的过程一直带有中华文化底蕴的"和"的烙印,"和"是中国外交的基本主张和价值诉求。

"和而不同"载于《论语》:"子曰:君子和而不同,小人同而不和。""和"指的是事物"多样性的统一",是人际关系中观点和意见多样性的统一。"同"意味着同质,是将普遍存在差异的事物进行同化的结果。"君子和而不同"是指有道德和智慧的人能够和他人保持和谐友善关系,但于具体问题的观点和做法不求苟同;"小人同而不和"是指偏佞的人对待问题在表面形式上与群体保持一致,但在内心深处或者实际行动中,却抱有不信任、不和谐的态度。因此,人际交往并不一定要寻求时时处处保持一致,更重要的是赤诚相见,各有独立见解,以包容态度达成和谐相处的结果。

"和而不同"是追求全球治理公平与正义的途径,而"同而不和"往往带来事实纷争、背叛甚至战争。全球化只有在人类共同发展这一大前提下,各国承认、尊重和包容相互差异,通过接触交流、对话协商,达成共识,化解彼此矛盾,才能共存共荣。"和而不同"显示的文化宽容和共享的情怀,不仅具有全球化伦理价值,而且具有外交工作方法论的意义。1954年周恩来总理在日内瓦会议上引用《礼记·中庸》一句经典,认为只有"和"才能"万物并育而不相害",国际评论家追评"国与国共处之道,也是人与人相处之道"。2014年3月27日,习近平主席在中法建交50周年纪念大会上指出,中国梦是法国的机遇,法国梦也是中国的机遇,并印证了共同发展过程中"万物并育而不相害,道并行而不相悖"的道理。费孝通先生总结处理不同文明关系的箴言:"各美其美,美人之美,美美与共,天下大同。"这里的"天下大同"是内含着"各美其美"的和谐统一状态,是相通不悖的"中国梦""美国梦""欧洲梦""东盟梦"等汇集而成的"世界梦"[1]。如果全球各国都能在推崇本民族文明同时也能尊重、欣赏他民族文明,秉持"和而不同"理念建构全球治理体制,全球化将迈向善治之途。

---

[1] 阮宗泽. 人类命运共同体:中国的"世界梦"[J]. 国际问题研究,2016(1):9—13.

综上所述,运用中国儒家文化的全球治理理念、行为要求及影响结果可描述如图 1—3。

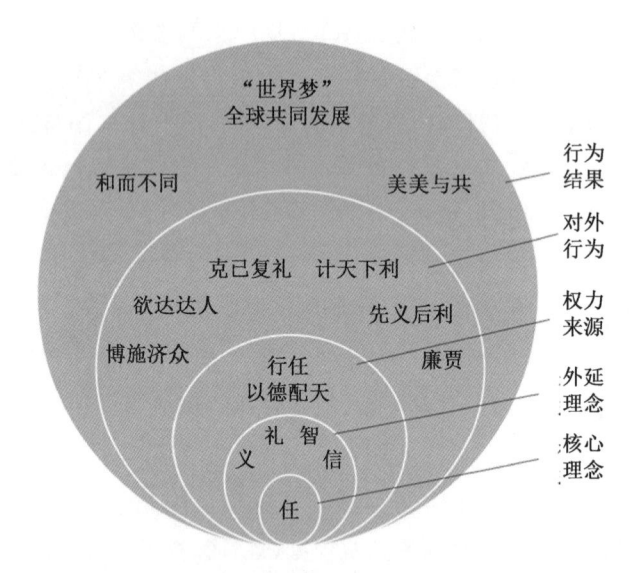

图 1—3　全球化治理的中国儒家价值理念、行为及影响

四、全球化发展新趋势

(一)反思全球价值观多元化

价值观是指个体对周围客观事物的意义和重要性所作出的评价,它构成了决定个体行为的心理基础。个体的价值观是在成长过程中,受到家庭和社会的逐步塑造,并与其在社会生产关系中的地位相匹配。由于每个人都是独一无二的,且每个人都有自己的志向,因此可以断言,没有两个人的价值观是完全相同的。文化价值观是价值观的一种表现形式,它源于同一地区或族群的人们,这些人在历史文化和日常生活方面有着共同的背景,对事物持有相似的看法。地方性和民族性构成了文化价值观的核心特征[1]。在全球范围内,人类历史的发展孕育了形形色色的地方族群,因此,文化价值观的多样性是应有之义。

出于对传统全球化过程西方国家力推"一元化"普世价值观的忧虑与恐惧,要

---

[1]　顾力行,郭翁.国外跨文化价值观理论发展评述[J].国外社会科学,2016(6):34—43.

求确认多元文化价值观,成为近年全球学者讨论的热点[1]。由于全球化的发展,地域之间人员交流频繁,传媒与通信技术推动了不同文化融合,世界有成为"单一的地方"的趋势,多元文化价值观也有被最约化为一元价值观的可能。但是这个过程能否实现?如何实现?英国约翰·汤姆林森教授在《全球化与文化》(2002)书中认为文化全球化是"非领土扩张化",人们世俗文化体验与相互定位关系均发生了转型,这种转型融入日常生活自然而然地发生,最终被常态化、被认同[2]。非领土扩张化隐喻了强势文化对弱势文化的消解,意味着随之而来的是真正领土扩张的可能,其背后支撑因素是国家经济与政治。欧美大国显然看到了这种逻辑可能,凭借自身军事、政治和经济实力优势,强力推动西方文化对世界文化的领导。有学者担忧地指出,西方思维影响着当今文化全球化的每一种潮流,西方价值体系扩张到世界上不同的古老价值体系中,因此,当今文化全球化实质是非西方文化被西方文化同质化和一体化的过程[3]。非西方文化被消解,意味着以民族文化为纽带的国家基础被消灭,这让世界许多民族国家感受到忧虑与恐惧。

全球化进程陷于困境的当下,各国开始反思多元价值观的回归。非西方国家的忧虑显然不是多余的,文化价值观的"非领土扩张化"不止一次地演变为现实领土入侵,数十年来以美国为首的西方国家对非西方国家的颜色革命企图从未间歇,导致许多地区战乱、动荡,并在金融危机后经济脆弱时期延祸至自身。复旦大学秦亚青教授(2016)总结当前国际关系权力政治、国家中心论、民族主义三个回潮,正是西方文化价值观扩张受抵触和反弹的结果[4]。除了非西方国家,西方欧美国家也开始重新审视全球文化价值观的多元化回归,主要观点有:(1)多元化价值是客观存在的。从实践本体的角度来看,全球化多元参与主体必然拥有各自不同的价值观[5]。(2)多元价值观在道德上是平等的。它们应受到全球舆论和国际法的保护,任何国家或组织都无权强迫其他国家追求与其自身选择不符的价值观。(3)反对去多元化的正当性。在尖锐的"二元对立"中,"高度一元"得以成立

---

[1] Ulloa R, Kacperski C, Sancho F. Institutions and Cultural Diversity: Effects of Democratic and Propaganda Processes on Local Convergence and Global Diversity[J]. *PLoS ONE*, 2016,11(4):1—26.
[2] 汤姆林森. 全球化与文化[M]. 南京:南京大学出版社,2002.
[3] 星野昭吉. 全球政治学—全球化进程中的变动、冲突、治理与和平[M]. 北京:新华出版社,2000.
[4] 秦亚青. 国际关系理论发展的现状[J]. 国际观察,2016(1):1—5.
[5] Stephana U, Pathakb S. Beyond cultural values? Cultural leadership ideals and entrepreneurship[J]. *Journal of Business Venturing*, 2016,31(5):505—523.

和维持,但其大规模实践往往会导致社会对立,甚至引发"血与火的对抗"[1]。(4)多元价值实际上可以共存,各国在全球化进程中应寻求共同点,同时保留差异,培养包容性的共性价值。

多元价值观使得全球化参与主体的追求各不相同,可以表现为对政治权力、宗教信仰、经济理性以及世界和平、人类共同发展等各个维度的追求,从而采取不同的全球化行动策略,体现在国际贸易领域,对自由贸易和投资产生抑制或者促进的作用。

(二)新型国际关系和大国责任担当

新型国际关系概念由习近平总书记,在2013年3月于莫斯科国际关系学院的演讲中首次提出,旨在应对全球治理的危机,并推动构建人类命运共同体的发展趋势。该模式以平等、合作、公正、开放和共赢为特征,致力于超越传统国际关系的束缚,构建一个更为平等、公正、合作且共赢的全球化国际秩序。

新型大国关系是维护全球和平发展的重要保障。当前国际关系正处在复杂与深刻的调整时期,霸权国家面临几十年来前所未有的分权压力,原有国际政治权力结构松动,强劲的多极化趋势正在形成,守成霸权国家面对新崛起大国的反应失调的对抗行为造成国际和平的威胁。例如,美国是西方现实主义理论大本营,主流思维是后起大国与守成大国"势必一战"的宿命论,因而鼓吹"中国威胁论",在行动上是先发制人的"第一岛链封锁"战略布局,军事上"重返亚太"未雨绸缪,旨在牵制平衡的搅动南海紧张局势,可谓煞费苦心,给亚太地区和平抹上阴霾[2]。美国不仅对中国如此,而且纠集北约在东欧地区对俄罗斯战略安全与经济空间进行挤压,结果遭到反制而造成乌克兰问题,最终酿成当今的俄乌战争恶果。事实说明,大国霸权主义是世界和平根本的潜在威胁。这需要相关大国对霸权稳定和"国强必霸"的惯性思维深刻反思,积极参与构建相互尊重、合作共赢的新型大国关系,保障世界和地区和平。2011—2012年,中国两任领导人先后访问美国,提出倡议:以更加开放、包容、合作的态度,共同探索构建不冲突不对抗、相互尊重、合作共赢的新型大国关系。此后,双方在贸易、科技、气候变化等领域展开

---

[1] Urbiolaa A, Willisb GB, Ruiz-Romerob J, etc. Valuing diversity in Spain and Canada: The role of multicultural ideology in intergroup attitudes and intentions to reduce inequalities[J]. *International Journal of Intercultural Relations*, 2017, 56:25—38.

[2] Torode G. The South China Sea: The Struggle for Power in Asia by Bill Hayton (review)[J]. *Contemporary Southeast Asia: A Journal of International and Strategic Affairs*, 2014, 36(3):467—469.

了一系列合作,这些合作不仅促进了两国自身的发展,而且为全球经济的增长提供了动力。然而近些年来,美国挑起对中国贸易战和科技领域的压制,不仅影响了双方经济发展,而且拖累了全球经济发展,反面认证了构建新型大国关系的重要性。

新型大国与小国关系是多元文明系统能够共生共荣的前提。从大国关系博弈角度来看,在两极或多极国际关系体系里,小国可以是平衡大国关系格局的重要砝码,也可以是导致大国平衡格局瓦解的"最后一根稻草",因此,通常也是大国拉拢的对象。孙英姣(2014)把全球或者某地区国际关系体里的大国与小国(或者小国组织)利益关系分为对抗型、中立型、均衡型和依附型[①]。其中,对抗型和中立型仅发生在战时或世界局势非常紧张时期,依附型是大国对峙局势下对其中一方的利益依附,对另一方则表现为对抗。例如,20世纪60年代东盟对美国的依附,对中国、苏联的对抗。当前大国与小国普遍存在的是均衡型关系,尤其明显表现在亚太地区国家或国家组织对待美国与中国的关系上,一般采用两种策略:一种是等距离外交,小心翼翼计算与中、美两国保持左右平衡;另一种是"天平倾斜"策略,在某阶段表现出明显外交倾向,以此利用一方大国制衡其他大国,或者显示自身的存在感,以谋取大国拉拢的利益。小国外交"大国关系平衡"策略动机是实现自身利益最大化,争取生存安全和发展空间,但这种策略很难拿捏得当,可能造成得罪一方大国,或者两头得罪的被动局面。因而,无论大国和小国,都期待一种新型的相互关系出现。这种关系应当建立在政治平等、互信基础上,在经济上优势互补、合作共赢,在全球化问题上政策协作、共同应对,在区域内、最终在全球形成多元文明系统共生、共荣的世界。

构建新型国际关系必须要有大国责任担当。大国经济是世界经济体系的重要支撑,全球化加深了世界各国经济相互依存性,大国的国内财政、金融和对外开放政策,莫不影响整体世界经济。日益增多和得到重视的全球性问题,需要世界各国通力协作治理,同样需要大国的组织、协调和支持。构建和平稳定的大国之间新型关系,是大国责任应有之义,影响着世界和平稳定与发展预期。金灿荣教授在《大国责任》(2011)一书中系统梳理了大国责任的内涵,主要归纳为维护世界和平,促进共同发展两个方面[②]。构建新型大国与小国关系过程中,由于大国在

---

① 张英姣,孙启军. 解析小国组织与大国关系利益模式[J]. 中共中央党校学报,2014;18(2):109—112.
② 金灿荣. 大国责任[M]. 北京:中国人民大学出版社,2011.

经济、科技、军事等方面具有更强实力和影响力,需要承担起更多提供全球治理公共品的责任,创造与维护和平稳定的国际政治和经济环境,帮助小国开发形成自身的经济发展能力。例如,在应对气候变化、疫情防控等全球性挑战时,大国应当率先垂范,提供资金、技术、经验等支持,帮助发展中国家提高应对能力。只有大国勇于担当,才能推动全球化朝着更加公正、合理的方向发展。中国倡议的共建"一带一路"行动,正在为构建这种新型大国与小国关系提供了良好的实践平台。

(三)金融资本与劳动利益再平衡

对经济利益最大化的追求,是大多数全球化参与主体的基本价值观。但是,跨国金融资本逐利行为通过全球化放大,导致严重失衡的利益分配格局,包括国际失衡与国内失衡,虚拟经济与实体经济之间失衡,资本家与普通劳动阶层之间利益失衡。尤其在全球金融危机之后,这种失衡造成各国经济增长乏力,劳动就业率恶化,以及随之而来的一系列社会问题,引起各国政府高度关注。新型全球化发展过程中,需要发达国家和发展中国家不约而同采取措施,力图促进经济和各方利益再平衡。下文以美国与中国为例予以讨论。

1. 美国的"再工业化战略"

美国的制造业萎缩趋势自 20 世纪 80 年代始,产业重心不断向高端技术研和金融服务业转移,其制造业增加值占世界总和的比重从"二战"后约 40% 跌至 2012 年的 17.4%。而得益于劳动密集型生产环节的 FDI 流入,中国在 2010 年取代美国的世界制造业第一大国的地位。2008 年,美国楼市的次贷危机蔓延并演变成了一场全球经济危机,揭示了美国经济发展中的重大缺陷:产业"空心化"、过度的金融创新、依赖债务推动经济增长以及财政赤字和贸易逆差。金融危机的教训促使美国深刻反思其过度依赖金融业和虚拟经济的缺陷,并寻求向实体经济的转型。

奥巴马政府采取了积极的市场干预措施,通过实施财政政策和货币政策双管齐下,启动了金融体系的改革。政府提出了"再工业化"战略和"五年出口倍增计划",旨在通过财政支持和贸易保护主义措施来振兴高端制造业,从而推动劳动就业,并以出口为导向的增长模式取代消费驱动,以此来推动经济的复苏。

2017 年开始的特朗普第一次总统任期内,美国政府启动"制造业就业计划",推出军事工业体系发展和庞大基础设施建设计划,聘请华尔街投资银行总裁们以及陶氏化学公司、福特汽车公司等美国企业首席执行官等 20 人成立制造业委员会,配合工业经济发展计划,促进实体经济增长和就业机会回归美国。同时,特朗普政府通过税改来降低企业和家庭税负,吸引在海外避税的美国公司重新回到本土投资。2017年12月,特朗普签署《税收减免与就业法案》,这是美国30年以来最大规模的税法改革,使得美国企业所得税率大幅降低,对跨国企业具有巨大吸引力,进一步促进了制造业回流。此外,还发布了《确保美国先进制造业领先地位的战略》,提出了开发和转化新的制造技术,教育、培训和集聚制造业劳动力以及扩展国内制造供应链的能力三大目标,为美国发展先进制造业提供了明确的路线图。这些举措共同构成了特朗普政府促进制造业回流的多层次、全方位战略。

2024年特朗普竞选期间,提出美国本土企业降税、扩大研发税收抵免、减少政府监管项目、提高外国制造品进口税、扶持页岩油开采和燃油汽车等传统支柱行业等措施。随着2025年1月20日特朗普第二个总统任期开启,这些措施或将陆续落地,继续推动美国"再工业化战略"。

2. 中国经济"脱实向虚"转型

2017年中国"两会"期间的热议话题焦点在经济"脱实向虚"转型。此前一些年,中国实体经济增长放缓,房地产资产泡沫问题显现。一方面,中国实体企业产能过剩,综合负担过重,产业升级转型尚在进行,劳动密集型制造业成本优势不再,新兴产业竞争优势尚未形成,工业平均利润率仅维持在6%左右;另一方面,随着多年来中国金融业快速发速,监管和运行体制尚未完善,大量逐利资本通过各种方式流入该领域,造成金融市场虚假繁荣。此外,2015年非金融业杠杆率高达140%,致使金融业利润虚高,据测算,银行、证券业利润率高达约30%。正是由于实体经济与虚拟经济投资回报率的巨大差距,吸引资本纷纷"弃实投虚",加上近年房地产市场投机和泡沫对资本的"虹吸效应",加剧实体经济"失血",导致实体企业融资难、融资贵、高生产成本,影响了实体企业发展。

实体经济是虚拟经济发展的根基,失去了实体经济支撑的虚拟经济是无根之萍,不可避免地将要枯萎。着手从两个方面制止"脱实向虚"问题,一方面,加强金融风险防控,重点平抑资产泡沫,坚持"房子是用来住的、不是用来炒的"的定位,提高和改进监管能力,严格限制信贷流向投资投机性购房,确保不发生系统性金融风险;另一方面,着力振兴实体经济。确立企业创新发展主体地位,通过减轻企业负担,降低生产成本,研发新产品,开辟新市场,开发企业发展新动能,提高实体经济投资回报率。同时,改善金融服务,引导资金更多进入实体经济,支持企业"走出去",拓展实体经济发展新空间。

从时间上看,中国经济发展重点向实体经济回归比美国再工业化战略迟了数年,从目标上看,中国以新技术新业态全面改造传统产业和推动战略性新兴产业,与美国"重振先进制造业的领导地位"的目标有较大竞争性,甚至潜在贸易战的可能。但是,两个全球经济大国对于实体经济的共同关注,旨在纠正以往资本与劳动利益分配失衡问题,通过为世界创造更多物质财富,改善基层劳动者社会福利,客观上将为全球经济长远发展作出贡献。

本章小结

随着世界经济格局"东升西降"的演变,中国为代表的新兴经济体力量正在开启一个"全球化4.0"新时代。面对"全球化3.0"遗留的诸多复杂非传统安全威胁问题,全球化治理需要从根本上进行价值理念的转变,中国根据儒家文化"先义后利""和而不同"等价值理念为全球化治理提供中国方案。回顾既往全球化过程,西方"一元价值观"强势的"非领土扩张"及其引发的地区动荡局势,使得非西方民族国家感受到安全威胁,从而呼吁平等的多元化价值观体系的回归。首先需要承认,全球价值观多元化是世界各国、各民族在历史实践中形成,具有天然合法性。多元化价值观在理论上肯定了全球化参与主体对政治权力、宗教信仰、经济利益以及和平共同发展等目标的追求,在实践中又对各自价值追求提出相互尊重、并行不悖的要求,也就是说,如果一方参与主体对价值目标的追求损害了其他主体的价值实现,则应当予以纠正和平衡。同时,全球经济稳定发展离不开和平的政治环境,与合作共赢的国际经济关系,需要构建起新型大国关系,摆脱崛起大国与守成大国"势必一战"的霸权主义惯性思维,管控分歧,和平共处,在打击恐怖主义、应对全球生态恶化等非传统安全问题上携手做出建设性贡献;也需要大国与小国或者小国组织之间,放弃合纵连横的政治斗争思维,政治互信互托,经济互补互助,政策协调合作,共同努力建设"共生型"多元文明生态体系。当前,美国的"再工业化战略"和中国纠正经济"脱实向虚"的措施,就是旨在解决社会公平、贫富分化及其引发的社会安全威胁问题,促进国内和全球经济实现长期稳定发展。

总而言之,当前全球化发展主要趋势可归结为:一是在承认平等的多元化价值观基础上,寻求更公平、道义和可行的全球化价值理念;二是呼吁维护世界和平与发展的大国责任;三是着力纠正传统全球化造成的虚拟经济与实体经济、金融资本与劳动利益分配的失衡问题。这三种趋势必将继续推进全球贸易自由化发展。下文第二章、第三章和第四章,将阐释这三种趋势如何推进自由贸易的机理问题。

第二章
全球化价值理念转向：自由贸易主观博弈

全球化价值理念是全球化进程中各国普遍认同和追求的理念或目标，例如，全球和平、发展、合作、共赢等宏观目标，体现全球化背景下，各国、各民族、各文化之间共同价值追求和发展方向。全球化价值理念引导全球化价值观的形成和发展，决定了全球化参与主体对全球化价值的认知。然而，总有些国家并不认同这些价值理念，或者在特定阶段和条件下，选择性地忽略这些价值理念。它们片面地从国家经济理性出发，根据自身条件、经验、观察范围和利益诉求，对全球化价值做出主观判断，从而产生积极参与或者消极抵制全球自由贸易的行为。自由贸易利益是全球化价值的重要组成部分，是在贸易国之间博弈互动过程中构建的，只有相关国家行为体对博弈互动结果有共赢的利益认知，才能推动贸易自由化的实施。本章通过主观博弈模型分析，论证中国"一带一路"倡议所体现的"命运共同体"等全球化价值理念，对推动全球贸易自由化的积极影响。

一、全球化与自由贸易价值认知

（一）全球化价值认知与国家利益观

价值是指客体对主体的有用性，体现了主体与客体在实践中的统一[1]。因此，价值的认知既受到客体自身属性的影响，也与认知主体及其需求紧密相关，它融合了客观性与主观性；由于客体属性的多样性以及认知主体需求的不同，价值认知也呈现出多样性。

全球化价值体现了全球化进程及其成果对于全球化参与者需求的满足程度。

---

[1] 王义桅. 全球治理的中国自信与自觉[J]. 当代世界，2016(11)：14—17.

全球化是一个多维度的过程,它容纳了人类社会生活中多个层面的因素,各个层面的全球化利益分布不均衡,衍生出复杂多样的全球性问题,从而在不同认知主体的视野里呈现不同的价值形态。

国家行为体是最重要的全球化价值认知主体,全球化价值认知决定于对国家利益的认知。全球化参与者与利益相关者包括主权国家、跨国企业、国内企业、国际组织以及普通民众,其中,主权国家是推动或者阻碍全球化进程的最直接、最重要的力量,因此,全球化的价值首先表现为对主权国家的利益。主权国家对全球化价值的判断,依据是全球化所能带来国内各方面的利益加权总和[①],它是主权国家是否参与、如何参与全球化等对外政策选择的基本动因。根据王逸舟(2003)的定义,国家利益是主权国家所追求的权利和受益点,反映全体国民与国内各利益集团的需求和兴趣,国家利益是国家对外政策的基本原则,是国家行为的出发点和最高目标,因而是影响国际关系的核心因素。现实主义奠基人汉斯·摩根索认为:只要世界在政治上还是由国家所构成,那么国际政治中实际上最后的语言就只能是国家利益[②]。

国家利益的存在即是客观的,也是主观的。国家利益是一定历史条件下国内政治环境所规定的客观存在,可以客观、理性地予以确认,它是国家生存和发展的必要条件,其基本要素包括国家安全、领土完整、社会制度稳定与经济繁荣发展,这些要素具有相对稳定性,是国家核心利益所在。国家利益主观性决定于它是相关主体认知的结果。国家利益的确认是不同主观理念与偏好之间政治角力的结果,由政治家所解释,并为其内外政策与行为适当性做辩护的理由。政治家总以国家利益的名义来行动,推进某种目标的实现,或者对某种目标加以否定、谴责。事实上,政治家的决策要正确反映和导向国家利益并非易事,这取决于他们的思维体系与价值观念,以及所代表、所理解的利益内容;如果他们对国家利益的理解、认定与抉择发生偏差,实际行动效果往往会背离客观上的国家利益。

在国家范围内考察,国家利益具有阶级性和民族性双重属性。马克思主义认为,国家本质上是阶级统治的工具,国家利益不能不首先反映统治阶级的利益,表现为统治阶级维护其意识形态和社会体制,发展自身经济利益的需求;对国家利益的追求,即是统治阶级对巩固其统治的追求,因此,阶级性应当是国家利益的根

---

① Pattiradjawane RL. The Indonesian perspective toward rising China: Balancing the national interest [J]. Asian Journal of Comparative Politics, 2016, 1(3): 260—282.
② 隋福民. 世界经济发展不平衡、中国文化基因与"一带一路"建设[J]. 新视野, 2015(06): 19—25.

本性质。同时,国家都是由特定民族所构成,这些历史上形成的、在共同地域生活、使用共同语言、经济联系密切、具有共同文化心理和生活方式的稳定人群,即使被阶级意识划分为不同阶级,但必然存在超越阶级划分的共同利益。因此有表现为国家利益的全民族利益,即维护国家独立与民族尊严、主权与领土完整、维护民族语言、宗教习俗、传统文化和生活方式。近代以来,统治阶级利益与国家、民族的命运休戚与共,统治阶级作为执政者不能不对民族利益负责,至少在民族利益的名义下谋求本阶级目标,统治阶级利益才能得以实现,因此,统治阶级必然将民族利益纳入国家利益考虑。在国际关系领域,民族性往往表现为一种国家凝聚力,尤其当国家面临存亡危机,阶级性与民族性更易吻合,这就是汉斯·摩根索所指的最低限度需求的国家利益。

在全球范围内考察,国家利益又具有特殊性与普遍性双重属性。一方面,国家特殊利益取决于各国的历史文化、政治体制、经济发展阶段、社会和民族关系、地缘政治环境等国内外复杂因素,各国国家利益表现出千差万别的个性或特殊性。国家利益的个性差异和矛盾,往往是国际竞争和冲突的渊源,国际利益的特殊性是绝对的。另一方面,国际利益冲突并不是必然的。依照国际伦理学观点,每个国家都享有合理获取各自国家利益的权利,并应当尊重别国这种同样的权利,各国的国家利益是互为条件的,以补偿和妥协换取别国让步,是实现各自国家利益的理性选择。当今国际关系并不和谐完美,但也并非遍地烽火,事实是冲突和合作并存,说明国家之间在不同领域和程度上存在共同的、普遍的利益,这印证了个性中包含共性的自然辩证法观点。托马斯·罗宾逊(Thomas Robinson)在《国家利益》中所指出,国家利益包含三个层次:本国利益、两国或多国共同利益、人类的共同利益,反映了国家利益特殊性与普遍性的统一。

掌握国家利益的核心特征,对于深入理解各种关于国家利益的主流观点具有重要意义。在两次世界大战的危险与动荡时期之后,国家的生存与安全上升为国家利益的首要关注点,国家本位主义成为主导的思维模式,国家利益几乎与国家利己主义画上等号。美国国际关系学者罗伯特·奥斯古德(Robert Osgood)在1953年明确指出,国家利益被视作一种仅对国家有利的状态,这种认识导致了追求国家利己主义的动机,其标志是仅关注本国的福祉,这反映了国家集团自私的倾向。[①] 国际关系的现实主义学派确立了由权力规定国家利益的核心观点,认为

---

① 张佳. 试论詹姆逊文化全球化理论. 山东社会科学,2015(243):160−170.

保护与增进国家利益的唯一手段是追求尽可能大的权力,通过强制手段或者合作技巧以建立与维持一国对别国意志与行为的影响和控制,权力有多大,利益就有多大,国家利益分配是零和博弈的结果,国家利益的反过来增强国家权力,因此,国际政治就是争夺权力的斗争。现实主义的国家利益观忽视了国家异质性和国家利益特殊性,强调国际权力冲突而忽视国际合作,适应了当时美国等世界强国在冷战时期强权政治的需要,而在当代国际形势巨变环境下越来越暴露出适用性缺陷。20世纪70年代出现的新现实主义,开始关注国际政治、经济关系多极化环境下的国际合作,出现了霸权稳定论和无政府状态下的国际合作机制论述,但本质上仍以权力维护作为国家利益目的本身与获取手段。斯坦利·霍夫曼教授作为世界秩序学派的代表人物,已经认识到在全球化进程中,众多非国家行为体所扮演的角色越发重要。这些行为体拥有各自界定的"国家利益"和相应的外交政策。霍夫曼教授指出,在国家利益日益多元化的背景下,国家目标已经从追求政治权力和安全转变为追求社会福利和经济发展。他主张应摒弃狭隘的国家利益观和民族国家利益观,转而倡导人类共同利益和全球利益。然而,霍夫曼教授对第三世界国家维护自身利益表达了遗憾,并保留了美国例外论的观点,这似乎暗示了美国在全球经济中主导地位的正当性[①]。值得注意的是,上述观点主要由西方学者提出,并逐渐成为国家利益理论的主流,它们主要反映了西方国家的价值观。这些价值观随着全球政治经济环境和西方国家利益的变化而不断调整,并非自然而然地被广大非西方国家所接受或同步接受。实际上,国家利益观存在多元化现象。换言之,各国对全球化的价值认同存在差异,因此对全球化持有不同的态度。

（二）自由贸易价值认知与国家利益观

自由贸易作为全球化的一个关键组成部分和具体体现,其价值认知自然受到不同国家利益观的限制,并随着全球政治和经济环境的变化而变化。因此,世界各国在贸易自由化与贸易保护政策上呈现出不对称性以及这两种策略交替演化的现象。

国际贸易重塑了国家间利益的分配格局,而贸易自由化的直接利益体现为国家经济利益的增长。在早期,政治家和经济学家普遍接受了一种观点,即:"出口是积极的,进口是消极的;顺差是正面的,逆差是负面的。"因此,他们倾向于推行

---

① 俞正梁.变动中的国家利益与国家利益观[J].复旦学报(社会科学版),1994,01:37—42.

促进出口和征收进口关税的政策。随着时间的推移,人们开始认识到贸易可以带来双赢的局面,自由贸易能够提升参与双方的福利水平。例如,迪克西特和诺曼以及兰开斯特(Lancaster)等学者在 1980 年提出,除了比较优势和资源禀赋差异之外,规模经济的递增效应也是国际贸易产生的原因之一。他们认为,基于规模经济递增的国际贸易将推动各国之间的专业化分工,从而提高贸易双方的福利水平。然而,出于对国家经济利益的考量,布兰德和斯宾塞(1985)提出了战略性贸易政策理论,认为在特定条件下,贸易保护措施同样能够促进国家经济的增长。

但现实中,自由贸易决策需接受更广泛意义的国家利益考量。现实主义的国际政治权力争夺在经济贸易领域的延伸,可能体现为特定国家之间的贸易自由和贸易保护倾向;出于国家长远发展和世界共同利益的考虑,促进了从短期或者单方面考察并未实现利益最大化的贸易自由化;出于国家经济安全方面考虑,对影响国家经济基础安全、宏面政策自主权的重要行业,实施针对性贸易保护;此外,即使自由贸易总体上提高国家福利水平,但如果大幅度改变国家内部利益分配,导致严重贫富分化、社会安全等问题,这样贸易自由也是受抵制的。

从全球不同时期来看,国际自由贸易和贸易保护之争从未间断。原因不仅在于贸易自由化利益分配不平衡,而且在于这种利益不平衡引发的各国贸易政策博弈动态过程。虽然经济学家从不同角度论证和捍卫自由贸易优越性,但并非所有国家都自始至终坚定不移实行完全自由贸易。在这个存在信息不对称和充满不确定性的现实经济中,一个国家的贸易政策往往根据该政策的实施效果而不断进行修正甚至改变。大国贸易政策不是独立存在,贸易政策福利不仅取决于决策本身,而且取决于其贸易伙伴的贸易政策,尤其是战略性贸易政策,这种互动影响更加明显。克鲁格曼(1987)借助波音与空中客车的案例,阐释了政府如何通过恰当的贸易干预手段提升国内生产者的剩余价值(即国家福利)。同时他指出,实施战略性贸易政策可能会激起贸易伙伴国的报复行为,进而触发贸易战,这可能导致战略性贸易政策的负面效应大于其收益。贸易战将使参与双方陷入囚徒困境的博弈局面。

综上所述,从国家利益出发认知全球化价值和自由贸易价值,不同的国家利益观会产生不同的价值判断,这将影响贸易自由化决策。而国家利益的存在既是客观的,也是主观的,全球化进程中国家利益的确认,受到相关国家全球化价值理念的影响。下文分别探讨各国的友好互信合作、公平对等贸易、机会主义、大国单边主义以及命运共同体发展等全球化价值理念,对贸易自由化决策演化过程以及国家利益的影响。

二、自由贸易主观博弈模型构建

假设在全球化发展背景下,国家 A 与国家 B 之间存在长期贸易往来,并持续进行自由贸易谈判,以消减双边关税表征两国贸易自由化进程。出于本国利益保护和风险控制考虑,将根据各阶段关税水平实施效果的评估逐步进行调整。鉴于规模经济和存在不完全竞争,首先假定国家 A 和国家 B 为具有同质性的大国,两国在关税削减和关税保护方面的主观博弈收益矩阵见图 2—1。

	B国 削减	B国 保护
A国 削减	a,a	b,c
A国 保护	c,b	d,d

图 2—1 自由贸易主观博弈收益矩阵

根据对贸易自由化的经济收益一般认知,双边关税削减可以降低贸易成本,扩大贸易规模,促进规模经济和专门化生产,从而增进两国福利,因此 $a>d$。而单边削减关税情形下,削减一方损失了关税收入,国内产业受到不对等的冲击,比起贸易保护时福利下降,有 $b<d$。而单方面享受关税优惠的一方,保护国内产业同时扩大了出口市场,比互惠、公平竞争条件下得到更大的收益,有 $c>a$。因此,图 2—1 博弈收益矩阵的参数关系为 $c>a>d>b$。容易观察,图示博弈纳什均衡策略是(保护,保护),博弈双方陷入囚徒困境。

援用沙林(Sarin)设计的主观博弈方法:根据自身的贸易经验,博弈方会预先对可选的贸易策略收益进行主观评估,并根据阶段性实际结果对原先的主观评估进行调整。调整后的值位于实际结果值与先验评估值之间,若未发生策略变动,则收益的主观评估保持不变①。

假设谈判国 $i(i=A,B)$ 在初始期对"削减"策略期望收益的先验主观评价为 $u_f^i(0)$,且 $u_f^i(0)\in(b,a)$,下标 f(free)表示有自由贸易倾向,对"保护"策略期望收益的先验主观评价为 $u_p^i(0)$,且 $u_p^i(0)\in(d,c)$,下标 p(protection)表示有贸易保护倾向,讨论博弈收益的先验主观评价对博弈初始状态的影响,关税削减与关

---

① 庄惠明. 多边贸易体制的理论与实践研究[D]. 厦门大学,2008.

税保护的博弈收益示意见图2—2。

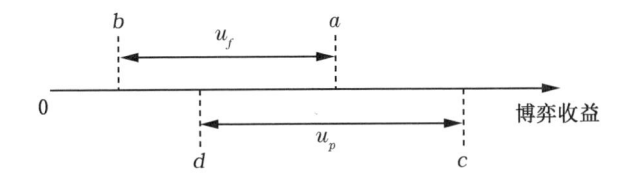

图2—2 关税削减与关税保护的博弈收益

(1)博弈情形一:两国直接进入双边关税削减合作

假设 $u_f^i(0)$ 在 (b,a) 区间服从均匀分布,$u_p^i(0)$ 在 (d,c) 区间服从均匀分布,则 $u_f^A(0)>u_p^A(0)$ 且 $u_f^B(0)>u_p^B(0)$ 同时成立的概率为

$$p=\left[\frac{\frac{1}{2}(a-d)^2}{(a-b)(c-d)}\right]^2$$

所求概率如图2—3所示,为深色阴影部分占浅色矩形面积的比例。

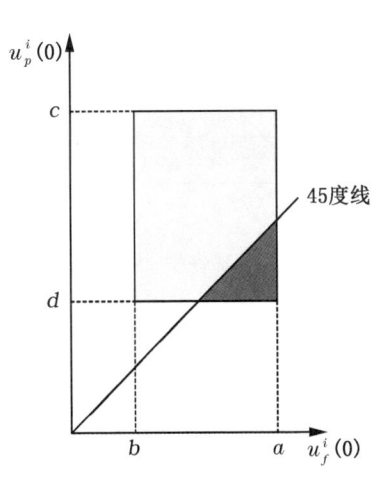

图2—3 双边关税削减的概率

对 P 求偏导,有:

$$\frac{\partial p}{\partial a}=2\left(\frac{(a-b)^2}{2(a-b)(c-d)}\right)\frac{(a-d)(a+d-2b)}{2(c-d)(a-b)^2}>0,\frac{\partial p}{\partial b}>0,\frac{\partial p}{\partial c}<0$$

$$\frac{\partial p}{\partial d}=2\left(\frac{(a-d)^2}{(a-b)(c-d)}\right)\frac{(a-b)(a+d-2c)}{2(a-b)(c-d)^2}<0$$

由此可见,两国直接进入自由贸易合作并且一直维持合作的概率为 p。p 是 a、b 的增函数,是 c 和 d 的减函数。无论对方采取何种策略,当一方从削减策略中得到的收益(a 或 b)增加,p 均会增加;无论对方采取何种策略,当一方贸易保护收益(c 或 d)增加,p 均会下降。初始期双方对关税削减策略主观评价越高,越容易达成(削减,削减)的稳定合作均衡。

(2)博弈情形二:两国始终陷于关税保护的囚徒困境

观察图3—2可知,$u_f^i(0) \in (b,d)$时,两国将无法摆脱(保护,保护)的博弈状态。可求得 $u_f^i(0) \in (b,d) i = A, B$ 的概率为 $q = \left(\dfrac{d-b}{a-b}\right)^2$,如图2—4所示。

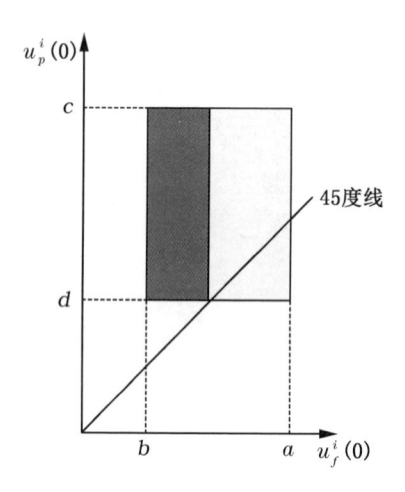

图2—4 陷入贸易保护"囚徒困境"的概率

对 q 求偏导,有

$$\dfrac{\partial q}{\partial a}<0, \dfrac{\partial q}{\partial b}=2\left(\dfrac{d-b}{a-b}\right)\dfrac{d-a}{(a-b)^2}<0, \dfrac{\partial q}{\partial c}=0, \dfrac{\partial q}{\partial d}>0。$$

由此可见,两国自始陷入囚徒困境的概率 q 是 a、b 的减函数,是 d 的增函数;而与 c 值变化无关。无论对方采取何种策略,当谈判一方从关税削减策略中所获收益增加时,q 均会减少;无论对方采取何种策略,当谈判一方从保护策略中所获收益增加时,q 不会减少。如果谈判双方在初始期对关税削减策略的主观评价很低(小于 d),则两国始终陷于(保护,保护)的囚徒困境,自由贸易谈判将毫无进展。

(3)博弈情形三:遍历博弈状态的演化过程

博弈情形一、二之外的其他情况,两国会不断尝试和调整关税策略,博弈可能是一个遍历所有四种博弈状态的演化过程。但是,(削减,保护)和(保护,削减)均不可能为长期均衡结果,最终的演化均衡结果只能是(削减,削减)或者(保护,保护)策略。

三、全球化价值理念对博弈演化的影响

根据前文所述,全球化价值观念对国家利益观产生影响,进而影响对自由贸易的价值判断和决策过程。不同博弈方所持的全球化价值观念差异,将引导自由贸易的主观博弈走向不同的演化路径,并影响博弈双方的收益状况。

(一)友好互信理念的博弈影响

假设 A、B 两国具有相似的全球化价值理念,有着友好合作的贸易交往经验,并且两国经济要素禀赋比较优势互补,相信彼此自由贸易合作能够带共赢结果。因此,两国在初始时期,同时选择关税削减策略。

再设双方在第 t 期末对第 $t-1$ 期的博弈收益主观评价值修正法则是:设第 $t-1$ 期对某策略主观评价 $\eta_{(t-1)}$,若第 t 期该策略实际收益 ξ,则该策略第 t 期主观评价调整为 $t-1$ 期主观评价与第 t 期实际收益的算术平均,即 $\eta_{(t)}=(\eta_{(t-1)}+\xi)/2$;未实际发生的策略的主观评价不变。

命题 1:当 $u_f^A(0) > u_p^A(0)$ 且 $u_p^B(0) < u_f^B(0)$ 时,(削减,削减)始终是博弈均衡策略,且 $\lim\limits_{t\to\infty}u_f^A(t)=a$,$\lim\limits_{t\to\infty}u_p^A(t)=u_p^A(0)$,$\lim\limits_{t\to\infty}u_f^B(t)=a$,$\lim\limits_{t\to\infty}u_p^B(t)=u_p^B(0)$。

证明:因为 $u_f^A(0) \geqslant u_p^A(0)$,$u_f^B(0) \geqslant u_p^B(0)$,故初始期双方均选择削减,得益为 a。在第 1 期,双方调整关税削减策略的主观评价为

$$u_f^A(1)=\frac{u_f^A(0)+a}{2}>u_f^A(0),u_f^B(1)=\frac{u_f^B(0)+a}{2}>u_f^B(0)$$

而保护策略主观评价不变,即 $u_p^A(1)=u_p^A(0)$,$u_p^B(1)=u_p^B(0)$。可推知,第 n 期调整后 A、B 两国对关税削减策略的主观评价分别为

$$u_f^A(n)=\frac{u_f^A(0)+(2^n-1)\times a}{2^n},u_f^B(n)=\frac{u_f^B(0)+(2^n-1)\times a}{2^n}$$

而对关税保护策略的主观评价仍保持不变,有 $u_p^A(n)=u_p^A(0)$,$u_p^B(n)=u_p^B(0)$。由此可以求得

$$\lim\limits_{n\to\infty}u_f^A(n)=a,\lim\limits_{n\to\infty}u_p^A(n)=u_p^A(0),\lim\limits_{n\to\infty}u_f^B(n)=a,\lim\limits_{n\to\infty}u_p^B(n)=u_p^B(0)$$

命题 1 所描述的是一种自由贸易合作的良性循环过程。两国自由贸易谈判前,相信共同进行关税削减的预期收益高于保护策略,那么行动上倾向于积极削减关税,并从中得到实际利益,从而不断调高对削减策略的主观评价,最终达到完

全自由贸易能给双方带来的理想收益值 $[\lim_{n\to\infty}u_f^A(t)=\lim_{n\to\infty}u_f^B(t)=a]$。

下面分析命题 1 条件下的双方福利。假设收益的时间贴现因子为 β，命题 1 情形下，两国从初始期即进入（削减，削减）的博弈均衡状态，并且一直延续下去，每期均可获取自由贸易的实际收益 a，则 A,B 两国的福利水平为：

$$W_{(1)}^A=W_{(1)}^B=a+\beta\times a+\beta^2\times a+\ldots=\frac{a}{1-\beta}$$

作为参照，设两国自始至终选择削减关税的两国所得最大福利为 $W_f=\frac{a}{1-\beta}$，自始至终选择关税保护的两国所得最小福利为 $W_p=\frac{d}{1-\beta}$。

命题 1 表明，如果两国具有友好互信、合作共赢的全球化价值理念，自始至终开展贸易自由化合作，两国都能实现最大化的福利水平 $W_{(1)}^A=W_{(1)}^B=W_f$。

（二）公平贸易理念的博弈影响

假设具有国家经济理性的 A、B 两国，且有尊重公平与契约精神的文化共性，有良好的协商沟通机制。因而，对关税削减或者贸易保护策略取得一致的主观评价。并且，在贸易自由化谈判之前，出于风险厌恶的理性，均选择了贸易保护策略。

命题 2：当 $u_f^A(0)=u_f^B(0)=u_f(0)$，$u_p^A(0)=u_p^B(0)=u_p(0)$，且 $u_f^A(0)<u_p^A(0)$，$u_f^B(0)<u_p^B(0)$，$u_f^A(0)=u_f^B(0)\in(d,a)$ 时，博弈均衡必然为（削减，削减），且存在非负整数 N，使得 $\lim_{t\to\infty}u_f^A(t)=\lim_{t\to\infty}u_f^B(t)=a$，$\lim_{t\to\infty}u_p^A(t)=\lim_{t\to\infty}u_p^B(t)=\frac{u_p(0)+(2^N-1)\times d}{2^N}$。

证明：由 $u_f^A(0)<u_p^A(0)$，$u_f^B(0)<u_p^B(0)$，可知初始期两国均实施贸易保护，均得益 d。在 $t=1$ 期，削减策略主观评价均不变：$u_f^A(1)=u_f^A(0)$，$u_f^B(1)=u_f^B(0)$；对保护策略主观评价调整为：

$$u_p^A(1)=\frac{u_p^A(0)+d}{2}<u_p^A(0),\ u_p^B(1)=\frac{u_p^B(0)+d}{2}<u_p^B(0)$$

如果直至第 n 期仍坚持保护，则有 $u_p^A(n)=\frac{u_p^A(0)+(2^n-1)\times d}{2^n}=\frac{u_p^B(0)+(2^n-1)\times d}{2^n}=u_p^B(n)$，且 $u_f^A(n)=u_f(0)=u_f^B(n)$。

因此，$\lim_{n\to\infty}u_p^A(n)=\lim_{n\to\infty}u_p^B(n)=d$，结合 $u_f^A(0)=u_f^B(0)\in(d,a)$ 可知：

$\exists N$，$n<N$ 时，$u_f^A(n)<u_p^A(n)$，$u_f^B(n)<u_p^B(n)$；

当 $n\geqslant N$ 时，

$$u_f^A(0)=u_f^A(N) \geqslant u_p^A(N)=\frac{u_p^A(0)+(2^N-1)\times d}{2^N}$$

$$u_f^B(0)=u_f^B(N) \geqslant u_p^B(N)=\frac{u_p^B(0)+(2^N-1)\times d}{2^N}$$

所以,第 N 期两国将开始实行转向采用削减策略。

第 $N+1$ 期,两国都开始调整对削减策略的主观评价,有

$$u_f^A(N+1)=\frac{u_f^A(0)+a}{2}, u_p^A(N+1)=\frac{u_p^A(0)+(2^N-1)\times d}{2^N}$$

$$u_f^B(N+1)=\frac{u_f^B(0)+a}{2}, u_p^B(N+1)=\frac{u_p^B(0)+(2^N-1)\times d}{2^N}$$

可知:$u_f^A(N+1)>u_p^A(N+1), u_f^B(N+1)>u_p^B(N+1)$,所以,第 $N+1$ 期,两国仍然都选择关税削减策略。

对于 $\forall m \geqslant N$,双方都实施关税削减策略,双方对关税削减、保护策略的主观评价为

$$u_f^A(m)=\frac{u_f^A(0)+(2^{m-N}-1)\times a}{2^{m-N}}, u_p^A(N+1)=\frac{u_p^A(0)+(2^N-1)\times d}{2^N}$$

$$u_f^B(m)=\frac{u_f^B(0)+(2^{m-N}-1)\times a}{2^{m-N}}, u_p^B(N+1)=\frac{u_p^B(0)+(2^N-1)\times d}{2^N}$$

两国一旦同时选择削减,(削减,削减)策略将自此延续,有

$$\lim_{m\to\infty}u_f^A(m)=a, \lim_{m\to\infty}u_p^A(m)=\frac{u_p^A(0)+(2^N-1)\times d}{2^N}$$

$$\lim_{m\to\infty}u_f^B(m)=a, \lim_{m\to\infty}u_p^B(m)=\frac{u_p^B(0)+(2^N-1)\times d}{2^N}$$

证毕。

下面分析命题 2 条件下的双方福利。两国初始期至第 $N-1$ 期收益为 d,第 N 期以后收益为 a。可得两国福利为:

$$W_{(2)}^A=W_{(2)}^B=d+\beta\times d+\ldots+\beta^{N-1}\times d+\beta^N\times a+\beta^{N+1}\times a+\ldots$$

$$=\frac{d\times(1-\beta^N)+a\times\beta^N}{1-\beta}$$

易知,$\frac{d}{1-\beta}<\frac{d\times(1-\beta^N)+a\times\beta^N}{1-\beta}<\frac{a}{1-\beta}$

命题 2 中,两国从初始的贸易保护演化至 N 期后的关税削减,福利水平 W_p $<W_{(2)}^B=W_{(2)}^A<W_f$,福利水平介于始终贸易保护的福利 W_p 与始终削减关税的

福利 W_f 之间。因为存在关系

$$\frac{\partial N}{\partial u_f^A(0)}<0, \frac{\partial N}{\partial u_p^A(0)}>0, \frac{\partial N}{\partial d}>0, \frac{\partial N}{\partial \alpha}<0$$

可知, $\frac{\partial W_{(2)}^A}{\partial u_f^A(0)}>0, \frac{\partial W_{(2)}^A}{\partial u_p^A(0)}<0, \frac{\partial W_{(2)}^A}{\partial d}<0, \frac{\partial W_{(2)}^A}{\partial \alpha}>0$

即 A 国初始期的 $u_f^A(0)$ 越高，$u_p^A(0)$ 越低，双方均实施关税保护时两国得益（d）越小，双方均削减关税时两国得益（α）越大，那么，A 国福利水平 $[W_{(2)}^A]$ 越高。此结论对 B 国同样适用。

为了更直观表明命题 2 结论，数值仿真实验如下。

不妨设博弈矩阵参数 $a=90, b=10, c=100, d=20$，由题设知，两国有沟通一致的初始主观评价：$u_f^A(0)=u_f^B(0)=55, u_p^A(0)=u_p^B(0)=60$，并且相信公平对等贸易，不存在合作背叛现象，符合 $u_f^A(0)=u_f^B(0)\in(d,a)$ 条件。设定演化时期 $t=1\,000$，演化结果如下图 2-5 所示，若不考虑贴现因素，两国总收益 $S_A=S_B=89\,840$。由于命题 2 所述参数关系存在，两国在第 $t=2$ 时即进入（削减，削减）的自由贸易均衡状态。

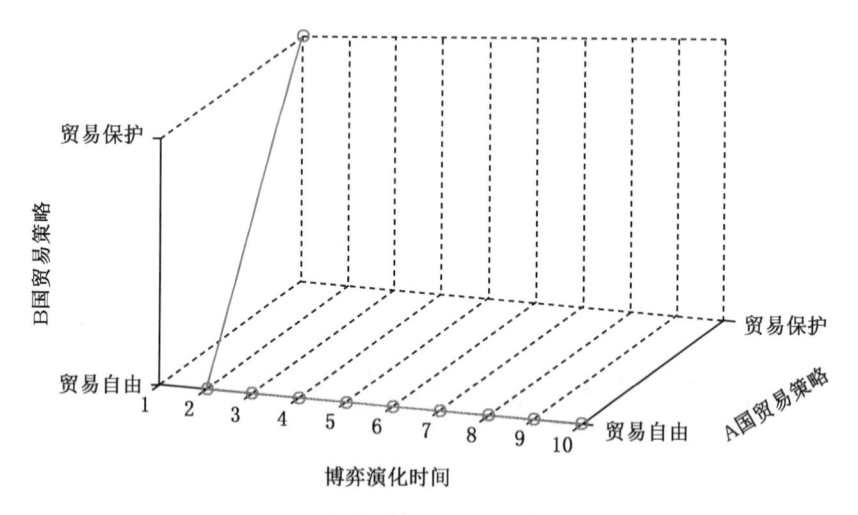

图 2-5 双方持公平贸易理念的博弈演化

(三) 机会主义理念的博弈影响

假设 A、B 两国具有国家经济理性，但是，两国有显著的文化价值观差异。A 国尊重公平与契约精神，认同"贸易对等"原则，且倾向于自由贸易，因此，在初始期对关税削减策略主观评价为 a，对关税保护策略主观评价为 d。B 国有"国家集团自私"特征，对外贸易理念具有明显的国家机会主义倾向，并且怀疑别国也有同样的倾向，因此，初始期对关税削减策略的主观评价为 b，对关税保护策略的主观评价为 c。

命题 3：当 $u_f^A(0)=a$，$u_p^A(0)=d$，$u_f^B(0)=b$，$u_p^B(0)=c$ 时，博弈必将走向（保护，保护）的均衡结果。

证明：因为 $u_f^A(0)=a$，$u_p^A(0)=d$，$u_f^B(0)=b$，$u_p^B(0)=c$，初始期 A 国选择削减，B 国选择保护。因此，A 国得益为 b，B 国得益为 c。

第 1 期，两国各自修正初始期策略的主观评价，得 $u_f^A(1)=(a+b)/2$，$u_p^A(1)=d$，$u_f^B(1)=b$，$u_p^B(1)=c$。因此第 1 期 B 国必再次选择保护策略。

而 A 国第 1 期选择有两种可能：若 $(a+b)/2 \geq d$，A 国将继续削减策略，实际收益为 b，B 国得益为 c；若 $(a+b)/2 < d$，A 国将转向保护策略，两国得益均为 d。

若第 1 期双方选择策略（削减，保护），则第 2 期 A 国修正削减策略主观评价为 $u_f^A(2)=(a+3b)/4$，$u_p^A(2)=d$，B 国修正保护策略主观评价为 $u_f^B(1)=b$，$u_p^B(1)=c$。

若第 1 期双方策略（保护，保护），则第 2 期 A、B 两国各自修正保护策略的主观评价，有 $u_f^A(2)=(a+b)/2$，$u_p^A(2)=d$，$u_f^B(1)=b$，$u_p^B(1)=(d+c)/2$。

若初始期至第 n 期，A 国坚持关税削减，则两国第 n 期各自策略主观评价为：

$$u_f^A(n)=\frac{a+(2^n-1)\times b}{2^n}, u_p^A(n)=d, u_f^B(n)=b, u_p^B(n)=c$$

由 $b<d$ 可知存在 N^*，使得 $n<N^*$ 时，$u_f^A(n) \geq u_p^A(n)=d$，$n=N^*$ 时，$u_f^A(N^*)<u_p^A(N^*)=d$。初始期至第 N^*-1 期，双方一直处于（削减，保护）状态，至第 N^* 期，两国皆选择贸易保护。

至第 N^*+1 期，两国均修正对关税保护策略的主观评价，有

$$u_f^A(N^*+1)=\frac{a+(2^{N^*}-1)\times b}{2^{N^*}}, u_p^A(N^*+1)=d$$

$$u_f^B(N^*+1)=b, u_p^B(N^*+1)=(d+c)/2$$

比较可知 $u_f^A(N^*+1)<u_p^A(N^*+1)$，$u_f^B(N^*+1)<u_p^B(N^*+1)$，故第 N^*+1 期，两国仍处于（保护，保护）博弈状态。容易看出，两国（保护，保护）的囚徒困境将一直延续，且有

$$\lim_{m \to \infty} u_f^A(m)=\frac{a+(2^{N^*}-1)\times b}{2^{N^*}}, \lim_{m \to \infty} u_p^A(m)=d, \lim_{m \to \infty} u_f^B(m)=b, \lim_{m \to \infty} u_p^B(m)=d$$

证毕。

若将命题 3 的博弈策略主观评价规则 $\eta_{(t)}=(\eta_{(t-1)}+\xi)/2$ 修正为

$$\eta_{(t)}=(1-\alpha)\times\eta_{(t-1)}+\alpha\times\xi, \alpha\in(0,1)$$

以 α 表征两国改正错误的积极性，α 越大，表示对贸易策略现实收益考虑权重越大。那么，如果博弈至第 n 期仍处于(削减,保护)状态，则第 n 期调整主观评价为

$$u_f^A(n)=(1-\alpha)^n a+[1-(1-\alpha)^n]b, u_p^A(n)=d, u_f^B(n)=b, u_p^B(n)=c$$

令 $u_f^A(n)=(1-\alpha)^n a+[1-(1-\alpha)^n]b=u_p^A(n)=d$，第 N^* 期起，博弈状态从(削减,保护)转向(削减,削减)，有

$$N^*=\text{int}\left[\left(\ln\frac{d-b}{a-b}\right)/\ln(1-\alpha)\right]+1$$

可得 $\frac{\partial N^*}{\partial d}<0, \frac{\partial N^*}{\partial a}>0, \frac{\partial N^*}{\partial b}>0, \frac{\partial N^*}{\partial \alpha}<0$。

命题 3 表明：初始时期 A 国乐观看待自由贸易，对关税保护策略评价极低关，B 国恰恰相反，此条件下总有第 N^* 时期，双方将走向贸易保护的囚徒困境。并且，双方陷于囚徒困境的得益 d 越小，双边削减关税的得益 a 越大，对方关税保护而本方单边削减关税的得益 b 越大，考虑本期策略实际收益的权重 α 越小，那么越不容易走向囚徒困境（N^* 越大）。尤其当 $\alpha\to 0$ 时，$N^*\to\infty$。

下面分析命题 3 条件下的双方福利。

从初始期至第 N^*-1 期，A 国坚持关税削减的每期收益为 b；B 国贸易保护的每期收益为 c，第 N^* 期后两国均实施贸易保护的每期收益为 d，则 A、B 两国总体福利水平：

$$W_{(3)}^A=b+\beta b+\ldots+\beta^{N^*-1}b+\beta^{N^*}d+\beta^{N^*+1}d+\ldots=\frac{b(1-\beta^{N^*})+d\beta^{N^*}}{1-\beta}$$

$$W_{(3)}^B=c+\beta c+\ldots+\beta^{N^*-1}c+\beta^{N^*}d+\beta^{N^*+1}d+\ldots=\frac{c(1-\beta^{N^*})+d\beta^{N^*}}{1-\beta}$$

不难看出，$W_{(3)}^A=\frac{b(1-\beta^{N^*})+d\beta^{N^*}}{1-\beta}<W_p<W_f$，$W_{(3)}^B=\frac{c(1-\beta^{N^*})+d\beta^{N^*}}{1-\beta}>W_p$，但 $W_{(3)}^B$ 与 W_f 相对大小无法判定。由于

$$W_{(3)}^B-W_f=\frac{c(1-\beta^{N^*})+d\beta^{N^*}-a}{1-\beta}$$

内生的 $N^*=\text{int}\left[\left(\ln\frac{d-b}{a-b}\right)/\ln(1-\alpha)\right]+1$ 与 c 不相关，且 $N^*\geqslant 1$，结合已

知条件 $c>a>d$,有 $\lim\limits_{c\to\infty}[W_{(3)}^B-W_f]>0,\lim\limits_{c\to a}[W_{(3)}^B-W_f]<0$。

记 $N^*=f(a,b,d,\alpha)$,可知 $\dfrac{\partial f}{\partial a}>0,\dfrac{\partial f}{\partial b}>0,\dfrac{\partial f}{\partial d}<0,\dfrac{\partial f}{\partial \alpha}<0$,则有

$$W_{(3)}^B-W_f=\dfrac{c[1-\beta^{f(a,b,d,\alpha)}]+d\beta^{f(a,b,d,\alpha)}-a}{1-\beta}$$

贴现 $0<\beta<1$,参数对偏离最大福利的影响为

$$\dfrac{\partial[W_{(3)}^B-W_f]}{\partial b}>0,\dfrac{\partial[W_{(3)}^B-W_f]}{\partial c}>0,\dfrac{\partial[W_{(3)}^B-W_f]}{\partial \alpha}<0$$

$\dfrac{\partial[W_{(3)}^B-W_f]}{\partial b}>0$ 可理解为:初始期 A 国关税削减,B 国关税保护,A 国得益 b 越大,A 国第 1 期修正后的削减策略主观评价越大,越有可能坚持关税削减的政策惯性,使 B 国越有可能在第 1 期继续享受不对等关税保护带来的高收益 c;第 2 期情形类似……。b 越大,B 国福利越大。

$\dfrac{\partial[W_{(3)}^B-W_f]}{\partial c}>0$ 可理解为:c 越大,A 国关税削减时 B 国的保护策略得益越大;当 $c\to\infty$,B 国福利将大于两国自由贸易的福利 W_f。

$\dfrac{\partial[W_{(3)}^B-W_f]}{\partial \alpha}<0$ 可理解为:α 越大,A 国越看重本期策略实际收益,越快修正原来对关税削减的主观评价,从而越早结束 B 国单方高收益 c 的状态,使 B 国总体福利降低。当 $\alpha\to 1$ 时,A 国几乎在第 1 期即报复性地转向关税保护策略,双方陷入贸易战,B 国总体福利只接近 W_p,必然低于自由贸易时的福利水平 W_f,因此使 B 国初始期对双边关税削减的偏离得不偿失;当 $\alpha\to 0$ 时,A 国坚持单边关税削减,使得 B 国福利 $\lim\limits_{\alpha\to 0}W_{(3)}^B=\dfrac{c}{1-\beta}$ 高于自由贸易福利 W_f,但此时 A 国福利 $\lim\limits_{\alpha\to 0}W_{(3)}^A=\dfrac{b}{1-\beta}$,甚至不如开展贸易战所获福利 $\dfrac{d}{1-\beta}$,这不是可持续的双赢结果。

命题 3 表明,具有机会主义价值理念倾向的国家,在全球化过程中虽然可能短期内得益,但它破坏了市场运行的信用基础,迟早会招来贸易报复,使别国和本国最终都偏离了贸易利益最优化方向。

为了直观表示命题 3 的结论,数据仿真实验如下。

不妨设博弈矩阵参数 $a=90,b=10,c=100,d=20$,由题设,A 国认同贸易对等理念,B 国有国家机会主义倾向,$u_f^A(0)=90,u_p^A(0)=20,u_f^B(0)=10,u_p^B(0)=100$,设定演化时期 $t=1\,000$,演化结果如下图 2-6 所示。两国最终陷入(保护,

保护)的囚徒困境,并且双方收益 $S_A=19\ 940, S_B=20\ 300$,远低于命题 2 中公平对等贸易理念的收益 $S_{A,B}=89\ 840$。

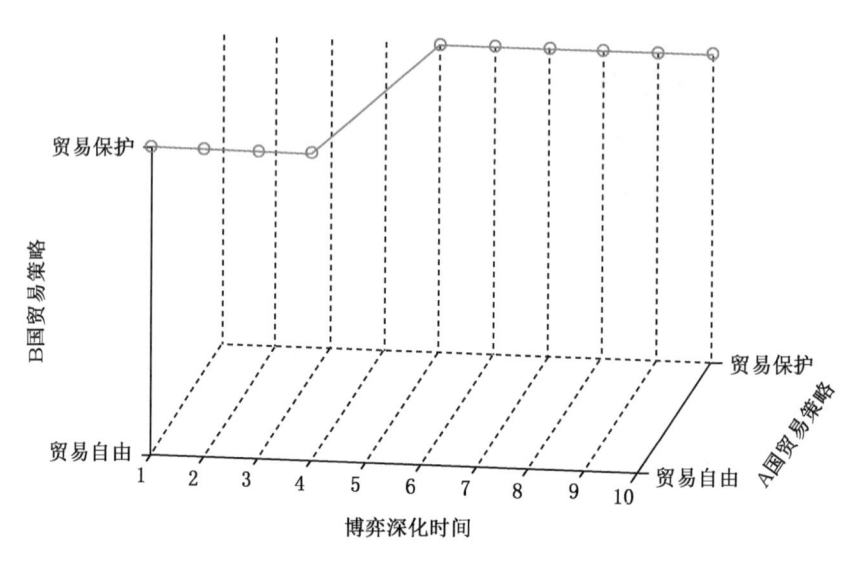

图 2—6　国家机会主义理念的博弈演化

(四)单边主义理念的博弈影响

以上命题描述的是经济规模和发展水平相当的国家间,不同价值理念的主观博弈情形,不同理念导致两国初始时期对贸易策略主观评价有差异,但实际贸易交往中博弈策略对两国实际收益效应是相同的,例如(削减,削减)策略时 A、B 两国收益均为 a,在此前提下,不同理念博弈演化过程各不相同,但均衡结果只能是(削减,削减),或者(保护,保护)。

但现实中,还存在大国对小国单边主义的自由贸易现象,也存在(削减,保护),或者(保护,削减)贸易策略均衡。

命题 4:大国与小国的贸易策略博弈中,如果大国的关税削减策略占优,则博弈演化均衡为(削减,保护)或者(削减,削减)策略。

一般来说,大国由于市场规模大、产业配套齐全、生产规模效应等优势,在与小国的双边自由贸易中更具有支配权,如果将这种贸易支配权考虑在内,大国倾向于和小国进行自由贸易。大国的关税削减策略占优,表明不仅在双边自由贸易条件下大国的获利更大,而且在小国实施贸易保护策略条件下,大国单边开放市场的利益也比双方陷入贸易时利益更大,这种题设所隐含的大国单边主义的国家利益,已不仅仅是本身交易利益,它可以包括:利用小国自然资源和廉价劳动力;加深两国经济联系,期待未来开拓更多潜在利益;使小国对大国市场产生依赖,以便在政治等其他领域对其施加影响力。

不妨设大国 A 与小国 B 不对称博弈收益矩阵,见图 2—7:

		B国 削减	B国 保护
A国	削减	110,90	25,100
A国	保护	100,10	20,20

图 2—7 大国单边自由贸易的主观博弈收益矩阵

此例中,大国 A 的关税削减为占优策略,小国 B 的贸易保护为占优策略。不妨设小国 B 为国家机会主义行动者,两国初始期对贸易策略主观评价为 $u_f^A(0)=110, u_p^A(0)=20, u_f^B(0)=10, u_p^B(0)=100$,设定演化时期 $t=1\,000$,演化结果如图 2—8 所示。两国自始进入(削减,保护)的不对称策略均衡,并且双方收益 $S_A=24\,975, S_B=99\,900$,且小国 B 从对大国 A 的市场依附关系中获取更大的收益。尽管大国 A 的收益远小于小国 B 的收益,但都大于双方贸易保护时的收益 20 000,并且,大国 A 考虑到与 B 国单边自由贸易关系的示范效应,可以吸引更多小国的依附,则大国 A 可以凭借容量巨大的市场优势,获得巨大累积利益。在整体上,形成以大国 A 为核心的"轴幅式"贸易网络结构。

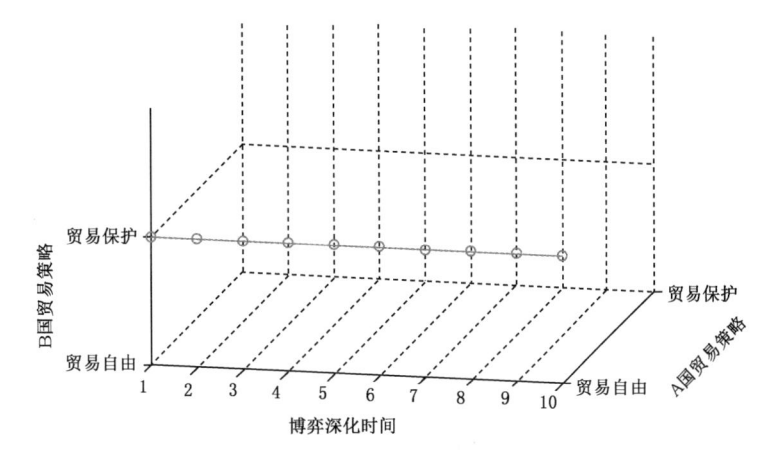

图 2—8 单边自由贸易的博弈演化

当大国 A 的关税削减为占优策略,小国 B 占优策略也是关税削减时,两国必然进入(削减,削减)的对称策略均衡。

命题 5: 大国与小国的贸易策略博弈中,如果大国的贸易保护策略占优,则可能演化均衡为(保护,削减)或者(保护,保护)策略,如图 2—9 所示。

		B国 削减	B国 保护
A国	削减	100, 90	10, 100
	保护	110, 10	20, 20

图 2—9 单边自由贸易的主观博弈收益矩阵

本例 A、B 两国占优策略都是贸易保护。假设大国 A 凭借庞大的国内消费市场优势,着重发展内向型经济,对外贸易策略则表现为机会主义,初始期对贸易策略的主观评价为 $u_f^A(0)=10, u_p^A(0)=110$;而小国有向外发展的需求,希望打破(保护,保护)的囚徒困境,使产品进入大国开拓市场,因此在初始时期表现为积极的贸易自由倾向,$u_f^B(0)=90, u_p^B(0)=20$。设定演化时期 $t=1\,000$,演化结果如图 2—10 所示。主观博弈演化过程表现为小国 B 始终作出自由贸易努力,而大国 A 的贸易策略在自由贸易与贸易保护之间振荡,双方最终收益 $S_A=104\,900, S_B=49\,910$,都比贸易保护困境时好,且大国 A 攫取了大部分利益。

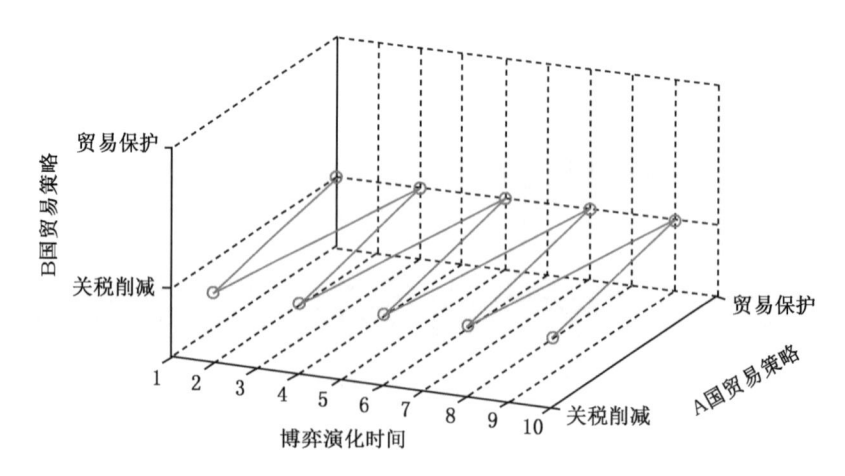

图 2—10 大国单边贸易保护的博弈演化

如果两国对外贸易策略都表现为国家机会主义,初始期对贸易策略的主观评价为 $u_f^A(0)=10, u_p^A(0)=110, u_f^B(0)=10, u_p^B(0)=100$,则博弈一开始就陷入(保护,保护)的均衡之中,两国收益 $S_A=S_B=200\ 00$。

综上所述,无论大国采取单边自由贸易还是采取单边贸易保护,大国贸易占优策略总能体现在大国与小国博弈均衡策略之中,表明大国单边主义的主导作用。其结果是,大国可以根据权力政治的需要,凭借自身经济体量优势,形成大国为核心、小国依附的贸易网络;也可以通过自身庞大国内市场优势,主导贸易策略的转换,攫取更多贸易利益。

(五)命运共同体理念的博弈影响

中国倡导的新型国家关系理论,与上述国家经济理性只考虑自身利益最优化的理念截然不同。中国认为国际关系是一个命运共同体中发展伙伴的关系,贸易策略应当以促进彼此共同利益为务。习近平主席 2013 年 10 月在印度尼西亚国会演讲时引用了"计利当计天下之利"的中国古语,指出全球化背景下,"各国相互联系、相互依存的程度空前加深,人类生活在同一个地球村里,生活在历史和现实交汇的同一个时空里,越来越成为你中有我、我中有你的命运共同体",世界经济具有"一荣俱荣、一损俱损"的连带效应,共同发展成为各国持续发展的重要基础,各国成为经济发展伙伴关系,符合各国长远利益与根本利益。

假设 A 国具有命运共同体发展理念,B 国仍然是国家经济理性的自利理念,对贸易策略主观评价更新方式进行修正:设第 t 期两国实际博弈收益为 ω_A 与 ω_B,A 国"计天下之利"的理念在贸易策略主观评价修正函数中反映为:

$$u^A(t)=\frac{2u^A(t-1)+(\omega_A+\omega_B)}{4}$$

而 B 国的修正方式不变,策略主观评价不更新。

$$u^B(t)=\frac{u^B(t-1)+\omega_B}{2}$$

面以数值仿真实验比较"命运共同体"发展理念与国家经济理性的自利理念对贸易策略演化的不同影响。设初始时期 A 国倾向于自由贸易,B 国倾向于贸易保护,$u_f^A(0)=50, u_p^A(0)=40, u_f^B(0)=40, u_p^B(0)=80$,博弈矩阵参数 $a=90, b=10, c=100, d=20$,博弈次数 $t=1\ 000$。

先假设 A、B 两国都秉持国家经济理性的自利理念,仿真结果如图 2—11。A、B 两国经过实际贸易策略的博弈互动,在第 21 次博弈陷入(保护,保护)的均衡，$t=1\,000$ 时两国收总益分别为 $S_A=20\,100$，$S_B=20\,280$。

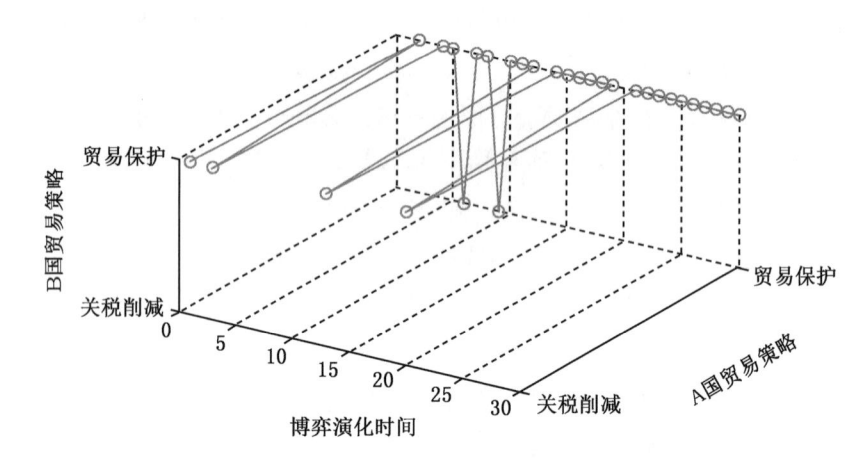

图 2—11 两国自利理念的贸易决策主观博弈演化

A 国具有命运共同体发展理念，B 国为国家经济理性的自利理念，仿真结果如图 2—12，$t=1\,000$ 时，两国总收益分别为 $S_A=9\,990$，$S_B=99\,900$。由此可见，A 国收益远小于 B 国收益，但是从命运共同体角度考察，$S_A+S_B=100\,890$ 远大于理性人博弈时两国收益总和 40 380，并且，由于命运共同体的存在，A 可以在非贸易领域从 B 国分享到经济发展的红利。

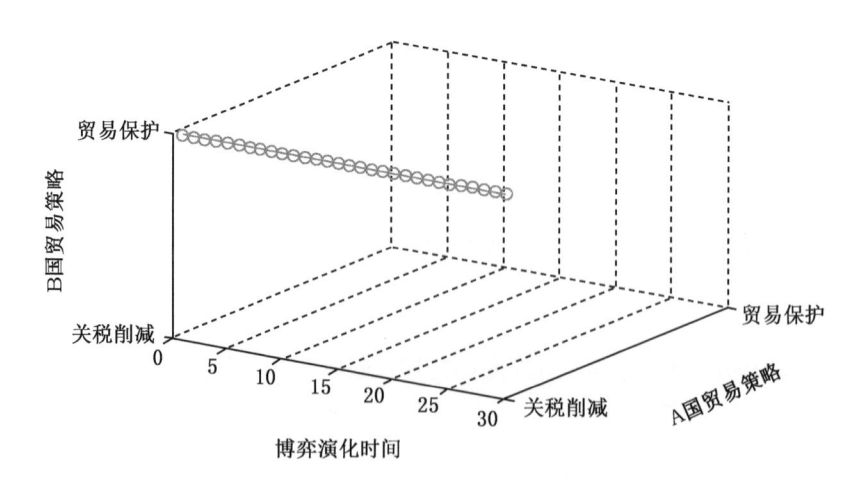

图 2—12 一国持命运共同体发展理念的博弈演化

四、公平贸易与全球利益最大化

(一)贸易合作的理念分歧

当今世界贸易格局复杂变化,是"百年未有之大变局"的重要侧面。数年前美国以"公平贸易"为由采取单边贸易保护,引发的全球性贸易摩擦至今尘埃未定,导致"二战"以来长期发展的多边自由贸易体系崩解[①]。作为应对,各国纷纷转而寻求双边、区域和次区域的贸易合作,组建新的"朋友圈"。中国持续推进"一带一路"倡议,秉持合作共赢理念,给沿线国家提供"搭便车"共同发展的机遇,而自身承担了公共产品长期收益风险。然而,一些国家出于自身短期利益最大化的考虑,两端观望,待价而沽[②]。2022年5月美国牵头在东京启动"印太经济框架"(IPEF),旨在重构全球供应链而将中国排除在外。在此复杂背景下,研究各国贸易合作理念分歧与博弈,判断全球贸易利益格局演化方向,坚定中国"一带一路"合作共赢的战略自信,具有重要现实意义。

贸易合作理念是依据自身对利益分配预期来指导贸易合作决策的思想观念。考察当前世界各国贸易表现,可以将贸易合作理念主要归纳为公平贸易、机会主义和合作共赢。

1. 公平贸易

最早源于19世纪末英国纺织业反对德国贸易保护政策的"公平贸易运动"[③],Jagdish Bhagwati将其内涵概括为"互惠"和"平等竞技"。20世纪四五十年代,关注发达国家与落后国家贸易利益失衡问题,以产品认证等方式"为处于社会边缘的生产者"提供公平报酬和社会溢价,对落后国家产品作出贸易利益折让。而近年美国所强调的公平贸易,要求贸易伙伴采取同等开放乃至一致国内政策,行动上体现为贸易保护,并且使公平贸易理念工具化和政治化。概言之,公平贸易是对贸易利益分配失衡的居中回调要求。

2. 机会主义

是指贸易网络中部分国家尽可能利用一切有利规则和条件,回避不利规则和义务,寻求自身利益最大化的理念和行为表现。机会主义可存在于两种情形下:

---

① 孔庆江,刘禹. 特朗普政府的"公平贸易"政策及其应对[J]. 太平洋学报,2018,26(10):41—51.

② Asei I. China's Belt and Road initiative and Japan's response: from non-participation to conditional engagement [J]. *East Asia*, 2019,36(2):115—128.

③ 刘强,谢雪. 贸易保护主义的回归:1881—1891年英国公平贸易运动[J]. 财经问题研究,2021,(8):22—30.

一是被理解与包容的条件下,从世界包容发展的角度看,机会主义是世界经济发展不平衡条件下相对欠发达国家寻求生存发展的现实途径。因而,WTO给予发展中国家和最不发达成员国特惠和普惠关税等倾向性贸易制度安排,使之在部分贸易合作中获取更多利益份额。二是利用自身贸易优势地位,例如,在大国竞争背景下,东盟诸国利用其区位优势,获得实施大国平衡战略的策略空间和更大议价能力,从而能够与大国合作中谋取援助项目、贸易优惠等更多切实利益①。此外,"一带一路"倡议的开放性和非约束性,具有不完全信息多方非合作博弈特征,也给参与方提供了机会主义便利②。

3. 合作共赢

是通过各国贸易合作促使更大范围内资源优化配置,创造更多利益增量并共同分享的过程。创造共同利益是贸易合作的必要前提,而分配共同利益则是合作决策时的关键考量。中国将合作共赢作为新型国际关系的核心原则,实践于"一带一路"共建、共享过程;以"人类命运共同体"为愿景,站在"计天下利"的高度,寻求一切可以创造共同利益的合作机会,而对自身利益分配没有预设下限,如在一些欠发达国家长周期、低收益、高风险的基础建设合作③,事实是承担起提供公共产品的大国责任。

以上三种理念都以寻求贸易合作利益为出发点,但是分歧在于对利益分配的预期,并因此影响贸易合作策略与行为。

贸易利益分配的相关研究可以分为三大类:一是贸易利益涵义及分配方式。贸易利益是动态的概念,从早期单纯指代产品出口利益,外延逐渐扩展到较为综合的静态利益、动态利益直至国家战略利益,其含义随着时代环境而发展,也因研究目的和对象而变化④。贸易利益分配从来就不是均衡的,从国际贸易发展史来看,经历了近代殖民掠夺,现代市场争夺,直至当今要素分工与分配,各个历史时期有不同的利益失衡成因与表现⑤。二是贸易利益的测度。主要是基于双边贸

---

① 杨飞. 大国博弈和大国平衡:冷战以来东南亚安全格局演进的双重动力[J]. 国际关系研究,2021(04):129—154+159.

② 叶海林. 中国推进"一带一路"倡议的认知风险及其防范[J]. 世界经济与政治,2019(10):122—142+160.

③ 向鹏成,张菲,盛亚慧. "一带一路"沿线国家基础设施投资社会风险评价研究[J]. 工业技术经济,2022,41(03):3—11.

④ 蔡继明,陈臣,王勇,高宏,王康. 论技术进步对贸易模式和贸易利益的影响——一个不同于萨缪尔森的分析框架[J]. 国际贸易问题,2021(12):1—18.

⑤ 张晓磊,张为付,崔凯雯. 贸易利益分配失衡与贸易摩擦[J]. 国际贸易,2018(10):52—57.

易统计或者行业细分数据、国际投入产出数据等实证研究,评估贸易国内增加值利益[1],国际价值链分工地位[2],异质性消费者利益和国家整体福利等[3],并据以分析贸易利益分配的影响因素。三是利益分配的博弈模型研究。主要研究范式是合作博弈,以核(Core)为代表的集值解要求联盟成员收益不低于未加入联盟时的收益[4],而以 Shapley 值为代表的单值解将参与者对联盟边际贡献能力作为公平分配的依据[5];合作剩余的分配可以协商,参与者依据自身对公平的理解设计分配方案,在网络协商博弈中,还需要考虑匹配合作对象[6]。近年来,生产网络和供应链成员利益分配是一个研究热点,成员对分配公平性的关切,往往影响合作策略和供应链整体运作绩效[7]。然而,已有文献鲜见贸易网络上利益分配的博弈研究。

根据已有文献研究,贸易利益概念具有动态性和多测度标准,这使得不同发展阶段、国情条件和战略需求的国家对贸易合作利益存在认知错位,从而导致贸易摩擦。然而,现实是贸易摩擦与贸易合作共存的常态,原因在于,贸易合作不仅取决于贸易利益大小,而且取决于不同贸易合作理念对于利益分配的可接受预期。因此,本研究刻画了公平贸易、机会主义、合作共赢三种理念对贸易利益分配的可接受预期,创设一系列的 3×3 博弈收益矩阵,以匹配收益分配落在不同区间时各国博弈收益。此外,根据全球化时代贸易网络特点,本研究将博弈收益设为 $[0,1]$ 区间随机变量。一是因为贸易各国体量悬殊,不同双边贸易额的量级没有可比性,但是相对收益分配比率均落在 $[0,1]$ 范围,可保证各组双边贸易关系具有可比性;二是因为世界贸易品类繁多,贸易国各具优势,区域竞争环境复杂,市场供需力量易变,在全球化、全品类、中长期、巨量贸易视野下,贸易利益分配不是固

---

[1] 张丽娟,赵佳颖. 全球价值链下中美贸易利益分配与影响因素的测度研究——基于相对出口增加值率的视角[J]. 国际贸易问题,2019(08):16-32.

[2] 王岚. 全球价值链嵌入与贸易利益:基于中国的实证分析[J]. 财经研究,2019(7):71-83.

[3] 张洁,秦川乂,毛海涛. RCEP、全球价值链与异质性消费者贸易利益[J]. 经济研究,2022,57(03):49-64.

[4] 杨召富,郭佳宏. 多人合作博弈的核心解、应用及其启示—兼论"分配正义"的哲学阐释[J]. 河南社会科学,2021,29(07):100-105

[5] 南江霞,王盼盼,李登峰. 非合作-合作两型博弈的 Shapley 值纯策略纳什均衡解求解方法[J]. 中国管理科学,2021,29(05):202-210.

[6] 刘佳,王先甲. 网络博弈合作剩余收益分配的协商方法[J]. 系统工程理论与实践,2019(11):2760-2770.

[7] 李军涛,刘朋飞,胡启贤. 模糊环境下考虑公平偏好的绿色供应链博弈研究[J]. 复杂系统与复杂性科学,2021,18(04):84-94.

定值,而是可以看作随机变量。

综上所述,当前世界贸易复杂变局反映了各国贸易合作的理念分歧,症结在于对贸易利益分配的诉求差异,本研究的可能贡献在于:总结归纳了当前世界三类主要贸易合作理念,进行博弈描述,结合贸易网络的现实特征,创建存在理念分歧的多属性群体、随机收益匹配收益矩阵系列的网络博弈模型,运用数理分析和网络博弈仿真,分析不同合作理念对各国贸易利益和贸易网络整体利益的影响,为全球大变局下中国"一带一路"合作共赢战略提供理论支持。

(二)公平贸易的网络博弈模型

1. 问题描述

本书研究全球贸易网络中公平贸易、机会主义、合作共赢等理念分歧对各国博弈利益和全球贸易整体利益的影响。假设贸易网络中无论国家大小均为平等主体,记为节点 i;各国均有一定数量的贸易伙伴,伙伴 i 与 j 的贸易联系记为 e_{ij};根据本书研究需要,不妨以方格网表示全球贸易网络 G。

假设贸易国根据自身文化特征、国情条件和战略意图,形成对待贸易利益的三种理念:公平贸易、机会主义和合作共赢,相应产生不同利益分配诉求和贸易合作策略。

公平贸易(Fair Trade,记为 FT),要求贸易利益对等分配。实践中,几乎不存在绝对对等的利益分配,公平贸易需要具有一定包容性,即允许利益分配偏离绝对对等一定幅度,称为容限(tolerance,略写为 t,$0 \leqslant t < 0.5$)。当公平贸易国家可得利益份额超过一定限度,能够折让利益以维护长期良性合作;而在可得利益份额低于自身设定下限,会认为"吃亏了"并诉诸贸易保护。公平贸易的利益分配期望范围为 $0.5 - t \leqslant \pi_{FT} \leqslant 0.5 + t$。

机会主义(Opportunism,记为 OP),即在贸易合作中"搭便车"的企图与行为,长期以来作为公平贸易的矛盾对立面存在。国际贸易实践中,部分经济欠发达国家因国情所限,期望能在国际贸易合作中享受单边的优惠或援助性项目;或者是某些有区位优势的国家,在多边国际竞争环境下表现出待价而沽的行为。它们均期望在贸易合作中获取更大的相对利益份额,记为 $\pi_{op} > 0.5$。

合作共赢(Win-Win,记为 WW),由中国政府作为新型国际关系的核心原则提出,并实践于"一带一路"倡议的共建、共享过程。该理念站在"计天下利"的高度,寻求一切可以创造共同利益的贸易合作机会;它对贸易利益分配相对份额并无预设,只是以各方产生利益绝对增量为底线,即仅要求 $\pi_{ww} > 0$。因而,该理念对贸易合作伙伴更具包容性,对贸易利益分配的诉求也更具有弹性。

假设每一个博弈期内,具有贸易联系的任意两国 i 与 j 之间产生一次贸易机会,该项贸易合作能够创造共同利益 $\sum \pi = 1$;由于两国资源禀赋、技术水平、战略意图等现实差异,存在预期利益分配差异,在全球巨量贸易视野下,双方利益分配占比 π_i、π_j 在[0,1]区间随机均匀分布,有 $\pi_i + \pi_j = 1$;两国根据各自贸易理念对于利益分配的诉求,做出是否贸易合作的决策。

2. 博弈模型构建

贸易品项特性和贸易双方客观条件共同决定了潜在合作利益的分配[π_i, $1-\pi_i$],但贸易合作能否达成,则取决于 π_i 与 $1-\pi_i$ 的取值与双方对利益分配诉求的匹配性。若该分配方案能被双方接受,实现合作收益分别为 π_i 和 $1-\pi_i$;若任意一方不愿接受,则双方收益均为 0。

讨论 $0<\pi_i<0.5-t$ 的情形,博弈一方潜在合作利益份额为 π_i,对方利益份额 $0.5+t \leqslant 1-\pi_i<1$。如果该博弈方为 OP 理念或者 FT 理念,则不能接受 π_i 这个分配份额,那么无论博弈对方是什么理念,均无法达成合作,双方收益均为 0。如果博弈一方持 WW 理念,愿意接受相对较少的分配 π_i,那么,(1)当对方持 OP 理念,对方收益 $\pi_{OP} = 1-\pi_i$ 能满足 $\pi_{OP}>0.5$ 的诉求;(2)当对方持 FT 理念,$\pi_{FT} = 1-\pi_i$ 满足 $0.5-t \leqslant \pi_{FT}$ 的下限要求,但超出了 $\pi_{FT} \leqslant 0.5+t$ 的上限约束,出于公平贸易和维护双方长期合作关系的考虑,对方将利益份额调整为上限,双方实现合作收益($0.5-t$, $0.5+t$);(3)当双方有共同 WW 理念,显然只要有利益增量,即能达成贸易合作。此情形博弈收益矩阵见表 2—1。

类似地,讨论可得 π_i 在不同取值区间时,匹配下表的博弈收益矩阵系列。

表 2—1　　　　　　　　随机利益分配匹配的收益矩阵系列

a. 当 $0<\pi_i<0.5-t$ 时

	OP	FT	WW
OP	(0,0)	(0,0)	(0,0)
FT	(0,0)	(0,0)	(0,0)
WW	(π_i, $1-\pi_i$)	($0.5-t$, $0.5+t$)	(π_i, $1-\pi_i$)

b. 当 $0.5-t \leqslant \pi_i \leqslant 0.5$ 时

	OP	FT	WW
OP	(0,0)	(0,0)	(0,0)
FT	$(\pi_i, 1-\pi_i)$	$(\pi_i, 1-\pi_i)$	$(\pi_i, 1-\pi_i)$
WW	$(\pi_i, 1-\pi_i)$	$(\pi_i, 1-\pi_i)$	$(\pi_i, 1-\pi_i)$

c. 当 $0.5 < \pi_i \leqslant 0.5+t$ 时

	OP	FT	WW
OP	(0,0)	$(\pi_i, 1-\pi_i)$	$(\pi_i, 1-\pi_i)$
FT	(0,0)	$(\pi_i, 1-\pi_i)$	$(\pi_i, 1-\pi_i)$
WW	(0,0)	$(\pi_i, 1-\pi_i)$	$(\pi_i, 1-\pi_i)$

d. 当 $0.5+t < \pi_i < 1$ 时

	OP	FT	WW
OP	(0,0)	(0,0)	$(\pi_i, 1-\pi_i)$
FT	(0,0)	(0,0)	$(0.5+t, 0.5-t)$
WW	(0,0)	(0,0)	$(\pi_i, 1-\pi_i)$

3. 博弈模型分析

长期且充分开放的国家之间,存在大量重复博弈机会。首先,讨论公平贸易理念重复博弈的期望收益。当博弈对象为 OP 理念,形成 FT-OP 博弈。根据表 2—1 的博弈收益矩阵可知,在利益份额 $\pi_{FT} < 0.5-t$ 时,达不到 FT 理念的最低预期,不能形成贸易合作;当所得利益份额 $\pi_{FT} > 0.5$ 时,对方利益分配 $\pi_{OP} < 0.5$ 达不到 OP 理念者的利益预期,同样不能达成合作;唯有 $0.5-t \leqslant \pi_{FT} \leqslant 0.5$ 时,利益分配方案在双方可接受范围,才能达成贸易合作。因此,FT 理念的期望收益为:

$$\pi_{FT}^{FT-OP} = \int_{0.5-t}^{0.5} \pi d\pi = (t-t^2)/2 \tag{2.1}$$

当博弈对象同样持 FT 理念,形成 FT-FT 博弈。根据表 1 的博弈收益矩阵可知,双方仅能在公平贸易的容限范围内达成贸易合作,双方具有相同的期望收益:

$$\pi_{FT}^{FT-FT} = \int_{0.5-t}^{0.5+t} \pi d\pi = t \tag{2.2}$$

当博弈对象持 WW 理念,形成 FT－WW 博弈。根据表 1 的博弈收益矩阵可知,只需 $\pi_{FT} \geqslant 0.5$,双方即能达成贸易合作。其中当 $\pi_{FT} \geqslant 0.5+t$ 时,出于公平贸易的国际声誉和维护长远合作关系的考虑,将自身利益份额约束为 $0.5+t$,从而有期望收益为:

$$\pi_{FT}^{FT-WW} = \int_{0.5-t}^{0.5+t} \pi d\pi + \int_{0.5+t}^{1} (0.5+t) d\pi = -t^2 + t + 0.25 \quad (2.3)$$

同理可求得,OP 理念与各方重复博弈的期望收益:

$$\pi_{OP}^{OP-OP} = 0 \quad (2.4)$$

$$\pi_{OP}^{OP-FT} = \int_{0.5}^{0.5+t} \pi d\pi = (t^2+t)/2 \quad (2.5)$$

$$\pi_{OP}^{OP-WW} = \int_{0.5}^{1} \pi d\pi = 0.375 \quad (2.6)$$

WW 理念与各方重复博弈的期望收益:

$$\pi_{WW}^{WW-OP} = \int_{0}^{0.5} \pi d\pi = 0.125 \quad (2.7)$$

$$\pi_{WW}^{WW-FT} = \int_{0}^{0.5-t} (0.5-t) d\pi + \int_{0.5-t}^{0.5+t} \pi d\pi = t^2 + 0.25 \quad (2.8)$$

$$\pi_{WW}^{WW-WW} = \int_{0}^{1} \pi d\pi = 0.5 \quad (2.9)$$

综合上述,可得不同贸易理念间重复博弈的期望收益矩阵,如表 2－2。

表 2－2　　　　　　　　　不同理念重复博弈的期望收益

	OP	FT	WW
FT	$(-t^2+t)/2$	t	$-t^2+t+0.25$
OP	0	$(t^2+t)/2$	0.375
WW	0.125	$t^2+0.25$	0.5

命题 2.1 长期重复博弈情形下,合作共赢是全面占优理念。

证:由表 2－2 知,WW 全面占优于 FT 的必要条件是

$$\begin{cases} 0.125 - \dfrac{(t-t^2)}{2} \geqslant 0 \\ 0.25 + t^2 - t \geqslant 0 \\ 0.5 - (0.25 + t^2 - t) \geqslant 0 \end{cases} \quad (2.10)$$

根据判别式法易得,此不等式组成立,当且仅当 $t=0.5$ 时等号成立。又据 t

定义范围(0,0.5)可知,WW 全面占优于 FT 理念。

同理易得,WW 同样全面占优于 OP 理念。

故命题 2.1 成立。

考虑在贸易网络环境下,各国博弈收益不仅取决于自身合作理念及策略,而且受贸易网络关系和不同合作理念分布的影响。不妨设贸易网络中存在 m 个节点,OP、FT 和 WW 理念在网络中随机分布,概率分别为 p_{OP}、p_{FT}、p_{WW},且 $p_{OP}+p_{FT}+p_{WW}=1$。则 OP 理念的博弈期望收益可表示为

$$U_{OP}=(mp_{OP}-1)\pi_{OP}^{OP-OP}+mp_{FT}\pi_{OP}^{OP-FT}+mp_{WW}\pi_{OP}^{OP-WW} \tag{2.11}$$

将式(4)~(6)代入可得

$$U_{OP}=m\left(0.375p_{WW}+\frac{t^2+t}{2}p_{FT}\right) \tag{2.12}$$

解读上式,有以下命题:

命题 2.2 贸易网络中,机会主义收益具有外部依赖性,它依赖于合作共赢和公平贸易理念的存在,以及公平贸易的包容性大小。

此外,FT 理念的网络博弈期望累积收益 U_{FT} 可表示为

$$U_{FT}=mp_{OP}\pi_{FT}^{FT-OP}+(mp_{FT}-1)\pi_{FT}^{FT-FT}+mp_{WW}\pi_{FT}^{FT-WW} \tag{2.13}$$

假设贸易网络中 FT 理念群体足够大,有 $mp_{FT}-1\approx mp_{FT}$,再将式(2.1)~(2.3)代入式(2.13),可得

$$U_{FT}=m\left[(-t^2+t+0.25)p_{WW}+tp_{FT}+\frac{(-t^2+t)}{2}p_{OP}\right] \tag{2.14}$$

同理可得,WW 理念的网络博弈累积期望收益 U_{WW} 为

$$U_{WW}=m[0.5p_{WW}+(t^2+0.25)p_{FT}+0.125p_{OP}] \tag{2.15}$$

将贸易网络视为一个整体考察,则网络整体总收益 U_{Global} 表示为

$$U_{Global}=m(p_{OP}U_{OP}+p_{aFT}U_{FT}+p_{WW}U_{WW}) \tag{2.16}$$

将式(2.12)(2.14)(2.15)代入,得

$$U_{Global}=m^2p_{OP}\left(0.375p_{WW}+\frac{t^2+t}{2}p_{FT}\right)+m^2p_{FT}$$

$$\left[(-t^2+t+0.25)p_{WW}+tp_{FT}+\frac{-t^2+t}{2}p_{OP}\right]+m^2p_{WW}$$

$$[0.5p_{WW}+(t^2+0.25)p_{FT}+0.125p_{OP}] \tag{2.17}$$

整理化简可得

$$U_{Global}=\frac{1}{2}m^2(p_{WW}+2tp_{FT})(p_{FT}+p_{OP}+p_{WW}) \tag{2.18}$$

已知 $p_{FT}+p_{OP}+p_{WW}=1$,代入上式,得

$$U_{\text{Global}}=\frac{1}{2}m^2(p_{WW}+2tp_{FT}) \quad (2.19)$$

式中 m 为常数,要使 U_{Global} 取最大值,结合定义约束条件 $\begin{cases} 0 \leqslant p_{FT} \leqslant 1 \\ 0 \leqslant p_{WW} \leqslant 1 \\ 0 \leqslant p_{WW}+p_{FT} \leqslant 1 \\ 0 \leqslant t < 0.5 \end{cases}$

运用演化规划求解结果为

$$\text{当 } p_{WW}+p_{FT}=1, \text{且 } t \rightarrow 0.5 \text{ 时},\text{有 } \max(U_{\text{Global}})=\frac{1}{2}m^2 \quad (2.17)$$

解读上式,可得以下命题:

命题 2.3 只有消灭机会主义,且公平贸易具有极大包容性,才能实现贸易网络整体利益最大化。

下文借助网络博弈仿真方法,验证以上命题,进一步探讨不同合作理念分布、公平贸易包容性等因素对各国收益和网络整体收益的影响。

(三)贸易网络博弈模型仿真

1. 实验基本设置

采用 MATLAB 编程,生成规模为 15×15 的方格网,模拟现实中包含约 200 多个国家(或地区)的全球贸易网络。根据郑军(2017)等实证研究[①],世界贸易网络具有异质性,但不是典型的无标度网络,因此,通过随机断边重连机制产生适度的异质性。

无法准确地一一判断贸易网络中各国的贸易合作理念,不妨设 FT、OP、WW 三类理念在贸易网络中随机分布。假设每一个博弈期内,具有贸易关系的国家之间产生一次潜在贸易机会,有随机利益分配方案 $[\pi_i,1-\pi_i]$,$\pi_i \in [0,1]$,根据 π_i 值所处区间找出表 1 中相匹配的博弈收益矩阵,计算双方博弈收益。贸易国在一个博弈期内与所有邻接国家贸易合作收益的平均值,称作平均度收益,认为是该国在此博弈时刻的贸易收益能力。

贸易合作理念的演化规则为,计算每一博弈期各国贸易收益能力和累积收益,分别进行排序,随机选择收益能力在中位数以下的 3% 国家,采用最优模仿学

[①] 郑军,张永庆,黄霞. 2000—2014 年海上丝绸之路贸易网络结构特征演化[J]. 国际贸易问题,2017(03):154—165.

习机制,将其合作理念转变为邻国中累积收益最大者的合作理念。

以下通过仿真实验,探寻贸易网络整体收益最大化的条件,以及贸易利益公平分配的实现途径。

2.贸易网络整体收益最大化的实现

贸易网络整体收益受不同合作理念占比、公平贸易包容性和贸易网络结构的影响,此处选用静态网络,排除网络结构变动的干扰。依次令一种贸易合作理念占比从 0 提高到 1,步长为 0.05,另两理念占比相等,且随之同步变化;公平贸易的容限值从 0 到 0.5 变动,步长 0.05;进行 1 000 次随机重复博弈,记录如图 2—13。

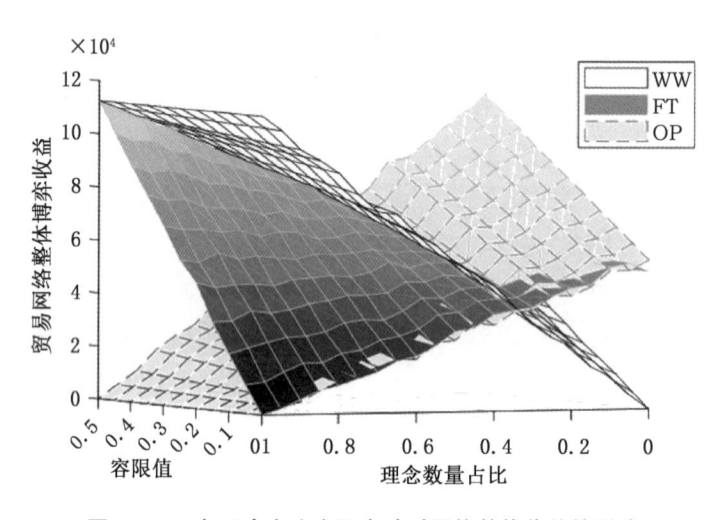

图 2—13　各理念占比容限变动对网络整体收益的影响

从图 2—13 可以看出:(1)合作共赢理念占比增大,贸易网络整体收益随之增大,当合作共赢成为普世理念,必有网络整体收益最大化;(2)公平贸易理念占比对网络整体收益的影响具有不确定性,若该理念占比增大的同时容限减小,会损害网络整体利益,只有该理念占比和容限值同时取得极大值,才能使网络整体收益最大化;(3)机会主义对于贸易网络来说是个消极因素,必须消灭机会主义,并且公平贸易容限取极大值,才能有网络整体收益最大化。此结果验证了命题 2.3,同时可得一个推论:合作共赢理念事实上等效于具有极大包容性的公平贸易。

3.贸易利益公平分配的实现

贸易合作理念虽然根植于本国文化与国情,有一定稳定性,但是,随着全球文化交流、国情变化、外部竞争和舆论影响，贸易合作理念并非一成不变。本研究考虑各国与邻接国家的博弈收益比较，采用模仿最优机制更新合作理念，仿真模拟贸易网络中各国合作理念的自组织演化过程。设初始时刻贸易网络中不同合作理念等概率随机分布，公平贸易容限 $t=0.1$，进行 200 期博弈，记录贸易合作理念分布、各国平均度收益、贸易网络整体收益等演化过程，如图 2—14 到 2—16。

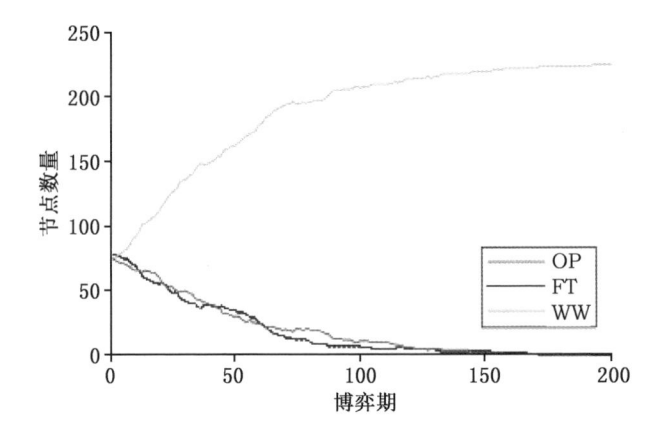

图 2—14 三理念分布演化

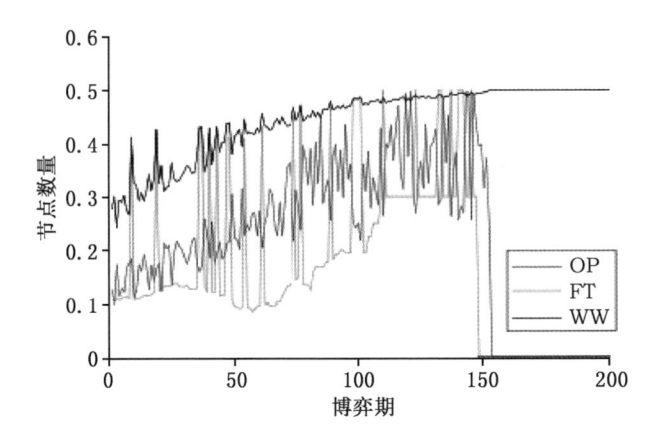

图 2—15 平均单次博弈收益演化

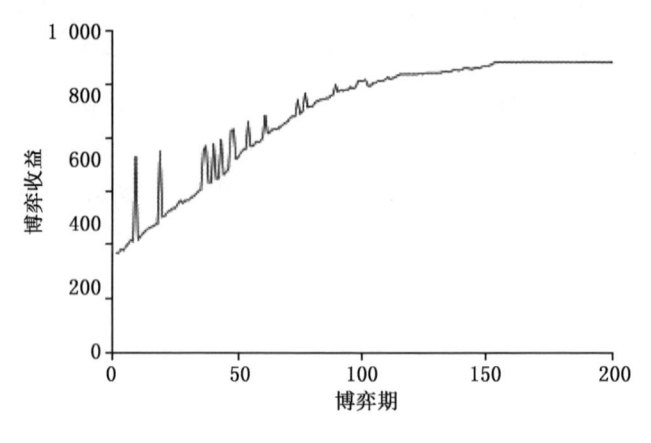

图 2—16　贸易网络整体收益

从各理念演化趋势来看,图 2—14 显示,各理念群体数量在博弈过程不断分化,合作共赢理念成为最终唯一的演化结果。这验证了命题 2.1 的结论,长期重复博弈中合作共赢理念全面占优。

从贸易利益分配来看,图 2—15 显示,机会主义理念收益的随机波动性最大,这可归因于命题 2.2 所述机会主义收益的外部依赖性;公平贸易虽然自身限定收益波动范围,但始终只能实现较低效的相对公平;合作共赢理念占优伴随着所有群体收益水平提高,收益曲线波动最小,最后收敛趋稳于 0.5 水平线,也就是,实现了贸易利益公平分配的均衡状态。

从对贸易网络整体收益影响来看,图 2—16 显示,合作共赢理念占优过程中,贸易网络整体收益不断提升,波动性不断减小,最终趋稳于最大值。综合图 2—14 到图 2—16 可得结论:当合作共赢理念占优最终成为普世理念,贸易网络同时实现整体利益最大化和公平分配。

(四)公平贸易与全球利益最大化

大国贸易合作理念分歧引发贸易摩擦,使得世界贸易格局动荡,经济全球化陷入困境。面对困境,各国需要反思:坚持对等贸易"不吃亏",还是让公平贸易更具包容性?回避义务寻求自身利益最大化,还是允许"搭便车"寻求广泛合作共同发展?怎样才是全球贸易发展的理想状态?针对这些问题,本研究梳理了当前国际贸易领域三种不同合作理念,分析理念分歧对贸易利益分配的诉求差异,在此基础上,构建存在异质属性群体、随机收益分配匹配收益矩阵系列的网络博弈模型,运用数理分析和网络博弈仿真,得出以下主要结论:

（1）公平贸易理念具有局限性，它对贸易各方的不确定影响取决于其包容性大小。降低公平贸易的包容性，会导致贸易机会萎缩，损害贸易各方利益和贸易网络整体利益。

（2）合作共赢理念具有正外部性，合作共赢演化占优过程会带动贸易网络内所有群体的收益提升。当合作共赢成为全球各国的共同理念，那么，全球贸易整体收益最大化，并且总体上实现贸易收益的公平分配。

观照现实世界，数年前美国打着公平贸易旗帜挑起全球贸易摩擦，表明其所宣称公平贸易的包容性大幅收窄，这导致贸易机会萎缩、贸易伙伴利益受损以及全球整体经济下挫。当前，全球贸易网络正处于调整重构关键期，这是"百年未有之遇大变局"的重要侧面。面对严峻形势，本书论证所支持的中国行动：一是加强全方位、全价值链贸易合作能力建设。在我国规模大、门类全、配套完备的产业体系基础上，延伸产业链和优化产业结构，构建全方位开放新格局，对接不同禀赋条件和发展阶段国家的需求，创造更大贸易利益与世界分享；二是坚持"一带一路"倡议合作共赢战略自信，向世界宣传倡导合作共赢理念。以"欢迎搭便车"的大国胸襟开拓贸易合作，允许欠发达贸易伙伴获取更多实在利益，逐步改善其长期贸易条件，以此产生涟漪效应，使得更多国家认同和接受合作共赢理念，营建有利的全球贸易网络环境，最终实现"人类命运共同体"利益最大化下的公平分配理想。

然而，当前世界复杂多变，决定了本文研究的局限性。俄乌战事胶着、大国博弈持续、疫情肆虐反复等诸多因素，无不冲击世界贸易格局和各国贸易利益。如何将贸易利益博弈分解为多元利益博弈，将地缘政治和突发事件等纳入贸易网络演化规则，是本书进一步拓展研究的方向。

本章小结

一个国家是否实施贸易自由化，取决于政府决策者对贸易自由化的价值判断；而贸易自由化的价值判断，又受其全球化价值认知理念的影响。决策者认知全球化价值的依据是全球化对国家利益的影响，全球化多维度和国家利益多元性，决定了全球化价值的多元属性，各国决策者价值理念的差异性，进一步决定了全球化价值认知的差异性。

贸易自由化改变了一国内部各利益集团之间的利益分配，包括实体制造企业与金融服务业、资本家与普通劳动阶层的利益分配，决策者对国内利益格局的权衡影响到贸易自由化策略的具体实施，这将在第五章予以讨论。贸易自由化也改变了全球各国之间利益分配格局，包括贸易本身利润分配、贸易相关的资源配置和产业分工、国际经济支配和依附的关系、国际声誉和政治影响力、贸易投资网络渠道和经济发展潜力等。

　　对于贸易自由化带来的利益分配格局，持不同全球化价值理念的国家有不同认知，从而产生不同的贸易策略博弈互动结果。友好互信，合作共赢的理念能够直接导向贸易自由化合作，为两国创造最大福利；公平对等贸易理念能够使双方博弈过程共同体验到自由贸易的好处，最终导向贸易自由化；一方坚持贸易对等原则，另一方有国家机会主义倾向，那么市场运行的信用基础遭到破坏，两国迟早陷入贸易保护困境，极大降低了双方福利；配合大国权力政治或经济战略的大国单边主义理念，可以使依附的小国从单边自由贸易中获得利益，也可以让大国凭借巨大市场优势而从单边贸易保护中获得更大利益；而中国倡导新型国家关系理论的命运共同体理念，以发展伙伴共同利益为贸易决策依据，着眼于命运共同体发展红利的分享，有利于共同福利的提高，推进自由贸易化。

　　需要补充的是，在各国贸易条件和贸易理念存在差异的情况下，一味强调公平贸易，无益于达成贸易合作，而合作共赢理念可以把握更多贸易机遇，创造更多共同贸易利益。这正是当前中美两国之间贸易理念差异的写照。只有全球各国都具有合作共赢理念时，才能创造出最大化的全球贸易利益，并且在总体上实现贸易公平。

# 第三章

大国责任担当：自由贸易网络维护与拓展

随着 2018 年美国挑起贸易战，WTO 多边框架贸易谈判再度停滞，第二次世界大战以来美国主导的全球自由贸易体系崩解。作为应对，各国纷纷转而寻求双边的、区域和次区域的自由贸易合作，组建新的朋友圈，重构全球供应链。其中，工业发达国家表现得尤为积极，全球范围内"南北型"自由贸易协定的数量不断增多。那么，为何工业发达国家成为自由贸易主要推动力？是什么原因使得"南北型"自由贸易协定更受青睐？双边和区域自由贸易是否有可能进一步发展成为全球自由贸易网络？拓展哪些新贸易伙伴能够为现有自由贸易网络成员带来更多的利益？本文以建模分析方法，从各国生产份额、消费市场份额、工业化水平、产品可替代性、原有关税水平以及自由贸易伙伴的数量等多个角度，深入探讨这些问题。

一、双边自由贸易形成机理

（一）基本模型假设

假设在完全竞争市场和规模报酬不变的条件下，共存在 N 个国家，$N=\{1, 2,\ldots n\}$，$n \geqslant 3$。i 国向 k 国征收进口关税 τ_k^i，令 $\tau_k^i=0$，即不考虑国家税率。i 国内均为同质消费者，购买对象为水平差异化的同类商品，差异化产品份额 $\omega \in [0, 1]$。每个生产者的生产率为 l，工资率为 1。以 μ^i 表示 i 国消费占总消费的份额，$\sum_{i=1}^{n} \mu^i = 1$；以 φ^i 表示 i 国生产量占商品生产总量的份额，$\sum_{i=1}^{n} \varphi^i = 1$；以 $\theta^i = \varphi^i/\mu^i$ 表示 i 国的工业化水平，即 i 国的本国产品满足本国消费的能力越高，其工业化程度越高。

援用蔡宏波(2011)改进的代表性效用函数表达式[①]

$$U(c,c_0)=\int_0^1 c(\omega)d\omega-\frac{1-\rho}{2}\int_0^1 c(\omega)^2 d\omega-\frac{\rho}{2}\left[\int_0^1 c(\omega)d\omega\right]^2+c_0 \quad (3.1)$$

其中 $c\in[0,1]$ 为积分形式的连续性消费函数,ρ 为同类的差异化产品间的可替代弹性,$\frac{\rho}{2}[\int_0^1 c(\omega)d\omega]^2$ 表示差异化产品的替代关系。

以 $p\in[0,1]$ 表示国内消费价格函数,可将消费者的收入约束表示为

$$y=\int_0^1 p(\omega)c(\omega)d\omega+c_0 \quad (3.2)$$

以动态规划方法,最大化一阶条件

$$\begin{cases} \max U(c,c_0) \\ s.t.\ y=\int_0^1 p(\omega)c(\omega)d\omega+c_0 \end{cases} \quad (3.3)$$

可得任一差异化产品的反需求函数为

$$p(\omega)=1-(1-\rho)c(\omega)-\rho\int_0^1 c(\omega')d\omega' \quad (3.4)$$

对上式两边在 $[0,1]$ 区间积分得 $\int_0^1 p(\omega)d\omega=1-\int_0^1 c(\omega)d\omega$,再代入上式得消费函数为

$$c(\omega)=\frac{1}{1-\rho}\left\{1-p(\omega)-\rho\left[1-\int_0^1 p(\omega)d\omega\right]\right\} \quad (3.5)$$

以 $\bar{p}^i=\int_0^1 p^i(\omega)d\omega$ 表示商品 ω 在 i 国内的平均消费价格,以 $q^i(\omega)$ 表示商品 ω 在 i 国内的生产价格,并考虑对 k 国征收的进口关税 τ_k^i,由式(3.5)可知 i 国对进口 k 国产品 ω 的代表性消费为

$$c^i(\omega)=\frac{1}{1-\rho}[1-q^i(\omega)-\tau_k^i-\rho(1-\bar{p}^i)] \quad (3.6)$$

各国生产企业可以通过控制生产成本调整 $\{q^i(\omega)\}_{i=1}^n$,追求最大收益

$$\pi(\omega)=\sum_{i=1}^n \mu^i q^i(\omega)c^i(\omega) \quad (3.7)$$

把(3.6)式代入(3.7)式,求一阶条件得

$$q^i(\omega)=\frac{1}{2}[1-\tau_k^i-\rho(1-\bar{p}^i)] \quad (3.8)$$

---

① 蔡宏波. 双边自由贸易协定的理论重构与实证研究[M]. 北京:中国经济出版社,2011.

根据(3.8)式,可将 i 国平均消费价格重新表达为

$$\bar{p}^i = \sum_{k=1}^{n} \varphi^k (q^i + \tau_k^i) = \frac{1}{2}[1 + \bar{\tau}^i - \rho(1-\bar{p}^i)] \tag{3.9}$$

$$\bar{p}^i = \frac{1-\rho+\bar{\tau}^i}{2-\rho} \tag{3.10}$$

其中 $\bar{\tau}^i = \sum_{k=1}^{n} \varphi^k \tau_k^i$ 为 i 国的平均进口关税水平。(3.10)式代入(3.8)式可得

$$q_k^i(\tau^i) = \frac{1-\rho}{2-\rho} - \frac{1}{2}\tau_k^i + \frac{\rho}{2(2-\rho)}\bar{\tau}^i \tag{3.11}$$

将(3.10式)与(3.11)式代入(3.6)式,可得 i 国对进口 k 国商品的代表性消费函数为

$$c_k^i(\tau^i) = \frac{1}{2-\rho} - \frac{1}{2(1-\rho)}\tau_k^i + \frac{\rho}{2(1-\rho)(2-\rho)}\bar{\tau}^i \tag{3.12}$$

由上式可见,若 i 国对 k 国提高进口关税 τ_k^i,将减少对 k 国产品的消费量,而当 i 国平均关税水平 $\bar{\tau}^i$ 提高,将部分抵冲对 k 国的不利影响。

由(3.11)与(3.12)式可推得

$$q_k^i(\tau^i) = (1-\rho)c_k^i(\tau^i) \tag{3.13}$$

将(3.13)代入(3.7)式,i 国生产企业收益为

$$\pi_i(\tau) = \sum_{k=1}^{n} \mu^k q_i^k(\tau^k) c_i^k(\tau^k) = \sum_{k=1}^{n} \mu^k (1-\rho) c_i^k(\tau^k)^2 \tag{3.14}$$

式中的 $\tau = (\tau^1, \tau^2, \ldots, \tau^n)$。

将代表性收入水平表示为劳动收入、关税收入与企业收益之和,则有

$$y = \ell + \sum_{k=1}^{n} \tau_k^i \varphi^k c_k^i(\tau^i) + \frac{\varphi^i \pi_i(\tau)}{\mu^i} \tag{3.15}$$

上式结合(3.2)与(3.14)式,可推得

$$c_0^i(\tau) = \ell + \sum_{k=1}^{n} \tau_k^i \varphi^k c_k^i(\tau^i) + \frac{\varphi^i \pi_i(\tau)}{\mu^i} - \sum_{k=1}^{n} \varphi^k [q_k^i(\tau^i) + \tau_k^i] c_k^i(\tau^i)$$

$$= \ell + \frac{\varphi^i}{\mu^i} \sum_{k \neq i}^{n} \mu^k q_i^k(\tau^k) c_i^k(\tau^k) - \sum_{k \neq i}^{n} \varphi^k q_k^i(\tau^i) c_k^i(\tau^i) \tag{3.16}$$

将之代入(3.1)式得 i 国的效用函数为

$$U[c_k^i(\tau^i), c_0^i(\tau)] = V(\tau^i) + E(\tau^{-i}) - M(\tau^i), k \in N \tag{3.17}$$

其中，i 国消费者的效用为 $V(\tau^i)=U[c_k^i(\tau^i),\ell]$，来自产品出口的收益为 $E(\tau^{-i})$，$E(\tau^{-i})=\dfrac{\varphi^i}{\mu^i}\sum_{k\neq i}\mu^k q_i^k(\tau^k)c_i^k(\tau^k)=\dfrac{\varphi^i}{\mu^i}\sum_{k\neq i}(1-\rho)\mu^k c_i^k(\tau^k)^2$，$\tau^{-i}=(\tau^1,\dots\tau^{i-1},\tau^{i+1},\dots\tau^n)$，用于进口产品的开支为 $M(\tau^i)=\sum_{k\neq i}\varphi^k q_k^i(\tau^i)c_k^i(\tau^i)=\sum_{k\neq i}(1-\rho)\varphi^k c_k^i(\tau^i)^2$。由此可见，$i$ 国的进口关税水平影响国内消费者福利 $V(\tau^i)$ 和进口开支 $M(\tau^i)$，而产品出口收益 $E(\tau^{-i})$ 则受其他国家的关税水平影响。

对 $V(\tau^i)$、$E(\tau^{-i})$、$M(\tau^i)$ 分别求微分得

$$\frac{\partial V}{\partial \tau_j^i}=\varphi^j\left[-\frac{1}{2-\rho}+\frac{\rho}{2(2-\rho)}\sum_{k=1}^n\varphi^k c_k^i(\tau^i)+\frac{1}{2}c_j^i(\tau^i)\right] \quad (3.18)$$

$$\frac{\partial M}{\partial \tau_j^i}=\varphi^j\left[-c_j^i(\tau^i)(1-\frac{\rho\varphi^j}{2-\rho})+\sum_{k\neq i,j}c_k^i(\tau^i)\frac{\rho\varphi^k}{2-\rho}\right] \quad (3.19)$$

$$\frac{\partial E}{\partial \tau_i^j}=-\frac{\mu^j\varphi^i c_i^j(\tau^j)}{\mu^i}(1-\frac{\rho\varphi^i}{2-\rho}) \quad (3.20)$$

结合 (3.12) 式分析上述三式可知，由于产品可替代弹性 ρ 不确定，增加进口关税 τ_j^i 对 i 国消费者效用 $V(\tau^i)$ 与进口开支 $M(\tau^i)$ 增减的影响不确定，可以确定的是，(3.20) 式减函数形式表明别国提高对 i 国关税 τ_i^j 必然损害 i 国的出口收益 $E(\tau^{-i})$。

（二）自由贸易对各方福利的影响

一般认为，一国缔结自由贸易协议的动因是自由贸易能带来国内整体福利 $W^i(\tau)=U[c_k^i(\tau),c_0^i(\tau)]$ 的增进。以 τ' 表示签订自由贸易协议后的关税水平，完全自由贸易时关税 $\tau_j'^i=\tau_i'^j=0$，令 i 国的自由贸易伙伴国集合为 $\Omega^i=\{k\in N | \tau_k^i=0\}$。$i$ 国愿意签订自由贸易协定的前提条件为：

$$\Delta W^i(\tau)=\Delta V^i(\tau^i)+\Delta E^i(\tau^{-i})-\Delta M^i(\tau^i)\geqslant 0$$

其中 $\Delta V^i(\tau^i)=V^i(\tau'^i)-V^i(\tau^i)$，$\Delta E^i(\tau^{-i})=E^i(\tau'^{-i})-E^i(\tau^{-i})$，$\Delta M^i(\tau^i)=M^i(\tau'^i)+M^i(\tau^i)$。由 (3.12) 式可得

$$\sum_{k=1}^n\varphi^k c_k^i(\tau^i)=\frac{1}{2-\rho}-\frac{1}{2(1-\rho)}\sum_{k=1}^n\varphi^k\tau_k^i+\frac{\rho}{2(1-\rho)(2-\rho)}\bar\tau^i=\frac{1}{2-\rho}(1-\bar\tau^i)$$

代入 (3.18) 式有

$$\frac{\partial V}{\partial \tau_j^i}=\varphi^j\left[-\frac{1-\rho}{(2-\rho)^2}+\frac{\rho^2}{4(1-\rho)(2-\rho)^2}\bar\tau^i-\frac{1}{4(1-\rho)}\tau_j^i\right] \quad (3.21)$$

假设 i 与 j 国自由贸易谈判结果对关税做了相同幅度 λ 的减让，调整后关税

为 $\tau_j^i(\lambda)=(1-\lambda)\tau^i, \tau_i^j(\lambda)=(1-\lambda)\tau^j, \lambda\in[0,1], E(\lambda)=1/2$，谈判未果时 $\tau_j^i(0)=\tau^i$，完全自由贸易时 $\tau_j^i(1)=0$，则有 $d\tau_j^i/d\lambda=-\tau^i$。与 j 国签订自由贸易协议后平均关税为：

$$\bar{\tau}^i(\lambda)=\sum_{k\notin\Omega_i\cup(j)}\varphi^k\tau^i+\varphi^j(1-\lambda)\tau^i=(\varphi^k+\varphi^j-\varphi^j\lambda)\tau^i=(1-\varphi^{\Omega_i}-\lambda\varphi^j)\tau^i \quad (3.22)$$

则 i 与 j 国签订自由贸易协议带来消费者期望效用变化为：

$$\frac{\partial V^i[\tau^i(\lambda)]}{\partial\lambda}=\frac{\partial V^i}{\partial\tau_j^i}\frac{\partial\tau_j^i}{\partial\lambda}$$

$$=\varphi^j\tau^i\left[\frac{1-\rho}{(2-\rho)^2}-\frac{\rho^2}{4(1-\rho)(2-\rho)^2}(1-\varphi^{\Omega_i}-\lambda\varphi^j)\tau^i+\frac{1}{4(1-\rho)}(1-\lambda)\tau^i\right]$$

$$=\frac{\varphi^j\tau^i}{8(1-\rho)(2-\rho)^2}\{8(1-\rho)2+[4(1-\rho)-(1-2\varphi^{\Omega_i}-\varphi^j)\rho^2]\tau^i\}$$

上式当 $1-2\varphi^{\Omega_i}-\varphi^j<0$，即 $\varphi^{\Omega_i}+\varphi^j/2\geq 1/2$ 时，必有 $\Delta V^i(\tau^i)>0$，表明如果 i 国已有的自由贸易伙伴国，或者正在进行自由贸易谈判的 j 国的产品在 i 国市场占有份额较大，签订自由贸易协议必将增进 i 国内消费者福利。

再考察双边自由贸易协议对 i 国贸易剩余的影响，有

$$\Delta E^i(\tau^{-i})-\Delta M^i(\tau^i)=\Delta[E_j^i(\tau^j)-M_j^i(\tau^i)]-\sum_{k\neq i,j}\Delta M_k^i(\tau^i) \quad (3.23)$$

其中，$\Delta[E_j^i(\tau^j)-M_j^i(\tau^i)]$ 项为 i 与 j 国开展自由贸易引起的直接贸易剩余；$\sum_{k\neq i,j}\Delta M_k^i(\tau^i)$ 表示 i 与 j 国开展自由贸易后，产生贸易转移效应，减少从其他非自由贸易伙伴国的进口。将 $M_k^i(\tau^i)=(1-\rho)\varphi^k c_k^i(\tau^i)^2, E_k^i(\tau^k)=\theta^i(1-\rho)\mu^k c_i^k(\tau^k)^2, E_k^i(\tau^k)=\frac{\mu^k}{\mu^i}M_k^i(\tau^i)$ 代入(3.23)式得

$$\Delta E^i(\tau^{-i})-\Delta M^i(\tau^i)=\mu^j(1-\rho)\Delta[\theta^i c_i^j(\tau^j)^2-\theta^j c_j^i(\tau^i)^2] \quad (3.24)$$

上式表明，若 i 国工业化水平 θ^i 越高，j 国工业化水平 θ^j 越低，i 国直接贸易剩余越大，因此，工业化水平更高的国家从自由贸易大市场中获取相对更大的利益。此外，如果 j 国初始关税 τ^j 较高，则自由贸易后对 i 国产品消费的增量较大，即 $\Delta c_j^i(\tau^i)<\Delta c_i^j(\tau^j)$，那么 i 国从与 j 国自由贸易中获取的新增贸易剩余越多，因此可得出结论：初始关税较低的国家从双边自由贸易中获益更大。

(三)双边自由贸易形成的动力

根据上文模型分析结论,工业化水平 θ^j 更高、初始关税水平更低、已有贸易伙伴占有本国市场份额越多的国家,从新建的双边自由贸易关系中的边际得益越大,这揭示了长期以来发达工业化国家推动贸易自由化的动因。发达国家工业化水平较高,在自由贸易大市场中占据竞争优势,希望大量产品出口能从别国降低关税水平中受益。一般来说,工业发达国家国内市场对外开放得更早,平均关税已经降低至一定水平,已有自由贸易伙伴相对较多,经过充分竞争后,国外产品在本国市场份额接近稳定,就等于抢得了扩大自由贸易的先机,与之新缔约的自由贸易伙伴产品能在该国开拓的市场份额是有限的。与之相反,如果新缔约国家市场开放历史较短,已签约的自由贸易伙伴较少,国内工业化水平较低,产品缺乏国际竞争力,那么发达国家产品在该国具有很大的市场空间,如果这样的发展中国家再有稳定的国内环境,更具备良好的"南北型"自由贸易合作前景。

上文模型分析结论还表明,产品间的可替代弹性 ρ 越小,降低进口关税水平能够增进国内消费者福利 $V(\tau^i)$。随着发展中国家人民生活水平的提高,对工业发达国家高质量高科技产品的需求日益增多,与发达国家的自由贸易可以提高国内人民生活水平。对于工业发达国家来说,与发展中国家的自由贸易为本国产品出口开拓了更阔市场,同时,能让国民享受到更多发展中国家的特色产品。因此,国家之间较低的产品替代率使得"南北型"自由贸易受到青睐。

二、全球自由贸易网络的拓展机理

约翰·汤姆林森(John Tomlinson)认为全球化是快速发展、不断密集的相互联系、互相依存、复杂联结的网络系统[1]。一个国家或区域组织通常会签订多个双边自由贸易协定,众多国家的双边自由贸易关系相互交织,从而在全球范围内形成了一个错综复杂的区域性自由贸易网络系统。WTO多哈回合谈判宣告失败后,全球加速进入双边和区域自由贸易时代,这到底是迈克尔(2016)[2]所称回归社群主义(Communitarianism)的"逆全球化"表现呢?还是未来促成全球化自由贸易网络的基础呢?这取决于区域性自由贸易网络能否进一步拓展和继续联结的条件,即怎样的自由贸易网络能使成员从中受益?怎样的自由贸易新伙伴能

---

[1] 约翰.汤姆林森. 全球化与文化[M]. 南京:南京大学出版社,2004.

[2] Zürn M, Wilde P. Debating globalization cosmopolitanism and communitarianism as political ideologies[J]. *Journal of Political Ideologies*,2016,21(3):281—301.

给原有自由贸易网成员带来更多福利?

(一)自由贸易网络模型

假设存在由($n \geqslant 3$)个节点构成的全球自由贸易网络Γ,每个节点代表一个国家,每条边代表两端节点存在双边自由贸易协定关系,i国的自由贸易伙伴国集合记为$\Omega_i(\Gamma)=\{i\} \bigcup \{k \in N:(i,k) \in \Gamma\}$。援用Jackson(1996)的设定[①],网络Γ给定,每个国家都各自设置最优关税,成对国家的双边自由贸易协定稳定存在的条件是:对于任意$i \in N,(i,j) \in \Gamma^*$,福利函数$W^i(\Gamma^*) \geqslant W^i[\Gamma^*/(i,j)]$,没有国家愿意破坏现有自由贸易网络$\Gamma^*$;对于$(i,j) \notin \Gamma^*$,若有$W^i(\Gamma^*) \leqslant W^i[\Gamma^* \bigcup (i,j)]$,但是$W^j(\Gamma^*) \geqslant W^j[\Gamma^* \bigcup (i,j)]$,即有一方不愿意缔结新的双边自由贸易协议。

(二)自由贸易网络促成要素分析

下文分别探讨国家对称性、已有自由贸易伙伴数量、产品可替代弹性和初始关税等因素对自由贸易网络稳定性的影响。

1. 国家对称性的影响

假设完全对称的同质国家i与j的生产和消费份额相等,即$\varphi^i=\varphi^j$,$\mu^i=\mu^j$,则对任意$i \in N$有$\varphi^i=\mu^i=1/n$,从而(3.23)式的i国直接贸易剩余可改写为:

$$\Delta[E_j^i(\tau^{-i})-M_j^i(\tau^i)]=\frac{1-\rho}{n}[\Delta c_i^j(\tau^j)^2-\Delta c_j^i(\tau^i)^2] \qquad (3.24)$$

完全对称国家的自由贸易伙伴集合相同,即$\Omega_i=\Omega_j$。

若i与j国初始关税相同,有$\tau^i=\tau^j=\tau$,$\bar{\tau}^i=\bar{\tau}^j$,可得$c_i^j(\tau^j)=c_j^i(\tau^i)$,$\Delta E_j^i(\tau^{-i})=\Delta M_j^i(\tau^i)$,$i$与$j$国缔结自由贸易协议的直接贸易剩余为0,但考虑从第三国的贸易转移效应,根据(3.23)式总有$\Delta[E^i(\tau^{-i})-M^i(\tau^i)] \geqslant 0$。

此外,由$\varphi^i=\mu^i=1/n$可得$\varphi^{\Omega_i}=(n-1)/n$,$\varphi^j=1/n$,

$$\varphi^{\Omega_i}+(\varphi^j/2)=\frac{n-1}{n}+\frac{1}{2n}=1-\frac{1}{2n}>\frac{1}{2} n \geqslant 3$$

可知必有$\Delta V^i(\tau^i)>0$。所以,$\Delta W^i(\tau)=\Delta V^i(\tau^i)+\Delta E^i(\tau^{-i})-\Delta M^i(\tau^i) \geqslant 0$,完全对称国家总有缔结自由贸易协定以增进本国福利的冲动,直至最终形成全耦合的自由贸易网络(N,Γ^{com}),$\forall (i,j) \in \Gamma^{com}$。由完全对称国家构成的全耦合自由贸易网络$\Gamma^{com}$,$W^i(\Gamma^{com}) \geqslant W^i[\Gamma^{com}/(i,j)]$,没有国家愿破坏此时$\Gamma^{com}$的稳定。

[①] Jackson MO. A strategic model of social and economic networks[J]. *Journal of Economic Theory*,1996(71):44-74.

2. 自由贸易伙伴数量的影响

考虑 i 与 j 国协商关税减让 λ，$\tau_j^i(\lambda)=(1-\lambda)\tau$ 代入(3.22)式有

$$\bar{\tau}^i(\lambda)=(1-\varphi^{\Omega_i}-\lambda\varphi^j)\tau=(1-|\Omega_i|/n-\lambda/n)\tau$$

又有 $\tau^k(\lambda)=\tau^k, k\neq i,j$，由(3.12)式得

$$c_j^i[\tau^i(\lambda)]=\frac{1}{2-\rho}-\frac{1}{2(1-\rho)}(1-\lambda)\tau+\frac{\rho}{2(1-\rho)(2-\rho)}\left(1-\frac{|\Omega_i|}{n}-\frac{\lambda}{n}\right)\tau$$

$$c_k^i[\tau^i(\lambda)]=\frac{1}{2-\rho}-\frac{1}{2(1-\rho)}\tau+\frac{\rho}{2(1-\rho)(2-\rho)}\left(1-\frac{|\Omega_i|}{n}-\frac{\lambda}{n}\right)\tau$$

对上述两式求一阶条件可得，$\dfrac{dc_j^i}{d\lambda}=\dfrac{n(2-\rho)-\rho}{2n(1-\rho)(2-\rho)}\tau$，$\dfrac{dc_k^i}{d\lambda}=\dfrac{-\rho}{2n(1-\rho)(2-\rho)}\tau$

结合(3.23)式可得

$$\Delta E^i(\tau^{-i})-\Delta M^i(\tau^i)=\int_0^1\left[\frac{dE_j^i(\tau^j(\lambda))}{d\lambda}-\frac{dM_j^i(\tau^i(\lambda))}{d\lambda}-\sum_{k\neq i,j}\frac{dM_k^i(\tau^i(\lambda))}{d\lambda}\right]d\lambda$$

$$=\frac{\rho\tau}{n^2(2-\rho)}\int_0^1\Big\{\frac{(|\Omega_i|-|\Omega_j|)[n(2-\rho)-\rho]}{2n(1-\rho)(2-\rho)}\tau+\frac{n-2}{2-\rho}$$

$$-\frac{n-2}{2(1-\rho)}\tau+\frac{\rho(n-2)(n-|\Omega_i|-\lambda)}{2n(1-\rho)(2-\rho)}\tau\Big\}d\lambda \quad (3.25)$$

式中 $n(2-\rho)-\rho>0$，可判断(3.25)式随 $|\Omega_j|$ 递减。再根据 $|\Omega_i|$ 的系数项

$$\frac{n(2-\rho)-\rho}{2n(1-\rho)(2-\rho)}+\frac{-\rho(n-2)}{2n(1-\rho)(2-\rho)}=\frac{2n(1-\rho)+\rho}{2n(1-\rho)(2-\rho)}>0$$

可知(3.25)式随着 $|\Omega_i|$ 递增。

再将 $\varphi^k=1/n, k=1,2,\ldots,n$ 代入 $\Delta V^i(\tau^i)$ 可得

$$\Delta V^i(\tau^i)=\frac{\tau}{8n(1-\rho)(2-\rho)^2}\left\{8(1-\rho)^2+\left[4(1-\rho)-\left(1-\frac{2|\Omega_i|+1}{n}\right)\rho^2\right]\tau\right\}$$

可判断 $\Delta V^i(\tau^i)$ 随着 $|\Omega_i|$ 递增。

由此可见，以预期贸易剩余变动 $\Delta E^i(\tau^{-i})-\Delta M^i(\tau^i)$ 和国内消费者福利变动 $\Delta V^i(\tau^i)$ 来衡量 i 国与 j 国签订自由贸易协议的意愿，当 i 国既有的自由贸易伙伴 $|\Omega_i|$ 越多，j 国既有的自由贸易伙伴 $|\Omega_j|$ 越少，i 国签约的动力越大。当 i 国事先未参与任何自由贸易协定，而 j 国已与 i 国之外的全部国家自由贸易，此时 i 国与 j 国签约的意愿最低，而此时，j 国签约的意愿却最强烈。

3. 产品可替代弹性的影响

从上文可知，贸易产品可替代弹性 ρ 会影响 i 国的出口收益与进口支付，从

而影响关税调整对国内福利变动的结果。直观地判断,如果产品可替代弹性 ρ 很高,较封闭的 i 国家进口成本较高而很少进口,可以主要依靠国内生产同类产品;一旦与 j 国签订自由贸易协议,进口 j 国的差异化产品会吸引国内消费需求,进口支付迅速增长;而 j 国之前已与除 i 国之外的大多国家自由贸易,j 国消费者已经有较丰富的差异化产品选择,与 i 国签约后,进口 i 国产品并不会大幅增加。因此,签约可能使 i 国直接贸易剩余为负,其值可能超过贸易转移效应和消费者效用的增量。

先考虑 i 国签约利益最小的极端情形,假设 i 国未与任何国家进行自由贸易,而 j 国与除 i 国之外的所有国家自由贸易,即 $|\Omega_i|=1, |\Omega_j|=n-1$,代入(3.25)式与 $\Delta V^i(\tau^i)$,得

$$\Delta E^i(\tau^{-i}) - \Delta M^i(\tau^i) \geqslant \frac{(n-2)\rho\tau}{2n^2(1-\rho)(2-\rho)^2}\left[2(1-\rho)-2(2-\rho)\tau+\frac{(2n-1)}{2n}\rho\tau\right]$$

$$\Delta V^i(\tau^i) \geqslant \frac{\tau}{8n(1-\rho)(2-\rho)^2}\left[8(1-\rho)^2+4(1-\rho)\tau-\frac{n-3}{n}\rho^2\tau\right]$$

$$\Delta W^i = \Delta V^i(\tau^i) + \Delta E^i(\tau^{-i}) - \Delta M^i(\tau^i) \geqslant \frac{\tau}{8n(1-\rho)(2-\rho)^2}$$

$$\left[8(1-\rho)\left(1-\frac{2}{n}\rho\right)+A(\rho,n)\tau\right] \quad (3.26)$$

其中,$A(\rho,n)=4+\left(\dfrac{32}{n}-20\right)\rho+\left(\dfrac{4}{n^2}-\dfrac{23}{n}+11\right)\rho^2$。

考察(3.26)式各项,除 $A(\rho,n)$ 外均为正项,故 $\Delta W^i \geqslant 0$ 的条件分为以下两种情形:

(1)当 $A(\rho,n) \geqslant 0$ 时,必有 $\Delta W^i \geqslant 0$;

解不等式 $A(\rho,n)=4+\left(\dfrac{32}{n}-20\right)\rho+\left(\dfrac{4}{n^2}-\dfrac{23}{n}+11\right)\rho^2 \geqslant 0, n \geqslant 3$

判别式 $\Delta=\left(\dfrac{32}{n}-20\right)^2-4\times 4\times\left(\dfrac{4}{n^2}-\dfrac{23}{n}+11\right)=\dfrac{960}{n^2}-\dfrac{912}{n}+224$

当 $n=3$ 时,$\min(\Delta)=\dfrac{960}{9}-\dfrac{912}{3}+224=26>0$

可解得 $\rho_1 \geqslant \dfrac{20-\dfrac{32}{n}+\sqrt{\Delta}}{8} > 1$(超出 ρ 定义范围,舍去);

$$\rho_2 \leqslant \frac{20 - \frac{32}{n} - \sqrt{\Delta}}{8}$$

当 $n=3$ 时,有 $\min\left(\frac{20 - \frac{32}{n} - \sqrt{\Delta}}{8}\right) = 0.54$,

所以,$0 \leqslant \rho \leqslant 0.54$ 时,必有 $\Delta W^i \geqslant 0$。

(2) 当 $A(\rho, n) \leqslant 0$ 时,则须 $\tau \geqslant \frac{8(1-\rho)(1-\frac{2}{n}\rho)}{-A(\rho, n)}$,才有 $\Delta W^i \geqslant 0$。

由上文知,$A(\rho, n) \leqslant 0$ 时,$\frac{20 - \frac{32}{n} - \sqrt{\Delta}}{8} \leqslant \rho \leqslant \frac{20 - \frac{32}{n} + \sqrt{\Delta}}{8}$;结合条件 $n \geqslant 3$,$\rho \in [0,1]$,有 $0.54 \leqslant \rho \leqslant 1$。

再讨论 ρ 对 τ 的影响,不等式右边对 ρ 求偏导,有

$$\frac{\partial \left(\frac{8(1-\rho)(1-\frac{2}{n}\rho)}{-A(\rho, n)}\right)}{\partial \rho}$$

$$= \frac{-8\left\{(\frac{4}{n}\rho - 1 - \frac{2}{n})A(\rho, n) - (1-\rho)(1-\frac{2}{n}\rho)\left[\frac{32}{n} - 20 + (\frac{8}{n^2} - \frac{46}{n} + 22)\rho\right]\right\}}{A(\rho, n)^2}$$

$$= \frac{8}{A(\rho, n)^2}\left\{(\frac{2}{n} - \frac{4\rho}{n} + 1)A(\rho, n) + (\frac{2\rho}{n} - 1)(\rho - 1)\left[(\frac{8}{n^2} - \frac{46}{n} + 22)\rho + \frac{32}{n} - 20\right]\right\}$$

(4.27)

结合 $A(\rho, n) \leqslant 0, n \geqslant 3, \rho \in [0,1]$ 三项条件逐项考察,有

$\frac{2}{n} - \frac{4\rho}{n} + 1 > 0, A(\rho, n) < 0, (\frac{2\rho}{n} - 1)(\rho - 1) > 0, (\frac{8}{n^2} - \frac{46}{n} + 22)\rho < 0, \frac{32}{n} - 20 < 0$

可以确定 (4.27) 式小于 0,$\frac{8(1-\rho)(1-\frac{2}{n}\rho)}{-A(\rho, n)}$ 是 ρ 的减函数。

综上所述,产品可替代弹性 ρ 较低水平($0 \leqslant \rho \leqslant 0.54$)变动,自由贸易可带来国内总体福利增加,此时自由贸易网络具有稳定性。当产品可替代弹性 ρ 处于较高水平($0.54 \leqslant \rho \leqslant 1$),可替代弹性越低,并且初始关税很高,自由贸易签约才能带来国内福利增加。

(三)工业化差异对网络稳定的影响

如果放松国家市场大小与工业化水平同质的假设,并且假定产品替代率 $\rho=0$,则 i 国自由贸易网络接纳 j 国整体福利影响为:

$$\Delta W^i = \Delta V^i + \Delta [X^i(\tau^{-1}) - M^i(\tau^{-1})]$$

$$= \varphi^j [v(0) - v(\tau^i)] + \frac{\varphi^i \mu^j}{\mu^i}[q(0)c(0) - q(\tau^j)c(\tau^j)] - \varphi[q(0)c(0) - q(\tau^i)c(\tau^i)]$$

$$= \frac{\mu^j}{8}[\theta^j \tau^i (3\tau^i - 2) + 2\theta^j(2 - \tau^j)] \tag{3.28}$$

$$\frac{\partial \Delta W^i}{\Delta \tau^j} = 2\theta^i(2 - 2\tau^j) \geqslant 0 \tag{3.29}$$

由(3.29)可知,j 国初始关税 τ^j 越高,i 国从自由贸易协定所获福利增量越大。

$$\frac{\partial \Delta W^i}{\partial \tau^j} = \theta^j(6\tau^i - 2) \tag{3.30}$$

当 $\tau^i < \frac{1}{3}$ 时,$\frac{\partial \Delta W^i}{\partial \tau^i} \leqslant 0$,表示 i 国初始关税越低,从与 j 国自由贸易中所获福利增量越高;当 $\tau^i \geqslant \frac{1}{3}$ 时,$\frac{\partial \Delta W^i}{\partial \tau^i} \geqslant 0$,则 i 国初始关税越高,所获福利增量越高。因此,初始关税很低或者很高的国家,都能从新增自由贸易获得更多福利,也就是说,以往开放程度很高的国家有继续扩大自由贸易的冲动,而以往较封闭的国家,也愿意参与自由贸易改进本国福利。这两股意愿形成了全球自由贸易网络扩张的合力。

观察式(3.28)各项,发现若 $\tau^i > \frac{2}{3}$,必有 $\Delta W^i > 0$,即高初始关税的国家,必能从自由贸易中获益。

再讨论 $\tau^i \leqslant \frac{2}{3}$ 时,令式(3.28)中 $\Delta W^i > 0$,求其充要条件为:

$$\frac{\theta^j}{\theta^i} \leqslant \frac{2\tau^j(2 - \tau^j)}{\tau^i(2 - 3\tau^i)} \tag{3.31}$$

表明非对称国家之间的工业化水平差异必须在一定范围内,才能保证自由贸易带来福利。这也是全球自由贸易网络稳定和发展的重要条件。

不妨设初始关税相同,$\tau^i = \tau^j = \tau$,有 $\frac{2-3\tau}{4-2\tau} \leqslant \frac{\theta^j}{\theta^i} \leqslant \frac{4-2\tau}{2-3\tau}$,当 τ 在 $\left[0, \frac{1}{3}\right]$ 区间内变动时,$\frac{\theta^j}{\theta^i}$ 从 $\left[\frac{1}{2}, 2\right]$ 到 $\left[\frac{3}{10}, \frac{10}{3}\right]$ 有确切的区间变化,与 j 国的工业化差异在此

范围内的自由贸易才能增进i国福利。

综上所述,全球化自由贸易网络拓展与维护必须符合以下一项或数项条件:

(1)与完全同质国家开展自由贸易可以增进本国福利,最终形成全耦合贸易网络。近似的例子,有"北北型"的欧盟自由贸易区,"南南型"的东盟自由贸易区。

(2)与自由贸易网拓展对象国的贸易产品可替代性低,自由贸易使国内总体福利增加,建立的贸易网络更稳定。例如,重要稀土矿产来源国和消费国之间的贸易关系。

(3)一国已有自由贸易网络规模越大,越有动力寻求新的自由贸易伙伴,理想的贸易拓展对象为此前贸易开放度低的国家。

(4)贸易对象国原先的贸易保护程度越高(关税率越高),自由贸易可给本国带来更多福利增量,因而将之列为自由贸易网络拓展对象。

(5)在贸易产品完全异质(例如,革命性的创新产品),没有可替代弹性时,开放程度很高或很低的国家都有继续扩大或参与自由贸易的冲动,以此增进本国福利,这两股意愿形成了全球自由贸易网络扩张的合力。

(6)与自由贸易网络拓展对象国的工业化水平差异必须在一定范围内,才能保证自由贸易能增加国内福利。

(四)参与自由贸易网络的小国策略

根据上文分析,工业化水平差异、交易产品可替代性、已有开放程度、自由贸易伙伴数量等因素都对自由贸易利益产生影响,各国可以结合自身经济发展水平、产业特色和资源禀赋、贸易开放历史条件和发展需求,尤其对于一些小国,如果要在自由贸易网络中更多受益,选择参与自由贸易网络的策略至关重要。

所谓小国,原指地狭人少的国家,本文主要指对外贸易流量小、对全球贸易格局影响小的"南方"国家,通常其国内产业发展落后、对外放度较低,因此在本书描述中,小国等同于"南方"国家。根据自身条件和特点,小国可以在自由贸易国家组合类型、产品差异化、自由贸易网络定位和产业发展方向等进行策略选择,以获取更多自由贸易的利益。

1. 自由贸易国家组合类型策略

小国参与自由贸易的国家组合类型有两种选择,即"南南型"与"南北型"。理论上,从国家对称性角度分析,同质国家组成的"南南型"自由贸易能够使成员福利增加;但从贸易产品异质性角度分析,"南北型"自由贸易能够使双方福利增加。

从以往实践来看,"南南型"自由贸易区遇到很多挫折。其一,发展中的小国产业发展层次较低,产业结构趋同,没有条件进行协议分工和水平分工,但又形不成垂直分工;正因为没有专门生产分工,无法形成规模化生产,从而导致自由贸易区内相互贸易增量不大[①];其二,"南南型"自由贸易区的建立,在形式上拥有了巨大的潜在市场,但因为居民收入水平普遍低,购买力非常有限,市场需求不足,实际上并不能有效发挥巨大的市场潜力,难以形成市场规模效应;其三,发展中的小国自由贸易协定之前,普遍存在较高关税和其他贸易壁垒,相对更弱小的国家为了保护国内幼稚产业短期内免受很大冲击,往往不得不降低关税同时暗增非关税壁垒,使自由贸易存在实际障碍;其四,自由贸易产生区域内产业向初始工业化程度较高、相对富裕的国家集聚,导致强者更强、弱者更弱的"马太效应",在缺乏受损国补偿机制时,这种收益不公的贸易自由化受到弱国抵制;其五,自由贸易区需要分工协调、统一标准、纠纷仲裁等公共产品提供者,"南南型"自由贸易区内小国限于自身能力会有"搭便车"取向,缺乏有力担当责任的核心国家,因而阻碍了自由贸易区的稳定运营和发展。总体来看,东非共同体、南美洲自由贸易区等纯粹的"南南型"自由贸易实践效果并不理想,而东盟自由贸易区引入发展中大国和发达国家的合作,组建"10+6"自由贸易区后,才取得令人瞩目的成效。

"南北型"自由贸易发展越来越快。根据上文分析,"南北型"自由贸易的主要动力在于较大的工业化水平差异和较低的贸易产品可替代性。其逻辑是,"北方"国家利用自由贸易协定打破"南方"国家原来的高贸易壁垒,扩大出口产品市场,出于规模经济和距离成本考虑,增加对"南方"国家的国际直接投资(FDI);"南北型"自由贸易协定提供了强大的承诺机制,大国协议监督提高了"南方"国家信誉度,还能吸引非成员国的国际直接投资流入(孙玉红,2007)[②];与"北方"国家的垂直型产业分工,增强了工业化发展基础,而大量国际直接投资流入使"南方"国家获得了技术溢出,激发"南方"国家经济内生性增长动力。北美自由贸易区是"南北型"自由贸易的典型,已取得一定成效,为更多"南北型"自由贸易区组建提供借鉴。

2. 产品差异化策略

产品可替代性是自由贸易的重要影响因素,贸易产品的差异化使得产品可替代性降低,使本国出口产品避开国际市场激励竞争而占有一定市场份额,取得自由化的直接贸易剩余,而进口发达国家的高质量差异化产品,可以提高本国消费

---

① Missios P, Yildiz HM. Do South-South preferential trade agreements undermine the prospects for multilateral free trade? [J]. *Canadian Journal of Economics*, 2017, 50(1):111—161.

② 孙玉红. 比较南北型 FTA 与南南型 FTA 的利益分配[J]. 世界经济研究, 2007(5):3—8.

者福利。产品差异化途径可以是产业垂直分工、资源禀赋利用和技术创新。一般来说,"南方"国家工业发展基础较薄弱,在贸易开放初期难以与"北方"国家形成高技术产品竞争,因而,承接中间产品加工贸易或者配套件生产订单的分工方式不失为产品差异化的捷径,只要不是全球性完全垄断产业,一国生产某中间品过程形成的生产能力,在更广阔市场范围内具备了竞争力。"南方"国家中不乏丰富资源的国家,包括矿产资源,特色农、林、渔资源,旅游资源等,通过选择自由贸易伙伴,形成天然的产品差异性,并可以通过深加工、营销等方式提升附加值。此外,技术创新也是产品差异化的来源,虽然"南方"国家整体科技力量有限,但在国家战略精确引导下,在某一领域、某一产品取得重大突破还是很有可能的,甚至可以此衍生出差异化的产业发展。

3. 自由贸易网络定位策略

借助国家的地理优势、大国间权力平衡的互动以及与大国的历史联系等多重因素,积极发展双边自由贸易关系,以期率先占据轮轴—辐条型自由贸易网络结构中的轮轴国地位。自由贸易网络的规模越大,其在全球贸易格局中的地位就越高,对非成员国的吸引力也就越强。轮轴国(或类似轮轴国)凭借现有的自由贸易伙伴数量优势,在建立新的自由贸易关系时,将能够实现更多的国家利益。

4. 工业化发展策略

根据上文分析结论,"南""北"国家工业化差异必须限定在一定范围内,才能提高自由贸易福利。原因在于,"南方"国家要吸引到国外投资,承接"北方"国家的产业转移和垂直产业分工,吸收"北方"国家的技术溢出,必须有一定的工业化基础,一定数量和质量的产业工人和科技人才。况且,对本国资源禀赋开发和深加工增值,也需要工业生产能力。因此,以自由贸易为契机,逐步走上工业化、特色化、内生化发展道路,是落后的"南方"国家长远发展的必经之路。

三、维护和拓展自由贸易的大国责任

经济全球化大趋势之下,没有一个国家可以真正做到闭关自守、独立发展,即便如当前"脱欧"的英国,也是准备"掩上一扇门,敞开一扇窗",只不过要重新选择自由贸易伙[1]。选择怎样的自由贸易伙伴对增进本国福利更有利,是每个参与自

---

[1] Chen S, Li D. China-United Kingdom free trade area: Likely impact on the economy and on specific industry sectors in both countries[J]. *Journal of Chinese Economic and Foreign Trade Studies*, 2017, 10(1): 111—126.

由贸易国家的策略考虑。而如何维护和拓展自由贸易网络，促进各国共同发展，更需要其中大国责任的担当。

大国，通常是指在国际体系中拥有显著优势和资源的国家，本书所称大国，特别指在国际经济领域中，贸易流量大、国内市场广阔、对外投资能力强，并且在国际经济制度和规则的制定与维护中具有重大影响力的国家。这些国家主要包括西方发达工业国（通常称为"北方"国家），以及金砖国家等具有庞大经济规模的发展中大国。

实践证明，众多"南南型"自由贸易区的合作成效并不理想，然而，东盟国家"10+"模式的成功发展，凸显了大国在维护和发展区域自由贸易中的核心作用。这也映射出大国在推进全球贸易自由化进程中所承担的关键责任。

大国维护和发展贸易自由化的责任担当，主要体现在以下三个方面：

1. 提供维护和促进自由贸易的公共产品

首先，作为大国，要在其影响力范围内确保公共安全与稳定，这是国际贸易顺利进行的基础。这要求大国之间避免通过政治角力、大国与小国之间避免通过领土争端引发战争冲突。同时，大国应在控制国际金融危机扩散、打击海盗行为和跨国恐怖主义等非传统安全威胁方面发挥领导作用，并进行组织协调。

其次，大国要为成员国提供自由贸易便利的物流和信息基础设施支持。这包括投资建设跨国铁路、公路，扩建国际枢纽港口，增设移动通信基站，开通海上和空中直达航线，以及建立国际电商平台等。

最后，大国还应承担起组织领导自由贸易制度建设的重任。这涉及组织起草各类自由贸易规则和标准文件，商讨并协调各成员国在关税和非关税贸易壁垒削减方面的措施，建立和维护制度评估、监督实施、纠纷仲裁的国际机构，以降低成员国在自由贸易过程中的制度性交易成本。

2. 帮助不发达贸易伙伴国提升经济发展能力

大国与落后国家自由贸易直接利益之一来自利用后者丰富矿产资源。向上产业延伸成开发矿产资源，事实上还是一种交易行为，对东道国的产业带动非常有限。但如果大国能够投资就地深加工，将能很大促进当地就业和工业化发展。

大国与落后国家自由贸易直接利益之二来自利用后者廉价劳动力。通过生产分工，将劳动密集型产业转移至落后国家，降低成本与扩大产能，获取国际市场竞争力，但前提是缩小双方工业化水平差异。因此，大国有责任为之提供教育和技术培训，帮助落后国家提高产业承接能力，走上工业化道路。

大国与落后国家自由贸易直接利益之三来自开拓后者的产品市场,利益大小取决于当地对产品消费能力。大国如果考虑物流成本后,转变商贸易形式为就地投资生产形式,投资基础建设,促进东道国经济发展。只有当地居民收入与消费水平提高了,这个潜在市场才能发育成为大国产品真实的、长远的消费市场。

3. 大国自身不断创新和引领发展

一个大国的自主创新与进步,同样体现了对贸易伙伴国的责任感。如前所述,贸易产品的差异化是提升贸易国消费者共同福祉的关键因素。只有通过持续的科技创新,大国才能确保向发展相对滞后的国家进行产业梯度转移,避免陷入同质化竞争和零和博弈的困境。此外,随着自身经济的持续增长,大国为贸易伙伴国提供了广阔的市场,从而成为自由贸易网络稳定性的核心凝聚力。

综上所述,一个负责任的大国所展现的道义形象,体现在其能够为自由贸易网络提供必要的公共安全保障、制度规范以及基础设施建设。这样的国家允许小国和弱国"搭便车",即在不承担过多成本的情况下享受自由贸易带来的好处。同时,它还致力于支援和帮助那些在贸易发展上相对落后的伙伴国家,通过能力建设提升它们的贸易竞争力。此外,负责任的大国还通过自身的创新和发展,为整个自由贸易网络的稳定与发展注入持续不断的动力,确保全球自由贸易体系的活力和进步。

第四章

资本与劳动利益平衡：金融服务贸易准入交换博弈

在全球化新发展阶段，金融服务贸易已成为贸易自由化关注的新焦点。金融服务贸易的开放促进了大规模的跨国资本流动，提升了全球资本配置的效率，并加强了金融服务业与实体经济的全球合作，对世界经济增长和贸易发展产生了积极影响。然而，金融服务贸易的自由化也对相关国家的金融市场造成了冲击，引发了金融市场泡沫，导致虚拟经济与实体经济发展的不平衡，产生了系统性的金融和经济安全风险。同时，它还导致了资本玩家与普通劳动阶层之间利益分配的失衡，加剧了贫富分化、政治对立和社会矛盾冲突。2011年9月17日，美国纽约曼哈顿金融区爆发"占领华尔街"运动，迅速扩散至全美乃至全球多个国家和地区，这反映了普通劳动阶层对金融资本暴利和不负责任行为的强烈不满。为了推进贸易自由化，必须关注自由贸易利益在国内的平衡，以减少来自国内政治方面的自由贸易阻力。本章以金融服务贸易开放为例，探讨如何在国内不同利益群体之间实现利益平衡。

本章将分析金融服务贸易开放对国内金融服务业、实体企业以及劳动者利益的影响，并讨论如何促进贸易利益在国内不同群体间的均衡分配，以规避风险、利用优势，有序地推进金融服务贸易自由化。

一、金融服务贸易自由化的利弊

金融服务贸易是指通过跨国界提供金融服务来实现的服务交易。根据世界贸易组织《服务贸易总协定》（GATS）金融服务附件的定义，金融服务贸易是指由一成员方的金融服务提供者向另一成员方提供的任何金融性质的服务，这些金融服务涵盖保险、再保险、保险中介以及相关的辅助性服务；银行和其他金融服务，包括但不限于储蓄、贷款、融资租赁、支付和货币兑换、委托担保、货币市场票据、证券发行、基金管理、结算等服务。金融服务贸易提供方式主要包括跨境提供、国外消费、商业存在和人员流动四种方式。1997年12月12日，在WTO服务贸易总协定的原则框架下，各方在日内瓦签署了《金融服务贸易协议》（Financial Services Agreement, FSA），这标志着全球金融服务贸易自由化步伐的显著加快，并对全球经济和金融行业，特别是对发展中国家产生了深远的影响。

经济全球化作为全球化主体部分，本质是市场经济全球化与国际产业分工的深化，要求资本要素在全球范围内自由流动与优化配置，即全球资本市场自由化。金融服务贸易自由化是资本市场自由化的核心内涵之一，为金融资本跨国流动提供良好的市场载体环境、丰富渠道信息和便捷的服务保障。

金融服务贸易自由化扩大了国内融资渠道，可使实体企业得到更多选择、更优服务、更低成本的金融服务，扩张生产规模和深化国际产业分工。金融服务贸易自由化同时可能引入复杂繁多的金融衍生品交易，激发国际资本与国内资本同台逐利，造成虚拟经济过度繁荣和如影随形的金融泡沫风险。金融服务贸易自由化对资本流出国和流入国的金融产业部门、实体经济部门和普通劳动阶层利益分配都产生巨大影响。从近20年数次金融与经济危机经验来看，完全的金融服务贸易自由化政策，会导致经济系统性风险和跌宕起伏、资本集团和劳动者利益分配严重失衡，引发社会矛盾甚至政治动荡。因此，《金融服务贸易协议》允许成员国以制定和实施国内法的形式，保证国内金融体系完整和稳定承诺的义务。

金融服务贸易作为资本市场自由化的配套服务之一，在全球化进程中扮演着双刃剑的角色。成员国必须慎重评估金融资本跨国流动将对本国的利与弊，才能恰当行使《金融服务贸易协议》赋予的保留权利，合理设计本国的金融服务贸易开放范围与开放进程。

金融服务贸易与资本市场自由化之间存在密切关系。首先，两者之间有明显相互促进关系。金融服务贸易的自由化有助于推动资本市场的自由化进程。金融服务的提供通常需要跨境资本流动，如银行提供跨境贷款、证券公司进行跨境证券交易等，这些活动都依赖于资本的自由流动。因此，金融服务贸易的开放会促进资本账户自由化的步伐。反之，资本市场自由化也为金融服务贸易拓展了更广阔的空间。当资本能够在全球范围内自由流动时，金融机构可以更轻松地在不同国家和地区开展业务，为客户提供跨境金融服务，从而促进金融服务贸易的增长。其次，两者在内容上存在部分重叠。在 GATS 中定义的金融服务中,超过一半的项目与资本账户的定义大致相同。例如,跨境支付、跨境融资等金融服务形式通常伴随着资本的跨境流动。再次,在 FDI 过程中,外资金融机构在东道国市场设立分支机构,这一行为本身也是金融服务贸易与资本市场自由化在业务上的重叠。此外,金融服务贸易可能产生资本流动需求。金融服务贸易自由化要求有限度的资本流动。金融服务贸易的提供方式包括跨境提供、国外消费、商业存在和人员流动四种。其中,跨境交付、商业存在要求资本项目开放。例如,跨境支付和跨境融资等服务需要资本的跨境流动来支持。而对于国外消费和人员流动这两种方式,虽然不直接涉及资本的跨境流动,但也可能间接促进资本流动。例如,金融专家被派遣到境外提供服务,可能会带动相关资本的投资和流动。最后,金融服务贸易自由化与资本市场自由化都面临着风险和挑战。金融市场的开放和资本的自由流动可能带来金融风险,如资本突然撤出引发的金融危机等。因此,在推动金融服务贸易自由化和资本市场自由化的过程中,需要加强金融监管,以防范金融风险。

资本市场自由化涉及一系列措施,旨在推动跨国资本的自由流通,包括利率市场化、金融市场开放准入以及放宽经常项目和资本项目的外汇管制。作为传统全球化的一个方面,资本市场自由化长期受到主流新古典经济学的青睐,并得到了欧盟、经济合作与发展组织(OECD)以及国际货币基金组织(IMF)等国际机构的大力支持,成为全球金融市场发展的核心理念。然而,自全球金融危机爆发后,欧美发达国家采取了大规模的财政刺激和量化宽松政策来应对危机,这导致了严重的全球流动性风险。为了保护本国经济免受国际资本大规模流动的冲击,新兴市场国家不得不建立资本管制的屏障。印度、巴西、土耳其、韩国、泰国等众多新兴市场国家实施了临时性的资本项目管制措施。国际货币基金组织的专家们也开始质疑数十年来坚持的"华盛顿共识",建议将资本管制作为防范资本流动风险的有效手段。即便是历史上一直倡导资本自由流动的美国,也提出了针对投机资本的"金融危机责任税"。这一全球范围内的资本管制趋势促使经济学家重新审视资本自由化的利弊。

支持资本市场自由化的理论基础,源自奥地利经济学派所倡导的新自由主义。自 20 世纪 80 年代初期,新自由主义开始在世界政治舞台上崭露头角,而 1990 年的"华盛顿共识"更是被誉为"新自由主义政策宣言",对全球产生了深远的影响。新自由主义主张消除资本流动的所有障碍,减少或废除国家对金融市场的监管,以促进资本交易和金融市场的自由化。美国加州大学的茅瑞斯·奥伯斯法尔德(Maurice Obstfeld)教授指出,主流经济学家普遍认为国际资本流动有助于推动经济增长[1]。IMF 经济学家埃斯瓦尔·普拉塞德(Eswar Prasad)全面总结了资本自由流动对经济增长的正面影响,包括直接途径:(1)在本国储蓄不足时,外国资本可以填补国内建设资金的缺口;(2)引入外部竞争,激发本国金融部门的创新和活力;(3)优化国际资本配置,分散风险,降低国内资本成本和风险溢价;(4)推动全球生产的专业化分工与合作,提升生产效率。间接途径:(1)激励政府提高宏观经济管理能力,稳健执行经济政策;(2)促进投资便利化,增强外国投资者信心,吸引更多国际资本。资本自由化的支持者克里斯廷·J. 杰福(Kristin J. Forbes)同时批评资本管制的高昂成本,认为资本管制会减少资本供应,提高融资成本和融资约束,特别是对那些无法进入国际金融市场的小型企业和缺乏贷款条件的企业;资本管制可能导致金融市场中灰色交易和政府权力寻租现象,降低资本资源分配的效率;资本管制还可能迫使企业扭曲经营决策以逃避管制。IMF 经济学家普遍认为,实施资本管制、监督违规行为、查处违规者等措施需要国家投入巨大的管理成本,经济主体规避资本管制会导致经济扭曲,不同程度的管制会影响市场公平竞争以及与管制行为相伴的腐败和寻租现象。因此,资本自由化实际上可以被视为一种制度选择,其边际成本超过了边际收益。

　　反对资本自由化的论点,在过去 20 年的多次金融危机中引起人们重视。反对者认为,资本市场的固有波动性和脆弱性,必须要有政府进行干预管理。金融市场普遍存在的信息不对称问题容易引发市场参与者的羊群效应(herd behavior),非理性的金融市场情绪波动可能导致市场遭受投资者自我实现预期引发的致命冲击[2]。针对金融市场的这些缺陷,国家干预主义主张市场失灵需要政府介入进行纠正。国家干预主义认为,政府的核心经济职能是稳定并发展本国经济,合理运用宏观经济政策,防止国内出现严重的通货膨胀或经济衰退;政府的资本管制可以保障国家宏观经济政策的独立性,有助于抵御国际金融市场剧烈波动对国内市场的冲击。特别是新兴经济体,作为全球流动性的被动接受者,资本流入的顺周期性更为明显,对国内金融体系的破坏性更大,而新兴经济体在应对政策选择上相对有限,因此更需要通过资本管制来进行预防。反对者另一个理由是,资本自由化极大

---

[1] 周新苗,李燕. 贸易自由化与产业集聚:经济地理视角的理论解析[J]. 经济经纬,2013(05):72—77.

[2] 曹文宏. 依附理论视野中的全球化_对萨米尔·阿明的全球化理论的新理解[J]. 东南学术,2015(05):45—49.

地压缩了政府经济调控政策的空间,导致政府不得不接受资本市场的规则。此外,国际金融市场的隐蔽信用衍生功能,使得各国央行难以准确判断国内资本市场的真实状况,从而削弱了政府货币政策的独立性和有效性。保罗·克鲁格曼提出的三元悖论(Mundellian Trilemma)指出,政府无法同时实现资本自由流动、汇率稳定和货币政策独立这三个目标。如果政府将宏观政策目标定为经济增长和充分就业,必须保持宏观政策的独立性和汇率稳定性,那么就不得不对资本流动进行管制。例如,在实行资本自由流动的前提下,为了促进贸易和经济增长,需要稳定汇率,国内利率将不可避免地受到资本自由流动的影响而跟随国外利率变动,从而丧失本国货币政策的独立性。随着各国越来越重视国内的充分就业和经济增长,政府需要保持对实际货币创造的控制权,因此,有必要实行一定程度的跨国资本流动管制。此外,对于实施货币量化宽松政策的发达国家而言,为了防止扩张的货币流动性产生显著的"溢出效应",并避免大量资本流出而无法实现复苏本国经济的目标,也希望借助资本管制手段将流动性留在国内,以推动本国投资、就业和经济增长。1997年亚洲金融危机的爆发证明,在特定条件下,资本自由流动可能会引发货币危机,尤其是在频繁进行套息交易的对冲基金中,持有期短、规模大、风险偏好明显,对金融市场的波动造成了巨大冲击。各国逐渐认识到,国际资本流动不应完全由市场自由调节,而应有政府介入的规则或机制来进行调控。

综上所述,传统全球化主流理论的经济自由主义迷信市场机制这"一只看不见的手"对资本要素的优化配置作用,而反对政府调控。但是国家干预主义认为有必要依靠政府调控这只"看得见的手"的干预,预防和应对宏、微观市场失灵的可能性。两种理论都存在其合理成分与历史局限性。经过近20年数次严重全球金融危机洗礼,大多数国家形成了一点基本共识,即全球化进程并非完全排斥国家干预,为预防和应对自由资本市场失灵,对特定时期、特定国家、特定对象的跨境资本流动加以适当管控。

这意味着,今后资本市场管制与资本市场自由化在全球范围内,将处于长期共存、动态转换的状态。一方面,国际资本逐利的本性并不会因为一些国家资本流动管制而抑制,它总在寻找撬开管制国家大门的途径,进入更广阔的获利空间;另一方面,资本管制的国家,尤其是金融服务业处于竞争劣势的发展中国家,需要慎重权衡国内各方利益,保留设定金融服务贸易开放范围与时间进程的自主权,并将之作为WTO多边贸易协议谈判的一个利益交换筹码。多哈回合谈判最近几轮议题挂钩的一揽子合作方案,就明显体现了金融服务贸易市场准入的利益交换特征[①]。

二、金融服务贸易准入的交换博弈

(一)金融服务贸易开放的国内利益权衡

金融服务贸易自由化将促进资本大规模跨国流动,对于资本流出国与流入国都产生极大影响。

对于那些经历大规模资本外流的国家而言,本国资本在国际市场上获得更高收益的机会固然存在,但国内有效投资的不足却导致了"产业空心化"及其一系列不良后果。以美国为例,作为全球金融服务业最发达、最自由的国家之一,2011年9月17日爆发的"占领华尔街"运动揭示了美国金融服务业的深层问题。这场运动的背景是全球金融危机后,美国资本大量外流、制造业衰退、失业率居高不下以及贫富差距的加剧。社会底层民众成为抗议的主力,他们对华尔街资本的贪婪和不负责任的行为表达了强烈的不满。许多人开始质疑,社会的发展方向是否出现了根本性的错误,并对当前经济体制中利益分配不均、过度"虚拟化"的趋势提出了批评。社会动荡和公众的指责促使美国政府决策者重新审视"无约束的资本主义"理念,并反思金融服务业与实体经济之间的关系。到了2017年特朗普政府上台后,开始对本国参与全球化的策略进行更大幅度的调整,试图在资本持有者与劳动阶层之间实现利益分配的再平衡。

对于资本大规模流入的国家来说,金融服务贸易准入首先对本国长期"被关在笼子里喂食"的金融服务业造成竞争冲击,随之而来的是金融资本竞争性定价挤压了本土金融资本的垄断利润。充沛的资金可以使国内"融资难""融资贵"的问题得以缓解,促进实体企业扩大再生产,获得规模经济效应,提高出口产品国际竞争力,吸引更多企业雇员。逻辑上也能使劳动阶层分享到企业发展红利,提高收入水平。

由此可见,金融服务贸易自由化对资本流入国和流出国的不同利益集团利益产生不同影响,因此,金融服务贸易自由化的政策选择很难获得国内社会的一致意见。各国政府在进行贸易决策时,必须综合考虑本国金融服务业、实体生产企业、劳动者阶层等不同群体的利益,以争取最大限度的政治支持[②]。

[①] 威廉·鲁宾孙. 超越帝国主义论:全球资本主义和跨国国家[J]. 当代世界与社会主义,2013(03):165—170.

[②] Malcolm M. Do local exports impact congressional voting on free trade agreements? [J]. *Economics Letters*,2017,154:31—34.

下文将以资本流入国为例,采用格罗斯曼和赫尔普曼(1995)国内政治支持函数模型[①],探讨不同群体利益如何影响金融服务贸易自由化的决策过程。

(二)金融资本与劳动者利益的影响模型

1. 制造企业与劳动者利益

假设以制造企业代表东道国内所有实体企业类型,以制造企业员工代表全社会劳动者阶层,制造企业利益由企业所有劳动者分享,劳动者工资收入很大程度代表了普遍社会福利。

东道国国内仅制造生产和出口一种商品,消费在世界市场价格为 1 的一揽子商品与服务,规模报酬不变,企业的 Cobb-Douglas 生产函数为:

$$Y_t = S_t^a L_t^{1-a} \tag{4.1}$$

式中,S_t 是企业在 t 时期生产所需融资服务,L_t 是企业同期生产所需劳动数量。假定市场劳动力充沛因而市场完全竞争,供给为 1。

该商品向世界贸易市场出口价格为 λ_t,此价格受外国贸易壁垒影响,假设在自由贸易条件下 $\lambda_t = 1$,面临国外贸易保护时 $\lambda_t < 1$。

假设金融资本价格为 p_t,企业利润最大化条件下对金融资本的需求为:

$$S_t = (a\lambda_t/p_t)^{\frac{1}{1-a}} \tag{4.2}$$

其中,金融资本的需求弹性为 $1/(1-a)$。

企业利润最大化条件下,均衡劳动工资率为:

$$w_t(\lambda_t, p_t) = (1-a)\lambda_t^{\frac{1}{1-a}}(a/p_t)^{\frac{1}{1-a}} \tag{4.3}$$

其中,劳动工资率随商品售价 λ_t 增大而增大,随金融资本价格 p_t 增大而减小。

2. 金融服务商与资本利益

假设金融服务商提供的全部是金融资本,即由工业资本和银行资本融合形成的垄断资本,那么,金融服务收益即为金融资本收益。东道国的金融服务商具有协同定价行为,可以视同一家垄断金融服务商,固定平均筹资成本 $c<1$。在存在对外金融服务市场壁垒条件下,金融服务商的垄断利润最大化定价设为 $p_t = c/a$,所得垄断利润为:

$$\pi'_t(\lambda_t) = (1-a)(a\lambda_t)^{\frac{1}{1-a}}(a/c)^{\frac{a}{1-a}} \tag{4.4}$$

---

① Grossman G, Helpman E. The politics of free-trade arrangements[J]. *American Economic Review*, 1995(85): 667-690.

实施金融服务贸易自由化后,外国金融服务商取得市场准入。东道国金融服务商不得不根据竞争情形调整金融资本定价,但凭着本土市场服务网络优势和市场信息优势,比后进入的外国金融服务商有较低成本的优势。假设外国金融服务商固定平均成本 $c^F=1$,则东道国金融服务商最高竞争性定价 $p=1$,其相应竞争利润为

$$\pi''_t(\lambda_t)=(1-a)(a\lambda_t)^{\frac{1}{1-a}} \quad (4.5)$$

当 $c<a$,即金融服务垄断时的资本定价 $p_t<1$,比较可得 $\pi'_t(\lambda_t)>\pi''_t(\lambda_t)$,表明该国金融服务市场未开放时提供的是低成本、低质量的金融服务,制造企业缺乏活力,因而对金融资本的需求弹性也不高,一旦金融服务贸易自由化,虽然国内金融资本竞争价格可以跟高,但市场份额会被挤占,反而导致东道国金融服务商利润下降。

当 $c>a$,即金融服务垄断时的金融资本定价 $p_t>1$,即垄断定价大于金融服务自由化后的竞争性价格;且对于任意 λ_t 都有 $\pi_t(\lambda_t)>\pi'_t(\lambda_t)$,即外国金融资本进入后,制造企业能获得更廉价的融资服务,扩大生产获得规模经济,反过来进一步扩大融资需求,使金融服务商也分享到规模经济的利润增长,一般来说,劳动者也能随着企业成长而收入增加。

综上所述,金融服务贸易自由化对东道国各利益群体的影响如下图 4—1 所示。

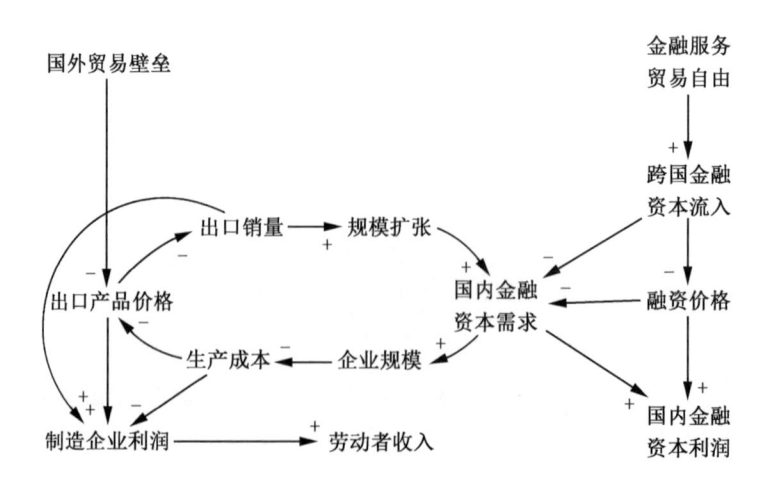

图 4—1 跨国金融服务贸易对东道国各利益群体的影响

(三)金融服务贸易准入的交换博弈分析

1.金融服务贸易决策的政治支持函数

假设初始期东道国政府对外进行某领域的金融服务贸易市场准入议题的谈判,是否自由准入的决策取决于能否得到国内金融资本利益集团与劳动者阶层的最大支持。企业劳动者与金融服务商都有长期理性,分别根据劳动工资与金融服务利润的预期现值来决定是否支持政府的力度。初始时期东道国政府的支持函数为:

$$V = \beta \left[\sum_{t=0}^{\infty} 0.5^t E_0(w_t)\right] + \left[\sum_{t=0}^{\infty} 0.5^t E_0(\pi_t)\right] \tag{4.6}$$

式中,设金融服务商的政治影响权重为1,劳动阶层的政治影响相对权重β,为了计算方便,不妨设利益的折现系数为0.5。

2.金融服务贸易准入利益交换预期

若政府在初始时期谈判即同意了金融服务贸易市场准入,国外金融服务商将加入东道国市场竞争,竞争均衡结果是金融资本价格趋于外国金融服务商的固定平均成本1。

若政府初始期不做出准入承诺,而是将开放金融服务贸易准入作为谈判筹码,意欲交换他国对本国出口商品贸易壁垒撤除的承诺,使得本国商品出口价格可以提高至国际自由市场价格水平,$\lambda=1$。假设在本国贸易谈判地位、谈判能力与外国政治意图等综合条件下,这种市场准入交换未来得以实现的概率为q。

设初始期,存在他国贸易壁垒时本国商品出口价格为λ_0,政府做出金融服务贸易准入决策的国内政治支持为:

$$V^L = 2[\beta w''(\lambda_0) + \pi''(\lambda_0)] \tag{4.7}$$

若本期维护金融服务贸易保护策略,但由于贸易自由化是大势所趋,谈判还将继续,预期下一轮谈判以概率q作出自由化决策。该情形下东道国政治支持为:

$$V^P = \beta w'(\lambda_0) + \pi'(\lambda_0) + 0.5\{q.\max[V^L(1), V^P(\lambda_0)] + (1-q)\max[V^L(\lambda_0), V^P(1)]\} \tag{4.8}$$

比较V^L与V^P,可推导出政府初始期作出金融服务自由化选择的充要条件为:

$$\beta\{w''(\lambda_0) - w'(\lambda_0) - q[w''(1) - w''(\lambda_0)]\} \geqslant \pi'(\lambda_0) - \pi''(\lambda_0) + q[\pi''(1) - \pi''(\lambda_0)] \tag{4.9}$$

式(4.9)左半部分可以理解为企业劳动者对促成金融自由化的利益考虑。如果初始期即作出金融服务贸易准入决策，劳动者收入因金融服务竞争价格降低而间接获益，但失去了为出口商品打破他国贸易壁垒的今后谈判筹码，也即失去了今后出口商品价格提升给劳动者间接带来溢价的机会。式(4.9)右半部分可理解为国内金融服务商对金融服务贸易自由化抵制的利益考虑。金融服务贸易准入使国内金融服务商市场份额、资本定价降低，从而利润降低，但可能因为市场准入交换打破了他国贸易壁垒，商品出口价格提高而使国内金融服务商间接获益，因而金融服务商抵制态度同时受这两个预期因素的影响。

定义 $\varphi=(1-\lambda_0^{\frac{1}{1-a}})/\lambda_0^{\frac{1}{1-a}}$，$\bar{q}=[1-(a/c)^{\frac{a}{1-a}}]/\varphi$，

若 $q<\bar{q}$，根据式(4.9)可推出：

$$\beta > a[(a/c)^{\frac{a}{1-a}}-(1-\varphi q)(1-c)/(1-a)]/[1-\varphi q-(a/c)^{\frac{a}{1-a}}]\equiv\beta^* \quad (4.10)$$

式(4.10)是东道国选择实施金融服务贸易自由化的充要条件变形，只要政府对劳动者福利的考虑权重 β 不小于 β^*，政府将作出金融服务贸易自由化承诺。

若 $q>\bar{q}$，预期未来达成市场准入交换协议而使劳动者从产品出口增加间接受益的概率较大，企业劳动者倾向于支持目前金融服务贸易保护。式(4.9)左半部分等于或者小于0时，即使政府仅考虑企业劳动者福利这一项因素，也会将金融服务贸易准入作为谈判筹码待价而沽，从而维护目前的金融服务贸易保护政策。

3.参数变化的讨论

先考虑 $q=0$ 的特殊情形，即不存在未来市场准入交换的可能，式(4.10)变为：

$$\beta>a[(1-a)(a/c)^{\frac{a}{1-a}}-(1-c)]/\{(1-a)[1-(a/c)^{\frac{a}{1-a}}]\}\equiv\beta^* \quad (4.11)$$

命题1 若国内金融服务商平均成本 $c>a$ 且 $q=0$，则促使政府金融服务贸易自由化决策所需的企业劳动者政治影响权重临界值 β^* 是 c 的增函数。

东道国金融服务成本 c 越高，表明金融服务商效率越低，相对竞争力就越低，受自由化冲击后利润下降越大，因引，金融服务商抵制自由化的态度越坚决；要推动金融服务自由化，需要政府更多关注劳动者的福利，即劳动者政治影响权重 β^* 越大。

但是,金融服务的产出弹性系数 a 与 β^* 的关系具有不确定性。a 上升,国内金融资本垄断定价能力降低,减弱了企业劳动者对外国金融服务进入的期待;a 上升同时降低金融服务商的垄断利润,也因此降低了国内金融服务商对外国金融服务准入的抵制力度。这两种效应比较的不确定,也决定了 a 对 β^* 影响的不确定性。

再考虑 $q>0$ 情形,定义 $q^*=[1-(a/c)^{\frac{1}{1-a}}(c-a^2)/(a-a^2)]/\varphi$,有命题 2 与命题 3。

命题 2 若有 $q<\bar{q}$,则推动金融服务贸易自由化所需最小的劳动者影响权重 β^* 是未来市场准入交换概率 q 的增函数,是初始期商品出口价格 λ_0 的减函数。

随着未来达成市场准入利益交换的概率增大,继续金融服务贸易保护对东道国金融服务部门的利益增大,而对企业劳动者的利益相对减小,因而促成自由贸易决策需要企业劳动者的影响权重 β^* 增大。而如果初始期商品出口价格 λ_0 越高,说明国外贸易市场保护程度越低,拿东道国金融服务贸易准入作为交换筹码的对价越小,促成金融服务自由贸易所需的企业劳动者影响权重 β^* 也越小。

命题 3 当 $q<q^*$,β^* 是东道国金融服务成本 c 的增函数;当 $q^*<q<\bar{q}$,β^* 是东道国金融服务成本 c 的减函数。

企业劳动者促成自由贸易的影响权重达到临界值 β^*,出口商品可以进入自由贸易市场而达到最高价格 $\lambda_0=1$,同时已失去未来市场准入交换的必要与可能,命题 1 的结论同样成立,即 β^* 是 c 的增函数。但当 $\lambda_0<1$ 时,金融服务商虽然偏好金融服务贸易保护,但也可能从市场准入交换后,出口商品进入世界自由贸易市场,价格提高了而间接获益,缓冲金融服务成本 c 上升对利润的影响,若商品初始价格 λ_0 足够低,那么,从未来市场准入交换所得潜在利益足够大,从式(4.10)可见,不能排除 β^* 随 c 上升而下降的可能。

根据上文分析结果,不同参数对金融服务贸易自由化决策的影响小结如见表 4—1。

表 4—1   金融服务贸易自由化决策的影响因素

参数	含义	影响方向
λ_0	东道国商品初始出口价格(受国外贸易壁垒影响)	增
a	金融服务的产出弹性	增/减

续表

参数	含义	影响方向
c	东道国金融服务商平均成本	减/增
q	达成未来市场准入交换协议的概率	减
β	企业劳动者政治影响权重（政府对社会福利关注程度）	增

由此可见，东道国政府需要根据本国的制造业生产实际和金融业发展水平，权衡金融资本、实体企业、劳动阶层的短期和长远利益，才能做出金融服务贸易自由化与否的合理决策。

三、金融服务贸易自由化的约束性引导

（一）金融服务贸易自由催生虚拟经济泡沫

在前述的交换博弈模型中，假设金融服务贸易引入的金融资本完全流向了实体制造企业。然而，这一假设主要适用于金融市场尚未成熟的新兴经济体，在其外资引进的初期阶段。实际上，金融服务贸易的自由化不仅带来了资本，而且包括了复杂的金融产品和交易方式。随着东道国金融市场的培育和发展、本国金融资本的形成和积累，以及更多跨国逐利资本的流入，越来越多的金融资本并未进入实体经济，而是停留在金融市场体系内进行自我循环和增值。这导致了一个经济规模不断扩大的虚拟经济体系的形成，它在一定程度上独立于实体经济，如图4—2所示：

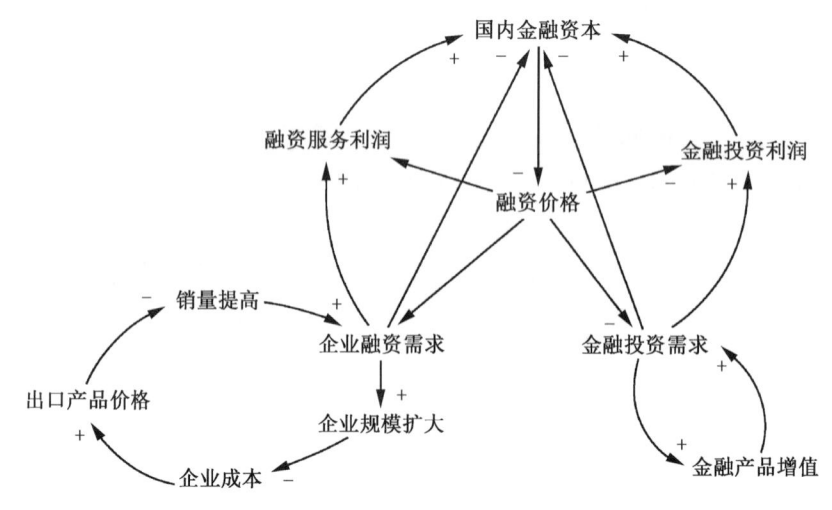

图4—2 实体经济与虚拟经济资本增值循环比较

从图4-2可以看出,统一的金融市场使得流向实体经济与虚拟经济的融资成本相同,但流入实体经济与虚拟经济最大的不同是价值形成机制的不同。流向实体制造企业的金融资本,通过与其他生产要素的结合实现物质财富的创造和流通,其价值增值和利润回笼需要一个较长期的过程。而流向金融产品市场的金融资本,交易对象只是一种价值符号(虚拟资产)而不是实物;它遵循的不是劳动价值规律,而是资本定价方式;受交易参与者对价值符号所代表的未来权益的心理预期影响,在不断交易中实现投资增值,流动性好,利润回笼快;由于信息不对称作用,虚拟金融资产价格往往脱离它所代表的实物财富价值。泡沫经济兴起阶段,虚拟经济市场短周期、高回报率的快速赚钱效应,吸引了实体经济部门的资本大量流出,造成市场资金失衡:一方面是实业融资困难,借贷成本提高,人才流入虚拟经济领域,出口竞争力下降;另一方面是虚拟经济市场资本规模越来越大,不断推高资产价格,同实物价值背离得更远,造成虚拟经济系统性风险。

金融服务贸易自由化的作用下,场外更多的跨国游资源源涌入东道国,推波助澜,继续吹大虚拟经济泡沫,扩大系统性风险。但也由于这些跨国游资高流动性和难以监控性(或者未得以监控),在市场风吹草动时迅速撤退,往往成了最后戳破虚拟经济泡沫的那一根针砭。由此引发的金融危机,破坏东道经济运行的信用基础,导致经济增长中断和衰退、实体经济"空心化"短时期内得不到恢复、社会贫富分化加剧等一系列恶果。

综上所述,金融服务贸易自由化对于发展中国家来说,可起到"成败皆萧何"的作用。因此,一国政府实施金融服务贸易开放,不能是绝对放任的自由化过程,而需要对国际金融资本加以必要约束和引导,促使其有管理地流动,为我所用。

(二)引导金融资本"脱虚向实"

金融服务贸易自由化,作为虚拟经济泡沫的催化剂和潜在终结者,将实体企业、社会劳动者以及金融资本本身置于由其催生的虚拟经济泡沫所带来的高系统性风险之中。经历全球金融危机的洗礼后,资本的绝对自由化所带来的风险已成为各国的共识。无论是美国推行的"再工业化"政策,还是中国两会强调对实体经济的支持与振兴,都反映出当前全球正致力于引导金融资本从虚拟经济转向实体经济的主流趋势。

在全球经济一体化的大环境下,美国特朗普政府采取以贸易保护主义为手段的资本管制策略显然是逆潮流而行,虽然短期内也可能取得一定成效,但长远来看,这种做法必然会削弱美国在国际经济中的竞争力和领导地位[①]。为了有效引导跨国金融资本流动,可以参考图4—2,从三个主要方面着手:建立跨国资本入口监控预警机制、提升实体企业投资吸引力以及加强金融市场的运行管理[②]。

1. 跨国资本入口监控预警机制

一般来说,无论是发达国家还是发展中国家,都希望国际资本长期稳定流入,促进本国基础设施建设、实体经济增长、提高就业水平,而不希望短期资金大量流入流出,造成经济剧烈波动。各国根据跨国资本的不同类型区别对待,其中跨国中长期贷款和国外直接投资(FDI)是理想的跨国流入资本类型,应予以鼓励和方便;长期债券和股票投资被认为风险中性,需要引导和监控;而短期资本中的恶性投机部分需要严格防范,入口监控的对象是国际资本流动性过大的风险。

首先是建立跨境资本流动监控体系,包括外汇交易商登记制度,外汇交易信息透明化,即时总合结算体系(Real Time Gross Settlement system,RTGS),IMF等国际机构监督等。再是加强国际协调监控合作,主要资本流出流入国信息披露交换,改进国际评信制度,提高评信机构的国际标准化和权威性,建立区域性乃至全球性并账监管体制。例如,1997年金融危机后,根据马尼拉财长会议要求,在IMF、世界银行、亚洲开发银行指导下设立亚洲区域内金融监控系统,将短期资本与宏观经济指标的比值作为早期金融危机的预警指标。三是资本流入国保留在异常预警下,启动必要外汇交易管理的权利,可以借鉴的方式有:统一外汇结算、入出境现金携带限额、征收国际流动资本交易税(托宾税)、要求一定期限内流入资金部分准备金无息存于央行(智利模式)、危机时期准备金率上浮(韩国模式)、频繁交易信息披露和说明(香港模式)等[③]。

2. 提升实体企业投资吸引力

实体企业是国家经济长远稳定发展的根基,从这个角度来看,金融服务业应该是实体企业发展的配套产业。但是,金融资本流动并非由道义支配的,追逐利润才是金融资本流动的驱动力,资本"脱实向虚"流向的根本原因在于,实业盈利水平低于金融市场获利水平。

---

① Soto OD. The Real Enemy for Trump Is Mercantilism, Not Globalism[J]. *Wall Street Journal* (Online Edition),2016:1.

② Matthews W, Driver R. The global financial crisis and US housing policy[J]. *Journal of Business & Retail Management Research*. 2016,2:105—110.

③ 郭雅欣,魏刚. 国际短期资本流动监控:出资方和受资方的监控方案[J]. 国际经贸探索. 2001(1):42—5.

在国内外市场萎缩、产能过剩的国家,制造业竞争加剧,利润受到极大压缩,相对于金融业的获利水平下降;市场融资是一个统一市场,市场平均的融资定价,对于实体企业来说却显得相对偏高,出现"融资贵""实业为金融系统打工"的普遍感受,因而有放弃追加实业投资的意愿;随之而来的是,产业资本抛弃实业企业流向虚拟金融市场;实体企业因"融资难"而难以为继,研发创新、经济结构转型升级的愿望难以为继,从而丧失国际市场竞争力。

支持和振兴实体经济,提高实体企业的赢利水平是引导金融资本"脱虚向实"的重要途径。这需要政府出手纠正"市场失灵",深化体制改革,优化市场制度环境,降低企业制度性交易成本,设立先进制造业投资基金等措施,精准扶持有发展前景、有溢出效应的新产业,降税减费、打造产学研平台,支持企业技术改造和转型升级,目的在于提升产业国际竞争力和盈利能力,留住和吸引更多长期金融资本的投入。

3. 金融服务市场运行管理

金融服务市场主要应当为服务实体经济的需要而产生,但长期受资本自由化主流意识影响,缺乏管制的金融市场衍生出名目繁多的伪创新信用产品。使得资本留恋于一些快速"钱生钱"的金融游戏,不愿意流入相对较难盈利的实业。资金分配更多向金融系统倾斜,这些资金在金融系统内部循环累积,最终滋生金融风险。

促使资本"脱虚向实"的基本原理是,通过制度改革与完善,将金融市场过高收益降低到与其承担的风险相匹配的水平。经历市场"挤泡沫"风险和阵痛期后,一国金融市场才能平稳运行,真正与实体经济发展相互配套、相互促进。

首先,要加强金融服务业风险内控,预防虚拟经济泡沫破裂风险。虽然金融风险产生有宏观经济的根本性原因,但金融机构风险管理体制漏洞和管理能力欠缺是危机发生的直接原因,需要在内控机制、市场纪律、员工从业能力培养等方面进行完善提高。同时,发展金融机构长期投资和本币债券业务,扩大内需业务,减少对国际金融市场短期资金依赖至关重要。

其次,要加强"多层次资本市场建设,引入适度竞争,在守住金融系统风险底线前提下,逐步提高金融系统的效率"[①]。金融系统一旦有竞争压力,其资金就会更多地向现在不愿意做、有一定风险的实体产业转移,投入实业当中,投入创新、

---

① 王志彦,王海燕. 防止资金"脱实向虚",别让实体经济到处找吃的[J]. 上海观察,2017.

投入产业升级当中去。

再次，按照国际惯例严格规范虚拟资本市场管理。建立金融资产信用评级制度，对证券发行公司和金融资产交易机构信用实行评估与考核，提供投资决策参考，提高市场公开性，保护投资者合法权益[①]。谨慎评估和审查金融衍生品的上市交易风险，防止大规模投资项目高风险被复杂金融衍生品所分散、掩饰而导致的系统性风险。

最后，加强对国际资本流动监控。吸取金融危机教训，重视对跨国资本异常流动及时监控与措施反应。尤其在扩大金融服务贸易开放，实施利率市场化条件下，必须提升监控国际游资与监管国内金融市场的能力，防止跨国资本的破坏性冲击。

总而言之，各国对待金融服务贸易自由化，需要有与本国经济发展需要、国内金融业发展阶段、金融市场监管水平等相适应的可行方案与进程表。尤其是发展中国家，需要在深化金融体制改革、完善市场监管、提高金融风险抵抗能力的前提下，以约束与引导金融资本"脱虚向实"支持实体经济发展为目的，有序渐进地推进金融服务贸易自由化。

---

① 成思危. 虚拟经济的基本理论及研究方法[J]. 管理评论，2009，21(1)：3—18.

第五章
"一带一路"推进自由贸易的新实践

当前全球化面临地缘政治紧张和冲突频发、贸易保护主义抬头、全球治理缺失、经济增长乏力等一系列困境。面对人们对全球化前景的深深疑虑与种种质疑,中国以切实的自身发展经验和洞察人类发展大势的眼光,坚定发出自己的声音。习近平主席在世界经济论坛2017年年会开幕式上,发表主旨演讲时说:历史地看,经济全球化是社会生产力发展的客观要求和科技进步的必然结果,不是哪些人、哪些国家人为造出来的,经济全球化为世界经济增长提供了强劲动力,促进了商品和资本流动、科技和文明进步、各国人民交往。[①] 在此背景下,中国将继续不遗余力地推进"一带一路"倡议行动,促进区域内的互联互通,推动全球化的深入发展。中国正在努力打通世界经济的航路,联结起一个个全球经济区块,引领新型全球化背景下的贸易自由化实践,为构建人类命运共同体贡献中国智慧和力量。

一、"一带一路"倡议的全球化价值理念

在西方国家主导以"普世价值"理念推动传统全球化受到挫折后,中国提出"一带一路"倡议,倡导开放、包容、均衡、普惠的全球化,强调共商、共建、共享原则,旨在促进经济要素自由流动、资源高效配置和市场深度融合。推动沿线国家实现经济政策协调,开展更大范围、更深层次的区域合作,共同打造开放、包容、均衡、普惠的区域经济合作架构,体现了中国积极推动新型全球化体系的责任与担当。"一带一路"倡议作为继续推进全球化的中国方案,带有与西方理念明显不同

---

① 习近平出席世界经济论坛2017年年会开幕式并发表主旨演讲[N].人民日报,2017-1-18.

的中国文化烙印。

(一)"和而不同、美美与共"的愿景目标

"一带一路"倡议以全球经济发展、造福各国人民为途径,融合"中国梦"与各国发展梦,共铸世界繁荣之梦,以此化解全球化过程中狭隘政治偏见、本位利益冲突,营造"和而不同"的安全、合作、共享的人类生存和发展环境。

"一带一路"倡议构想是通往经济全球化的切实路径,促进投资便利化、贸易繁荣、人员密切交往以及技术创新发展。通过这一平台,沿线国家得以相互合作,共同成长,将世界各地的地域性经济体连接成一个整体,从而推动经济全球化进程[1]。该倡议以各国社会和经济发展需求为出发点,鼓励各国超越冷战思维,摆脱零和博弈和各种偏见,共同构建命运共同体和利益共同体,实现"一带一路"的共建、共享和共同发展。"一带一路"建设的过程,倡导共商、共建、共享原则,促进各国互联互通、合作共赢,使全球化进程更加包容、公平和可持续,不断释放全球化的正能量[2]。

自由贸易是实现全球经济共同发展、美美与共这一愿景目标不可或缺的途径。世界银行2017年发布的《全球经济展望》指出,"贸易保护主义是全球经济的主要风险,与全球化的开放包容、公平普惠理念背道而驰"。当前,某些国家以"公平贸易"为由实施贸易保护,是一种自利和不公平的行为,事实上希望在保护其本国产业发展的同时,继续享受他国贸易开放的利益,这与中国传统儒家"己所不欲,勿施于人"的观念相去甚远。

(二)"先义后利、达人济众"的大国道义

在过去的全球化进程中,各国以国家经济理性参与全球范围内的自由竞争,导致了强者越强、弱者越弱的局面,财富分配极不均衡。这种状况的后果是全球发展失衡、金融危机频发、社会动荡以及经济持续增长动力不足。近年来,日益高涨的反全球化的声音,正是对全球化进程中出现的这些缺陷和尖锐矛盾的反映。

中国作为"一带一路"倡议的倡导者和推动者,秉持着习近平主席所强调的"计利当计天下之下"的理念,通过"达人""济众"实现"义中取利",即在帮助落后国家经济发展的同时,赢得自身长远的利益。中国的企业也是秉持着这种理念不

---

[1] Minghao Z. The Belt and Road Initiative and its Implications for China-Europe Relations[J]. The International Spectator, 2016, 51(4): 109—118.

[2] 柳丝. "一带一路"赋予全球化新内涵[N]. 金融时报, 2017—01—24.

断"走出去"。中信集团高层在2015年"丝路论坛"上的发言中提到,该集团在对外投资中坚持"先予后取,多予少取,必要时舍利取义"的原则,这很好地体现了中国企业在"一带一路"倡议上所奉行的"廉贾"理念。

"一带一路"倡议构建了一个发达国家与发展中国家互利合作的网络、新型的合作模式和多元化的合作平台,通过提升有效供给、开发潜在需求,实现世界经济的再平衡和可持续发展。"一带一路"建设至今历经十余年,通过政策沟通、设施联通、贸易畅通、资金融通、民心相通,推动不发达国家和地区的经济发展,取得显著成效。

1. 基础设施建设

基础设施的不完善是制约许多不发达国家和地区经济发展的重要因素。"一带一路"倡议通过投资建设交通、能源、通信等基础设施项目,有效提升不发达国家和地区发展能力。例如,中国与肯尼亚共建肯尼亚蒙内铁路,连接肯尼亚首都内罗毕和港口城市蒙巴萨,通车后使两地物流成本降低40%,对肯尼亚经济增长的贡献率超过1%,累计为肯尼亚创造近5万个工作岗位,培训了超过5 000名专业技术工人,促进了沿线物流业和制造业的快速发展,被誉为一条"幸福之路"。

2. 贸易与投资合作

"一带一路"倡议促进了不发达国家和地区与中国的贸易往来,增加了投资机会,带动了当地产业升级和经济发展。例如,中非贸易额持续增长,使非洲国家特色农产品、矿产资源等在中国巨大市场中不断扩大份额。中国企业对非洲的投资也不断增加,涵盖制造业、农业、矿业等多个领域,例如,北汽投资的南非工厂,直接为当地提供1 540个工作岗位,为所在地东开普省创造总经济效益高达24亿兰特(约合人民币12亿元)。

3. 民生改善与社会发展

"一带一路"倡议不仅关注经济发展,而且通过实施教育、医疗、农业等民生项目,改善不发达国家和地区的民生福祉。例如,中国在非洲建成了24个农业技术示范中心,推广玉米密植等300多项先进适用技术,使当地农作物平均增产30%~60%,并为当地创造了大量就业机会,提升非洲国家的农业技术水平。又如,中国在非洲建设了许多医院和医疗中心,长期派遣医疗队提供医疗服务,在新冠疫情期间开展疫苗研发合作,为非洲国家提供疫苗援助。

4. 区域互联互通与一体化

"一带一路"倡议促进了不发达国家和地区之间的互联互通,加强了区域合作,推动了经济一体化进程。例如,中国合和承建的泛非铁路、东非原油管道等项目,旨在加强非洲国家之间的互联互通,促进非洲国家之间的贸易往来,推动非洲经济一体化进程和共同繁荣。此外,蒙内铁路、亚吉铁路等项目将非洲大陆与中国市场连接,便利中非之间的贸易往来,促进中非经济的互补发展。

5. 数字基础设施建设

"一带一路"倡议重视数字基础设施建设,通过投资光纤网络、数据中心等项目,促进了不发达国家和地区的信息化进程。例如,中国合作建设坦桑尼亚国家光缆骨干网项目,使坦桑尼亚的通信成本下降57%,提高了政府和企业的工作效率,为坦桑尼亚的经济发展提供了新的动力。

长期实践表明,中国对于不发达国家和地区的贸易投资和合作项目,通常建设周期长,资金回收风险高。但这些投资和合作项目,实实在在为不发达国家和地区注入发展动力,为当地人民带来福祉。这充分体现了中国全球化进程中"先义后利、达人济众"的大国道义。

(三)大国和平崛起新路径

新型全球化时代,世界经济格局呈现明显的"东升西降"趋势,中国正肩负着中华民族复兴的伟大使命,寻求和平崛起。然而,西方的现实主义国际关系理论相信,大国崛起必将挑战守成大国,难逃强国必有一战的"修昔底德陷阱"。部分西方国家散播"中国威胁论",试图污蔑、围堵、阻碍中国的发展,破坏全球化发展的稳定环境。

然而,中国儒家传统文化对于大国崛起的设想路径的是"内仁外王",讲求"家、国、天下"由近及远"行仁"的过程,最终赢得天下认同,建立起"王"权。儒家理想中的"王",是一种集仁政推行者、理想政治人格、社会教化引领者和天下归心象征于一体的综合性概念,而"王"权是指儒家政治理想"王道"的影响力,与西方理论的"霸"权威慑力概念相对立。

中国倡导"一带一路"建设,是内外统筹、由近及远的平衡发展过程。首先,考虑国内的东西部发展平衡,然后,与周边国家睦邻修好,再推近及远至欧、非、拉国家外交,以投资当地基础建设、帮助经济发展的"行仁"方式,树立大国道义形象,不断扩大世界影响力。截至2023年初,中国已与151个国家、32个国际组织签署共建"一带一路"合作协议,"一带一路"倡议的"朋友圈"正在不断扩大,成效惠及整个世界。第71届联合国大会通过决议,首次写入"一带一路"倡议,得到会员国一致赞同,充分表明这一中国倡议已转化为国际共识[①]。

总之,"一带一路"倡议的提出和推进,体现中国"已欲达而先达人"的共同发展思想,得到越来越多国家的认同和支持,这种具有中国传统文化"内仁外王"意味的大国崛起方式,为中国赢得更大的世界美誉度和政治影响力。

二、"一带一路"倡议的资本流向与金融支持

"一带一路"倡议为沿线国家带来了大量中国资本的注入。与传统全球化过程中跨国财团追求短期利益的逐利资本不同,这些中国资金致力于促进当地经济发展,并共享长期发展成果,体现了独特的大国道义。因此,它们普遍受到资本接收国的欢迎。

(一)资本主要流向发展中国家实体经济

自2008年起,中国对"一带一路"倡议沿线国家的投资呈现快速增长态势。到2013年"一带一路"倡议正式提出时,在中国对外直接投资流量排名前20的国家和地区中,有10个属于"一带一路"倡议沿线国家。当年,中国对这些沿线国家的年投资流量已飙升至126.34亿美元,是2008年的三倍有余,尽管如此,这一数值仅占沿线国家当年吸收外资总量的3.7%;而投资存量达到574.17亿美元,占"一带一路"倡议沿线国家吸收外国直接投资(FDI)总量的1.3%,显示出巨大的增长潜力。在这些投资存量中,83.9%流向了发展中国家,其中许多项目具有明显的援助建设性质。截至2016年7月,中国对"一带一路"倡议相关国家的投资累计达到511亿美元,占同期对外直接投资总额的12%;在这些国家共建了52个经贸合作区,累计投资156亿美元,为东道国创造了约9亿美元的税收和近7万个就业岗位。

中国的资本主要通过对外直接投资(FDI)的方式,流入了"一带一路"倡议沿线国家的国民经济各个行业。在2015年,投资于制造业和信息传输/软件以及信息服务业的增长最为显著,分别增长了108.5%和115.2%。租赁和商务服务业、金融业、采矿业以及批发和零售业这四个行业的资本存量均超过了千亿美元,它们的总和占据了75.9%的比重。新增股权投资达到了967.1亿美元,占总投资的66.4%;收益再投资为379.1亿美元,占26%;相比之下,债务工具投资为110.5亿美元,同比下降了10%,仅占7.6%。

---

① 柳丝."一带一路"赋予全球化新内涵[N].金融时报,2017—01—24.

表 5—1　　　　　　　2013 年中国在"一带一路"倡议主要投资流向

细分区域	国别	中方投资存量（亿美元）	主要投资项目
南亚地区	印度	24.5	电信、电力设备、家用电器、钢铁、机械设备以及工程机械
	巴基斯坦	23.4	通信、油气勘探、电力、水利、交通、机场、港口、房建、资源开发
	斯里兰卡	0.72	公路、铁路、机场和港口
东南亚	新加坡	147.5	航运业、地产、机械、餐饮、旅游
	印度尼西亚	46.6	能源、自然资源、基础设施
	缅甸	35.7	油气开发、油气管道、水电资源开发、矿业资源开发
中亚地区	哈萨克斯坦	69.6	石油勘探开发、哈萨克斯坦石油公司股权并购、加油站网络经营、电力、农副产品加工、电信、皮革加工、餐饮和贸易
	吉尔吉斯斯坦	8.9	轻工、农产品和食品加工、农业种植、养殖、矿产资源开发和冶炼、承包工程、通信服务、运输、房地产开发、餐饮服务
西亚地区	伊朗	28.5	石油天然气、水利、石油化工、基础设施建设、机械、轻工、农业、旅游和交通运输工具制造
	沙特阿拉伯	17.5	建筑和基础设施领域，涉及铁路、桥梁、公路、地铁、民生建筑、医疗、工程技术、矿产勘探开发、水处理、电厂
	阿联酋	15.1	钢铁、建材、建筑机械、五金、化工
中东欧地区	匈牙利	5.3	金融、化工、通信设备
	波兰	2.6	贸易和服务、制造业、房地产、承包工程

表 5—1 所示，"一带一路"倡议伊始的中国投资流向很具有代表性，中国资本主要投向"一带一路"沿线国家基础建设和重化工业，一般来说，这些项目投资规模大、回收周期长，并承担了较大国别风险，表明中国与"一带一路"沿线国家长远合作、帮助他们工业化发展、提高创造真正物质财富能力的良好意愿。

(二)金融服务贸易支持实体企业"走出去"

中国企业走向"一带一路"，是中国自身与东道国双赢的选择。中国是"一带一路"区域最大的资源消费国，具有完备的工业体系、丰富的产能、充沛的外汇储备。与沿线各国合作，不但能为中国发展提供能源保障，平衡国家外汇头寸，化解国内钢铁、水泥等产能过剩问题，而且对于"一带一路"沿线的低收入国家来说，来自中国的基础设施建设投资,为当地经济发展打下基础,较先进产能转移,有利于迅速提高工业化水平。这种产能和资本的供给与需求契合的实现,需要跨国金融服务支持。中国在组织和引导金融服务业以支持实体企业"走出去"方面,主要体现在以下四个层面:

其一,通过利用亚洲基础设施投资银行(简称"亚投行")以及金砖国家新开发银行等多边合作金融组织。这些开放性的合作平台,如"亚投行"和金砖国家新开发银行的成立,有助于构建区域利益共同体,并为"一带一路"倡议的实施提供必要的融资支持。借助"一带一路"倡议中"亚投行"创始国的多边影响力,可以克服双边合作易受参与国国内政治波动影响的局限性。通过多边利益共同体的合作模式,能够更有效地保障投资项目的权益,并推进项目的运营。

其二,铺设海外金融分支机构,跟进支持跨境金融服务。中国企业"走出去"投资与贸易活动,需要与中国的金融服务机构结伴而行。不少"一带一路"沿线国家银行体系落后,结算效率低,货币汇率波动大,金融服务能力有限,"走出去"的企业难以得到当地机构的金融支持。近年中国工、农、中、建四大银行加快走出去,已在沿线国家设立 40 余家分支机构,但由于多数分布于经济相对较好国家,远远不能满足在所有沿线地区进行贸易与投资的金融服务需求。中国鼓励国内更多商业银行走出去,优先在重点贸易伙伴国建立完善分行机构,加强与其他沿线国家银行同业建立授信及委托业务联系,通过开展银行保函、信用证等结算、项目与贸易融资、银团贷款等业务合作,建设货币清算等基础金融服务体系,更好地服务于中国企业在"一带一路"沿线的投资和贸易经营活动。

其三,创新物流金融服务模式,提高贸易便利化水平。"一带一路"沿线地区基础设施建设水平整体仍相对较低,物流、海关等贸易服务与管理综合水平有限,制约了贸易便利性。促进沿线国家铁路互联互通和全程货物监管模式,开展铁路运单抵押融资,支持沿线食品、医药等冷链物流。探索沿线国家产业园区贸易金融服务模式,以产业集群为重点提供贸易便利化与供应链融资服务。支持服务外包企业融资,帮助服务外包企业提升对外信息、工程、运输、咨询等服务能力,促进服务贸易增长[①]。

其四,与东道国沟通协调,加强贸易与投资风险管控。韦军亮(2009)和杨国

---

① 程军. 构建"一带一路"经贸往来金融大动脉[J]. 中国金融,2015(8):34—36.

亮(2012)等实证研究表明,"一带一路"沿线国家有较高的国别风险与交易风险①②。为尽可能降低贸易与投资风险,企业往往依赖银行的专业服务;据中国银行数据分析,"一带一路"贸易客户更倾向通过传统银行结算工具规避贸易风险。银行要发挥国际单据处理专业经验,利用对国别、市场和企业信用风险识别,运用保值避险的专业风险管理工具,协助企业规避交易风险。银行海外分支机构应帮助本国企业做好客户信用调查、贸易政策风险提示等工作。银行还应发挥在国际行业组织中的作用,加强与东道国金融同业和监管当局的沟通协调,加强合作,协同打造区域金融安全网络,建立"一带一路"长期稳定、可持续、风险可控的金融服务体系。

此外,通过社会众筹、公私合作等金融创新措施,激励民间资本参与"一带一路"建设投资的同时,给国内膨胀的资本提供宣泄的出口③。目前,中国政府正密切关注国内经济"脱虚向实"的转型,金融服务贸易与过剩产能结伴而行"走出去",不但给"一带一路"沿线国家经济发展带去福音,也为平复中国国内的虚拟经济泡沫做出贡献。

三、"一带一路"贸易网络演化中的大国作用

WTO多哈谈判宣布失败之后,双边自由贸易和区域一体化进程加快,形成散布于世界各地的贸易社团,这到底是全球化进程的逆转呢?还是进一步形成全球自由贸易网络的基础呢?"一带一路"倡议产生了怎样的影响?大国在其中起到什么作用?下文运用社会网络分析方法,以"一带一路"倡议中的"海上丝绸之路"为例,分析2000—2014年海上丝绸之路62个国家贸易网络格局演化,实证中国对于贸易网络维护与拓展的大国作用。

(一)研究方法与数据来源

已有文献研究表明,社会网络分析方法是定量分析大量国家之间贸易关系的有效手段。以国际关系的新地位观来看,国际贸易使各国形成了相互依赖的网络,每个国家都是其中一个节点,双边贸易关系是连接的边,国家有大小强弱因而

---

① 韦军亮,陈漓高.政治风险对中国对外直接投资的影响_基于动态面板模型的实证研究[J].经济评论,2009(4):106—113.
② 杨国亮.对外投资合作中的政治风险_现有研究的综述及其扩展[J].经济管理,2012,34(10):192—199.
③ Lee;J-W, Pyun J H. Does Trade Integration Contribute to Peace? [J]. *Review of Development Economics*, 2016, 20(1): 327—344.

具有不同影响力权重。它们相互依存,相互支撑,体现为贸易网络整体性。

设贸易网络有 N 个节点,每个节点代表一个国家,如果仅考虑网络拓扑特性,有标准邻接矩阵 $A=(a_{ij})_{N \times N}$,其中 $a_{ij} \in \{0,1\}$,$a_{ij}=1$ 表示节点 i 与 j 国之间存在贸易关系,否则 $a_{ij}=0$,节点 i 贸易关系总和 $\sum_{j=1}^{N} a_{ij}$,称为 i 的度,表示 i 国贸易伙伴数量;如果考虑国家双边贸易强度,有加权邻接矩阵 $W=(w_{ij})_{N \times N}$,其中元素 w_{ij} 表示节点 i 与 j 之间贸易流量,令 $w_{ii}=0$,表示国内贸易不影响国际贸易流量。由于各国贸易体量悬殊性和存在一些偶发贸易关系,双边贸易流量可能从千亿美元至几十美元,如果在网络特性分析时都同等看待,容易导致分析结论偏误。因此,Li X(2003)[1]、刘建(2013)[2]等通过设置贸易流量阈值,筛除微小贸易流量,只关注较重要贸易关系及其构成的网络特性,但又导致两个新问题:其一是不同文献数据设置不同经验阈值,缺乏可比性;其二是一些贸易量小,但在特定问题起关键作用的小国,在拓扑结构分析时被忽略。

为此,本书引入贸易依赖度概念及其阈值设定方法。对上述加权矩阵 W 予以行标准化得到矩阵 $W'=(w'_{ij})$,$w'_{ij}=\frac{w_{ij}}{gw_i}$,$gw_i$ 为 i 国对全球贸易量,当研究对象为全球贸易网络时 $gw_i=\sum_{j=1}^{N} w_{ij}$。$w'_{ij}$ 表示 i 与 j 双边贸易占 i 国对全球贸易的比重,显示了 j 国对于 i 国外贸的重要性,w'_{ij} 越大,表示 i 国对 j 国的贸易依赖程度越大,故称 w'_{ij} 为贸易依赖度,W' 为贸易依赖加权矩阵;无论各国贸易流量大小,必有 $0 \leqslant w'_{ij} \leqslant 1$。在研究海上丝绸之路贸易网络时,矩阵 W' 的行和 $\sum_{j=1}^{N} w'_{ij}$ 表示 i 国在海上丝绸之路局域范围内的贸易占 i 国对全球性贸易总量的比重,体现了 i 国对海上丝绸之路的贸易依赖程度;矩阵 W' 列元素均值 $\sum_{i=1}^{N} w'_{ij}/N$ 表示海上丝绸之路所有国家对 j 国的平均贸易依赖程度,体现了 j 国对该区域的贸易影响力,称之为影响强度,或强度。要将贸易依赖加权矩阵 W' 转化为网络拓扑结构分析的标准 0,1 关系矩阵,可以设置以下两种阈值来实现:

第一种,贸易依赖关系下限阈值。目前全球有约 225 个国家,如果贸易关系

---

[1] Li X, Jin YY, Chen G R. Complexity and synchronization of the world trade web[J]. *Physical A*, 2003, 328(1—2):287—296.

[2] 刘建. 基于社会网络的国际原油贸易格局演化研究[J]. 国际贸易问题,2013(12):48—57.

是随机、均匀发生的,则两国之间贸易依赖度应当约为0.44%。据此认为,$w'_{ij}<0.44\%$的属于随机偶发不稳定的贸易关系,在分析贸易网络拓扑结构时可以忽略,对应关系边的值设为0;而$w'_{ij}\geqslant 0.44\%$才表示存在较稳定的双边贸易依赖关系,应予以识别,对应关系边的值设为1。据此,重新构造得贸易依赖关系矩阵$A'=(a'_{ij}),a'_{ij}\in\{0,1\}$。

第二种,紧密贸易依赖关系阈值。对贸易依赖加权矩阵W'中元素w'_{ij}进行排序,根据"二八法则",认为排序前20%的w'_{ij}表示较紧密贸易依赖关系,对应关系边的值设为1,其余为0,重新构造得紧密贸易依赖关系矩阵$A''=(a''_{ij}),a''_{ij}\in\{0,1\}$。

本书的双边贸易数据来源为联合国商品贸易统计数据库(COMTRADE),收集整理了海上丝绸之路上东亚、东南亚、大洋洲、南亚、波斯湾、东北非、红海直至地中海地区有海域相通的62个国家(未计中国港、澳、台地区)的2000—2014年双边贸易数据。双边贸易量以进口额与出口额加总求得。由于进、出口国分别以CIF与FOB方式计价,两者统计数据不一致,取平均值;若某国有统计报告而其伙伴国未报告时,取报告国数据;对于往年贸易量较大而个别年份数据缺省的,进行线性趋势插值处理;但如果某年份某国家正处于战乱期间,认为该国外贸遭到破坏,则缺失数据默认为0。根据具体问题分析需要,选用贸易依赖加权W'、贸易依赖关系A'和紧密贸易依赖关系A''这三种邻接矩阵,计算海上丝绸之路贸易网络各特征指标,并运用贸易依赖派系过滤算法,进行贸易社团划分。分析结论如下:

(二)"一带一路"区域大国贸易影响力"东升西降"

采用依赖加权矩阵$W'=(w'_{ij})$,则i国的贸易影响强度为$\sum_{i=1}^{N}w'_{ij}/N$,求出2000年和2014年贸易影响强度排名前10%的国家,认为是海上丝绸之路区域范围的贸易大国,绘制其影响强度演化轨迹如图5—1。由该图可见,2000年Top 6有4个西方国家:日本(因其西化制度,习惯上称西方国家)、澳大利亚、意大利、法国,其贸易影响强度一路下行,至2014年后三者已跌出Top 6排名。取而代之的是中国、泰国、印度,其中最醒目的是中国贸易影响力强劲飙升,并在2006—2007年取代了日本的核心大国地位。此外,印度崛起的趋势也很明显。

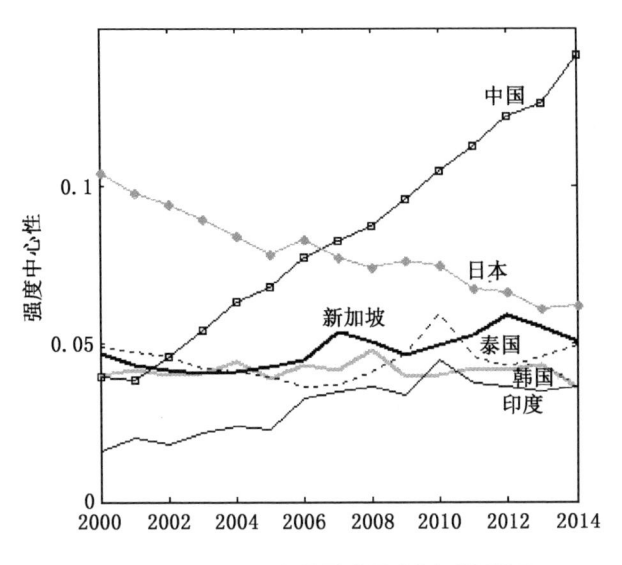

图 5-1　Top 6 贸易影响强度"东升西降"

（三）"富人俱乐部"保障贸易网络稳定性

借鉴传统引文分析思路，认为某国在贸易网络中的地位是由与之有贸易依赖关系的所有伙伴国地位所决定，用 PageRank 值测算。由于网络中贸易依赖的相互指向，该指标计算是一个迭代过程，可以用 Markov 链转移概率矩阵来描述，所得极限状态下的平稳分布即是各国的 PageRank 值[①]，表示各国相对重要性。本书设 i 国对区域内贸易依赖权重之和为

$$d_i = \sum_{j=1}^{N} w'_{ij}$$

则 Markov 链转移概率矩阵为

$$T = (t_{ij})_{N \times N}, t_{ij} = \frac{1-q}{N} + q\frac{w_{ij}}{d_i}$$

通常取 $q=0.85$，T 转置矩阵的最大特征值对应的归一化特征向量，就是各国加权 PageRank 值。

根据对各国贸易影响力的加权 PageRank 值计算，发现海上丝绸之路"富人俱乐部"（指区域内贸易影响力排名前 20% 的 12 个相对贸易大国）构成比较稳定，其中，核心大国中国与日本的加权 PageRank 值逆转很明显，如表 5-2。

---

① 孙玺菁，司守奎. 复杂网络算法与应用[M]. 北京：国防工业出版社，2015.

表5—2　　　　　2000年与2014年加权PageRank值Top12成员比较

	Top12成员											
2000年	日本	中国	法国	韩国	意大利	新加坡	西班牙	马来西亚	澳大利亚	泰国	印度尼西亚	沙特
加权PageRank	0.1829	0.0872	0.0851	0.0722	0.0720	0.0635	0.0489	0.0459	0.0414	0.0340	0.0299	0.0210
2014年	中国	日本	韩国	新加坡	法国	印度	意大利	澳大利亚	马来西亚	阿联酋	泰国	印度尼西亚
加权PageRank	0.1796	0.0944	0.0749	0.0499	0.0475	0.0428	0.0407	0.0394	0.0366	0.0350	0.0342	0.0301

衡量"富人俱乐部"之间的贸易联结密度,其值为事实贸易关系数 M 占理论最大可能关系数之比：$2M/N(N-1)$。求得2000—2014年"富人俱乐部"12国的联结密度 R 和所有62国的联结密度 d 的演化过程,如图5—2所示。从图5—2可见,这些"富人俱乐部"成员之间的贸易往来明显更加密切;联结密度演化轨迹总体上较为平直,说明"富人俱乐部"成员间长期贸易关系较为稳定,由此保障了海上丝绸之路贸易主干网络的稳定性。

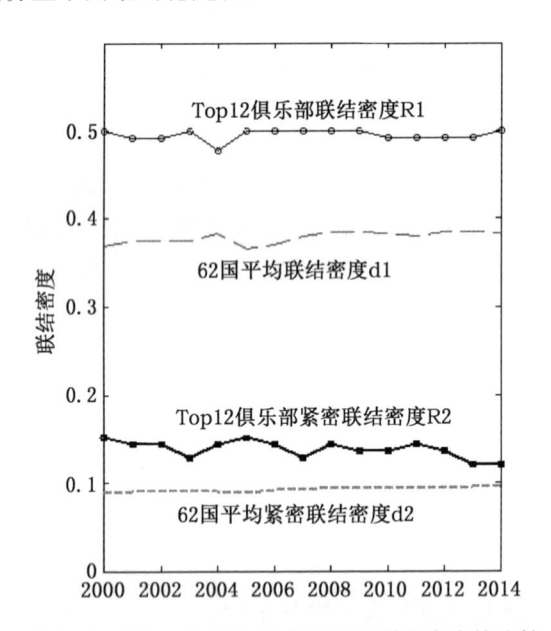

图5—2　"富人俱乐部"与全网平均联结密度的比较

(四)"大国—小国"关系贸易小国地位提升

"大国—小国"型异配的贸易关系包括发展中大国与小国、"北方"与"南方"国家之间的贸易伙伴关系,往往产生"中心—边缘"关系的国际贸易格局。本书计算海上丝绸之路贸易网络的影响强度 Pearson 相关系数(Newman,2002)[①],测量存在禀赋异质性国家间的整体贸易匹配关系,用以反映"大国－小国"型贸易匹配倾向的程度。

计贸易网络所有 M 条边的集合为 E,k_i、k_j 分别是边 e_{ij} 两端点 v_i、v_j 的度或影响强度,网络所有边两端点度或影响强度构成两个序列,则 Pearson 相关系数为

$$r = \frac{M^{-1}\sum_{e_{ij} \in E} k_i k_j - \left[M^{-1}\sum_{e_{ij} \in E}(k_i + k_j)/2\right]^2}{M^{-1}\sum_{e_{ij} \in E}(k_i^2 + k_j^2)/2 - \left[M^{-1}\sum_{e_{ij} \in E}(k_i + k_j)/2\right]^2}$$

计算结果如图 5－3 所示,各年份 Pearson 相关系数值均为负值,可以判断海上丝绸之路贸易网络始终是"大国－小国"型的异配网络。2000－2006 年 Pearson 相关系数波动,显示了该阶段全球化贸易扩散、本区域快速发展对贸易吸引、区域贸易核心更迭等多种力量角逐,引起贸易关系重构的动态过程。对照图 5－1,2006 年中国取代日本成为本区域最有贸易影响力的核心大国,之后 Pearson 相关系数持续上升,表明影响强度异配性不断减弱,表明在与大国长期贸易往来中,承接产业分工转移、产品返销大国市场等活动使小国经济实力逐渐提升,反向影响力逐渐增强,因此总体上"大国－小国"型贸易伙伴国之间影响力差异有收敛趋势,贸易相互依赖关系更加明显。

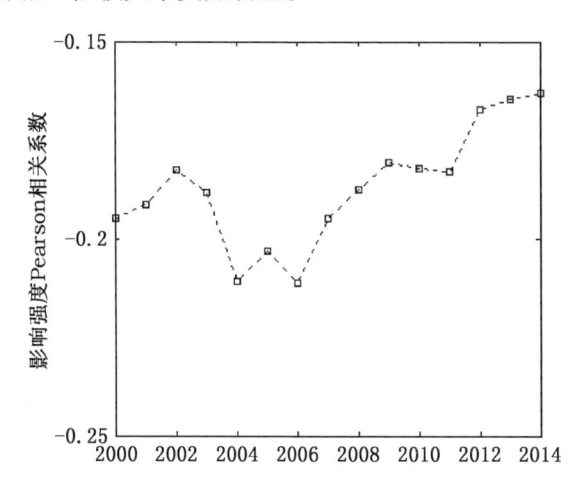

图 5－3 贸易影响强度的 Pearson 相关系数

---

① Newman M E J. Assortative Mixing in Networks[J]. *Phys Rev Lett*,2002,89(20):208701.

(五) 核心大国推动区域贸易全球化

海上丝绸之路贸易网络不是均匀随机网络,存在"核心一边缘"关系以及"富人俱乐部"现象,可以认为是贸易"朋友圈"关系,圈内各国贸易联系紧密程度明显大于圈子间的联系,社会网络理论中称之为国际贸易社团(community)[①]。识别贸易社团结构,可以更直观、清晰地描述海上丝绸之路贸易格局。

目前,社团划分算法有很多,但通常面向一般意义的复杂网络,用于国际贸易网络社团划分时需要加以选择和改进。本文考虑到海上丝绸之路存在错综复杂的双边或多边自由贸易合作组织,一些国家同时具有多重社团身份,因而摒弃二分法特征的社团划分算法;同时,考虑到归入同一社团各国间应当确保有一定贸易依赖强度,且避免贸易小国被不合理的贸易量阈值所筛除,因而采用紧密贸易依赖关系矩阵 A'' 作为社团划分依据,在 Palla 等(2005)[②]的 CP 算法基础上,改进提出贸易依赖派系过滤算法(DWCP)[③],根据 2000 年和 2014 年双边贸易数据,将海上丝绸之路 62 国进行 4—派系贸易社团划分,如表 5—3、表 5—4 所示。

表 5—3   2000 年海上丝绸之路贸易社团划分结果

社团号	贸易社团成员国	TOP 6 大国	其他成员说明
00—1	中国,日本,韩国,缅甸,菲律宾,越南,澳大利亚,所罗门群岛,印度,阿曼,沙特,吉布提	日本,韩国,澳大利亚	中国,东盟
00—2	日本,澳大利亚,新西兰,密克罗尼西亚联邦,库克群岛,萨摩亚,汤加,瓦努阿图,图瓦卢	日本,澳大利亚	南太平洋岛国
00—3	日本,澳大利亚,新西兰,密克罗尼西亚联邦,汤加,基里巴斯	日本,澳大利亚	南太平洋岛国
00—4	日本,马来西亚,新加坡,缅甸	日本,新加坡	东盟
00—5	日本,新加坡,泰国,文莱	日本,新加坡	东盟
00—6	西班牙,法国,意大利,阿尔及利亚,利比亚,土耳其,叙利亚,摩洛哥	法国,意大利	地中海沿岸

---

① Zhong W Q, Sun X Q. The evolution of communities in the iInternational oil trade network[J]. Physica A,2014,413:42—52.

② Palla G, Derényi I, Farkas I. Uncovering the overlapping community structure of complex networks in nature and society[J]. Nature,2005,435(7043):814—818.

③ 郑军,张永庆,黄霞,沈爱忠. 基于国际贸易网特性的贸易依赖派系过滤算法[J]. 计算机应用研究,2017(12).

表 5—4   2014 年海上丝绸之路贸易社团划分结果

社团号	贸易社团成员国	TOP 6 大国	其他成员说明
14—1	中国,日本,韩国,新加坡,菲律宾,马来西亚,文莱,泰国,越南,澳大利亚,马绍尔群岛,巴布亚新几内亚,阿曼	中国,日本,韩国,泰国,新加坡	东盟,南太平洋,波斯湾
14—2	中国,澳大利亚,新西兰,库克群岛,萨摩亚,汤加,基里巴斯,斐济	中国	南太平洋
14—3	中国,韩国,东帝汶,库克群岛	中国,韩国	南太平洋
14—4	中国,印度,伊朗,阿联酋,厄立特利尔,吉布提	中国,印度	波斯湾,红海
14—5	中国,印度,肯尼亚,索马里	中国,印度	东非
14—6	西班牙,法国,意大利,阿尔及利亚		地中海沿岸

从表 5—3 与表 5—4 比较可以看出:(1)每个贸易社团都是"大国—小国"异配关系,大国有多重社团身份,是各贸易社团的联结枢纽;(2)海上丝绸之路各国贸易影响力"东升西降"趋势明显,中国取代日本贸易核心国地位,印度发挥更重要作用,澳大利亚、法国、意大利等西方国家的贸易影响力回归地域性;(3)东盟贸易社团一体化明显,由 2000 年的三个社团合并为 2014 年的一个社团,多个贸易大国集中在该社团;(4)贸易社团具有明显的地域性,但 2014 年比起 2000 年贸易社团有跨区域发展趋势。

综上所述,在一些西方欧美大国唱衰全球化的背景下,中国正沿着"一带一路"倡议继续推动全球化和贸易自由化进程。中国秉承儒家文化"己欲达而先达人"的共同发展理念,统筹国内与国外"脱虚向实"经济转型,与"一带一路"沿线国家大规模合作投入基础设施建设,投资重化工业,帮助沿线国家工业化发展和提高创造真正物质财富的能力,以一种"达人济众"的大国道义,融合"中国梦"与各国发展梦,共铸"美美与共"的世界繁荣之梦。以 2000—2014 年海上丝绸之路 62 个国家双边贸易数据为样本的实证表明,大国间贸易合作保证了贸易网络的稳定性,"大国—小国"(或者"南—北")型长期贸易关系发展有利于小国地位提升,中国作为"一带一路"诸多贸易社团的核心枢纽,促进了区域贸易融合与全球化发展。

第六章

全球化变局下自由贸易推进策略建议

当前全球贸易自由化遭遇逆流,世界目睹了多边贸易体系效能下降,全球贸易保护主义抬头,以及欧洲民粹主义和排外情绪兴起,地缘政治冲突和动荡对全球能源和供应链的安全造成了冲击。这些现象反映了美国和西方国家主导的传统全球化治理模式的失败。尽管如此,在生产分工高度社会化、信息技术飞速发展以及全球人员流动日益频繁的当下,全球化依旧是世界发展的大势所趋。我们应当认识到中国"一带一路"倡议在推动全球化进程中的积极作用和取得的成果。各国必须加强协调与合作,从全球综合治理的角度出发,持续推动全球化和贸易自由化的深入发展。

根据前文分析,新型全球化背景下,推进贸易自由化的途径可以归纳为价值理念转变、大国责任担当、资本与劳动利益平衡和"一带一路"实践四个方面。

一、全球化价值理念转变推进自由贸易

首先,要倡导多元包容、"友好互信"的全球文化价值观。以往全球化治理的失败根源在于欧美大国对一元化"普世价值观"的强权推行,以文化和制度同一化为贸易自由化的要价,对不同价值信仰的国家经济制裁,甚至政治介入乃至武装干涉,造成局部地区战乱、经济衰败、社会动荡和难民溢出,从根本上破坏贸易的政治信任基础。多元文化包容可以使各民族国家以自己的方式发展经济,"各美其美"形成贸易的物质基础,各国根据自身利益参与国际贸易利益交换,产生自由贸易的意愿。

其次,我们必须认识到,在新型全球化的背景下,大国的影响力并非源自于斗

争的胜利,而是源于大国的责任担当和道德力量。守成大国对权力的现实主义理解往往难以摆脱"修昔底德陷阱",错误地预设新兴大国的威胁,这种做法破坏了政治互信,导致了政治上的围堵和制衡,以及贸易摩擦的制造,无形中增加了贸易成本,阻碍了贸易自由化。而中国秉持"先义后利,达人济众"的传统文化理念,通过"一带一路"倡议行动,助力发展中国家的经济增长,以负责任的大国形象,赢得了广泛的国际影响力。

再次,要正确看待国家经济理性和价值理性。传统全球化理论认为,经济全球化是全球化的本质,长期以来西方国家是推动贸易自由化的主导力量,动力在于资本主义生产方式扩张和全球化资源配置能给自身带来更多经济利益。但是,当前随着世界经济格局的"东升西降",全球化利益分配已有格局面临挑战,一些西方国家同样出于"自利理性"考虑,开始筑起贸易保护的壁垒。这是一种"机会主义"和"单边主义"行为表现,是对其以往宣称公平、自由、诚信等价值理念的事实上的背叛。新型全球化所承载的,不应仅仅是少数国家的私利,而应秉持普惠和共享的理念,确保在利益分配上关照到弱国和小国,逐步推动全球的共同繁荣。近年来,中国的"一带一路"倡议体现了"计天下之利"和"义中取利"的价值理性,促进了沿线国家的投资和贸易发展。

最后,应当系统考虑国家综合利益、各方利益、长短期利益、共同利益与贸易自由化的关系。其一,要认识到国家利益主体多元性,要平衡自由贸易给国内金融资本、实体企业、劳动者和普通消费者各个群体带来的利益;其二,要认识到国家利益内涵的多元性,考虑自由贸易对国家主权独立、经济发展、社会稳定、国际政治关系的影响等;其三,要考虑国家短期利益和长远利益,认识到全球化历史潮流中,贸易保护不可能是长远之计,虽然可能得到短期经济利益,但必然失去国际认同和长远发展利益;其四,要认识到国家利益是由国际互动所构建的结果,要在一个"人类命运共同体"中寻求各自发展,"合作共赢"是贸易自由化长远发展的唯一方向。

二、以大国责任担当推进贸易自由化

在推动全球化和贸易自由化的进程中,大国始终扮演着关键的推动者和组织领导者角色。在曾经的"单极化"美国霸权时代,美国倡导建立的关贸总协定、世界银行、国际货币基金组织等国际体系,曾经对全球贸易产生了积极的影响。然而,随着美国经济相对衰落,特朗普政府推行的"美国优先"战略和贸易保护主义措施，明显表现出逃避大国责任的倾向。因此，全球自由贸易这一公共产品需要新的大国来承担责任。中国近年来通过举办 G20 杭州峰会和推进"一带一路"倡议，对全球经济发展和自由贸易产生了积极影响，并且明确表示欢迎其他国家"搭便车"，从而赢得了作为负责任大国的道德形象和国际影响力。

为了推动全球贸易自由化，大国可以采取多种策略，包括维护多边贸易体系、协调政府间合作、促进贸易便利化、提供贸易保障措施以及推动自身的创新发展。

第一，支持和维护 WTO 多边贸易体系。这包括支持一个基于规则、透明、非歧视、开放和包容的 WTO 多边贸易体系，并继续推进多哈回合中剩余的农业谈判议题（如市场准入、国内支持、出口竞争等），以及非农市场准入、服务、发展与贸易相关的知识产权和规则等议题。同时，支持双边和区域自由贸易谈判，确保这些协定补充多边贸易体系，保持开放、透明、包容，并与世贸组织规则保持一致。

第二，组织协调各国合作，完善全球经济金融治理架构。这涉及加强资本流动的分析和监测，改善对金融市场剧烈波动风险的管理；加强国际货币基金组织（IMF）和区域金融安全网的合作；支持本币债券市场的发展，特别是对低收入国家的支持；增强金融透明度，接受 WTO、联合国贸发会议（UNCTAD）与经合组织（OECD）的监督，建立一个开放且抗风险的金融体系；联合打击非法活动导致的跨境资金流动。

第三，推动各国通关制度改革，促进贸易便利化。各国海关与出入境检验检疫部门应通过信息互换、监管互认、执法互助的跨国界合作，推动形成全方位、多层次的互联互通；支持国际多式联运的立体交通网络建设，搭建各国政府监管部门、全球供应链参与方的集成平台；建立高效、规范、协同的通关处理规程和制度，以在确保安全的前提下最大限度地提高通关效率，降低贸易成本。

第四，提供其他支持与保障自由贸易的公共品。支持各国自由贸易园区的建设，促进彼此间的交流合作；构建全球电子商务平台，支持跨境电子商务业务的发展；利用 G20 等国际合作机制协商应对贸易与投资问题；组织钢铁产能过剩全球论坛，加强贸易信息的分享和合作；联手打击海盗活动，为自由贸易提供保护。

第五，必须强调大国自身不断创新与发展，保持担当大国责任的能力。不断科技创新的结果，驱动产业差异化发展，这是国际分工与贸易的重要动因；市场涌现出更多更好的差异化新产品，不仅提高了贸易参与国消费者福利，而且缓解了国际市场同质化竞争，消除了贸易保护的一个根源；技术创新引发创产业升级，伴随着向相对落后国家的产业梯度转移，可以带动相对落后国家的经济增长和贸易增长;大国持续的经济增长,也为贸易伙伴国提供了庞大的产品消费市场,保证贸易流的规模化和持续性。

三、平衡国际与国内各方利益以推进自由贸易

全球化自由贸易的利益在国与国间以及国内不同利益群体之间分配不均,构成了自由贸易面临的主要障碍。确保国际自由贸易合作的利益共享,使自由贸易成为各国经济发展的内在动力,是推进贸易自由化的根本策略。同时,平衡国内各行业的利益需求,是减少自由贸易政策在国内政治阻力的有效手段。

策略之一,是分享"南北型"自由贸易合作的利益。历史上区域经济一体化的实践经验表明,"南北型"自由贸易合作相较于"南南型"合作更具优势。"南北型"合作能够为"南方"国家提供强劲的工业化发展机会,通过垂直产业分工分享生产全球化的增长效益,通过市场扩大和投资政策信誉的积累吸引更多来源的外国直接投资(FDI),并获得"北方"国家的先进生产技术溢出效应。发展中国家的外国投资增加、产能扩大和市场消费能力增长,使得贸易自由化成为发展的必然需求。本书通过实证检验"一带一路"倡议下"南北型"贸易匹配中南北国家差异性收敛的结论,证明了此类贸易合作在利益平衡方面的有效性。

策略之二,资本大国应实现经济的"脱虚向实"转型,加大对落后国家的基础投资。全球资本大国从近年来的全球金融危机中吸取教训,认识到虚拟经济泡沫的风险,并开始进行产业结构调整以及国内经济的"脱虚向实"部署。对外投资成为缓解国内金融泡沫的有效途径。经过危机的教训,各国普遍对国外短期金融资本的流入持有防范心理。在全球经济增长放缓的背景下,长期投资缺乏理想的投资目的地。这使得资本流向落后国家,开发其长期发展潜力成为可能。特别是对基础设施的投资,短期内可以带动大规模的生产设备、设施、材料贸易以及相关服务贸易,长期来看,可以促进东道国的工业化、经济增长和消费市场的成长,提升东道国政府的管理效率[1],为未来的自由贸易奠定基础。这一举措无论对资本强国和欠发达地区、还是对国内的金融领域和实体经济的利益均衡及长远发展都具有重大益处。

---

[1] Mensah I K, Jianing M. E-Government, China Internet Plus, and the One Belt One Road Initiative: The Africa Connection[J]. *International Journal of Social, Behavioral, Educational, Economic, Business and Industrial Engineering*, 2016, 10(8): 2500-2504.

四、借助"一带一路"推进贸易自由化

中国倡导的"一带一路"建设,是中国履行大国责任、引领开启"全球化4.0"时代、继续推进全球贸易自由化的全新实践平台,能为沿途国家长远发展和区域外参与的国家经济发展提供良好契机。

首先,中国决心和沿途国家共识是"一带一路"自由贸易合作的前提。2008年金融危机之后,亚太地区无论是发达国家、新兴经济体还是欠发达国家,均面临产业转型、寻找经济增长动力的问题,泛亚太自由贸易区建设是一个理想的出路。中国倡导"一带一路"建设,是新一轮对外开放的重大举措,中国将展示负责任大国的形象,这对于沿途国家来说无疑是难得的发展机遇。截至2017年,参与"一带一路"的约有65个沿线国家;旨在支持"一带一路"建设的亚洲基础设施投资银行(AIIB)有57个创始成员国;此外,还有约30个国家表达了加入的意愿。可见"一带一路"倡议得到国际广泛认同与支持,这是共建"一带一路"自由贸易区的重要条件。

其次,推动"一带一路"大规模互联互通建设,为沿线国家之间、域外国家参与该区域的贸易自由化创造良好条件。金砖国家新开发银行与亚洲基础设施投资银行联手撬动更多国际资本,成为"一带一路"基础设施建设领域合作的重要力量。"一带一路"建设从交通基础设施的互联互通起步,加强制约沿线国家深化合作的薄弱环节,是最易被沿线国家接受的方式。以运输通道为纽带,才能人畅其行、物畅其流[①]。基础设施建设还包括铺设跨境光缆、建移动信号基站、建跨境电子商务平台等项目,为贸易信息畅通提供基础性硬件。此外,各国政策沟通、资金融通、民心相通等为自由贸易创造良好的软环境。

最后,不设定终点的"一带一路"期待全球化发展。"一带一路"大致走向是陆路连接中国、东南亚、南亚、中亚、西亚、俄罗斯至欧洲;海路过南海至南太平洋,入印度洋经红海、地中海至欧洲。覆盖人口数约44亿,约占全球63%,经济规模21万亿美元,约占全球29%,是世界经济活动最活跃的地区。"一带一路"倡议并不寻求建立统一关税同盟、经济共同体等形式的自由贸易区,而是以多元化合作机制打造区域命运共同体的新型区域合作,"一带一路"也没有设置终点,以开放的姿态欢迎更多国家成为合作共赢的发展伙伴,最终将迈向全球贸易自由化。

---

① Maitra R. OBOR Brings New Life to Central Asia: Kazakhstan in Focus[J]. *Executive Intelligence Review*,2016,51:48—52.

第七章

总结与展望

一、主要内容与结论

全球金融危机持续影响下,世界经济复苏乏力,贸易萎缩。西方强权的全球化治理失败,加剧全球经济失衡,引发北非与中东乱局、跨国恐怖袭击、难民潮、高失业率、劳动阶层仇视金融业等一系列问题。由此,欧美民粹主义排外风潮兴起,贸易保护主义抬头,英国"脱欧",美国特朗普推行贸易保护政策,标志着欧美主导的传统全球化与贸易自由化严重受挫。但是,长期全球化进程使得各国贸易、投资、技术与人员等跨国流动,早已形成"你中有我,我中有你"的互联互通、相互依存的世界经济,全球化趋势不可逆转,中国正以"构建合作共赢为核心的新型国际关系"和"共建人类命运共同体"的新理念,推进"一带一路"行动,引领沿途国家继续走向"全球化 4.0"时代。

为了寻求削减全球自由贸易阻力的途径,促进各国互联互通、共同发展,本研究从全球化价值理念着手,分析贸易自由化受挫根源与全球治理理念转向的趋势,以及价值理念、国情条件、利益分配等对自由贸易决策的影响机理,找出继续推动贸易自由化的有效路径。首先,运用主观博弈演化模型,分析不同价值理念对自由贸易策略演化路径和博弈总体收益的影响。其次,运用自由贸易网络效用模型,分析工业化水平差异、产品替代弹性、初始关税、已有贸易网络规模等因素对新增自由贸易协定边际效用的影响,指出"南方"国家参与自由贸易的策略,以及大国维护和拓展自由贸易网络的责任要求。最后,运用市场准入交换博弈模型,分析政治支持函数对金融资本、实体企业和劳动利益的权衡,及其金融服务贸易自由化决策影响。此外,以"一带一路"倡议的实践为例,分析新型全球化价值理念,金融服务贸易对实体企业"走出去"的支持,以及核心大国推动区域贸易走向全球化的重要作用。

基于上述研究,本书得出的主要结论包括:

结论一,全球化治理的价值理念正在转向。西方主导的全球化治理失败是当前全球贸易自由化受挫的根本原因。欧美国家以强权推行一元化"普世价值"理念,导致局部地区动荡和国际关系紧张,同时,自利的经济人理性又促使某些大国抛弃全球化道义,走向战略收缩与贸易保护路线。与之鲜明对比的是,全球治理的非西方文化视角正在勃兴,尤其是中国,秉承传统儒家文化的"仁礼观""义利观""和谐观"价值理念,提出了包容发展、合作共赢的新型国家关系理论,并以"达人济众"的大国道义形象,引领各国开启新型全球化发展,即新型全球化4.0时代。

结论二,全球化价值理念影响对自由贸易价值的认知,进而影响自由贸易决策演化与贸易伙伴福利。国家利益是全球化和贸易自由化价值判断的依据,其多元性决定了贸易自由化价值的多元性,不同的价值理念导致不同的贸易决策。贸易利益由国家间的策略互动来构建实现。在"友好互信,合作共赢"的理念下,双方通过自由贸易合作获取最大福利,秉持"沟通协商,尊重契约"(或"对等贸易")的理念。双方从贸易策略的实际收益比较中认知自由贸易的利益,最终走向合作。然而,当一方坚持"对等贸易",而另一方心存"机会主义"时,机会主义者必然会破坏市场运行的信用基础,从而偏离贸易利益最优化的方向。一方面,大国"单边主义"自由贸易可能形成以大国为中心、小国依附的贸易轮轴网络结构,而单边贸易保护既可能使大国凭借庞大的国内市场攫取更多利益,也可能使双方陷入贸易保护的"囚徒困境"。另一方面,秉持"命运共同体"理念的大国,虽然可能在短期内贸易获利微薄,但双方收益合计会增加,从长远来看,大国还可以从"命运共同体"的非贸易领域分享到对方经济发展的红利。

结论三,维护和拓展自由贸易网络,需要大国责任担当。各国结合自身经济发展水平、产业特色、贸易开放条件和发展需求,选择参与自由贸易网络的策略。其中,工业发达的大国在维护和拓展自由贸易网络方面,起到重要主导作用。大国责任体现为:为自由贸易提供安全环境、组织协调、基础设施等公共产品,帮助欠发达贸易伙伴提升长远经济发展能力,大国自身创新和发展为整个自由贸易网络提供稳定和发展动力。

结论四,金融服务贸易开放要得到各阶层政治支持,必须权衡资本与劳动者利益。金融服务贸易带来大规模跨国资本流动,流入实体企业的FDI能弥补东道国建设资金缺口,促进全球生产协作、劳动就业与经济增长。同时,竞争冲击东道国金融服务业垄断,促使行业革新。但若国际游资涌入东道国金融市场体系,参与资本自循环、自增值和制造金融泡沫,吸引实体经济的资本加入"钱生钱"游戏,造成实体企业融资困难,并推高虚拟经济泡沫,加大经济系统性风险。因此,发展中国家必须约束与引导金融资本"脱虚向实",主要为国内实体经济发展服务,根据国情制定金融服务贸易开放方案与进程表。

结论五,中国"一带一路"倡议的实践推动了区域贸易融合与全球化发展。中国倡导合作共赢,以"计天下之利"(或"计天下利")和"达人济众"的大国道义,帮助"一带一路"沿线欠发达国家共同发展,绕开"修昔底德陷阱",走出了一条大国和平崛起的新路径。中国的金融服务贸易积极支持实体企业"走出去",为"一带一路"沿线国家创造了实实在在的物质财富。作为贸易大国,中国在维护区域贸易网络稳定、促进小国经济发展,以及推动区域贸易向全球化发展方面发挥了关键作用。

新型全球化背景下,可从四个方面途径继续推动贸易自由化。首先,是文化价值理念方面,倡导多元、包容的全球文化价值观,大国应以全球化责任与道义赢得国际影响力,而不是通过斗争攫取权力,要以"义中取利"的价值理性取代本位自利的国家经济理性,要系统考虑国家利益与贸易自由化的关系。其次,是根本利益需求方面,发展中国家应当寻求"南北型"自由贸易合作,资本大国应当"脱虚向实"帮助欠发达国家发展,培育自由贸易市场潜力,各国应鼓励技术创新驱动产业差异化发展,扩大自由贸易福利。再次,是技术层面支持方面,应当鼓励技术创新驱动产业差异化发展,各国协调合作完善全球经济金融治理架构,改革通关制度促进贸易便利化,加强金融服务对贸易自由化的支持,以其加强各国自由贸易园区合,鼓励跨境电子商务发展,联合打击海盗活动等支持与保障措施。最后,要借助"一带一路"实践,达成共建、共享自由贸易区的共识,加强互联互通建设,创造良好自由贸易条件,以不设置门槛与终点的开放姿态,欢迎更多国家成为合作共赢的发展伙伴,最终走向全球贸易自由化和共同繁荣。

二、研究不足与未来展望

本研究的不足包括:

一是研究视角的局限性。影响自由贸易的因素可以有很多,本书选择了价值理念、大国责任、资本与劳动利益这三个视角,虽然尽可能体现重要性和典型性,但毕竟不能涵盖所有重要因素,如战争与和平、科技进步等。

二是研究模型的局限性。本书应用主观博弈模型、贸易网络边际效用、政治支持函数等方法和工具,研究贸易自由化决策的影响机理。但是,这些模型都需要假设条件,只能进行抽象分析,并且有参数局限性[1],结论有待于实证研究支持和修正。

三是参考文献时效性问题。由于本书成稿较早,引用文献数据无法大量更新,尽管不影响本书观点的论证,但遗憾未能够提供最新资讯。

展望进一步的研究,可以从几个方向开展:

一是继续通过文献阅读和思考,找到更全面、更有说服力的自由贸易影响因子,添加或替换参数以修正原有的理论分析模型。

二是找到理论分析模型变量的相关数据,进行实证研究,验证或修正本文模型分析结论。

三是关注时事,开拓视野,研究自由贸易发展新机遇和新问题。

---

[1] Chen S, Li D. China-United Kingdom free trade area: Likely impact on the economy and on specific industry sectors in both countries[J]. *Journal of Chinese Economic and Foreign Trade Studies*, 2017, 10(1):111—126.

参考文献

一、中文文献

[1]习近平出席世界经济论坛2017年年会开幕式并发表主旨演讲[N].人民日报.2017-1-18.

[2]习近平.共同构建人类命运共同体——在联合国日内瓦总部的演讲[N].人民日报,2017.1.20.

[3]蔡继明,陈臣,王勇,高宏,王康.论技术进步对贸易模式和贸易利益的影响——一个不同于萨缪尔森的分析框架[J].国际贸易问题,2021(12):1—18.

[4]蔡宏波.双边自由贸易协定的理论重构与实证研究[M].北京:中国经济出版社,2011.

[5]陈乔见.儒家公私理念与治国理政[J].江汉论坛,2016(9):64—69.

[6]陈焰.国际贸易与经济增长的机制条件论[M].北京:经济科学出版社,2008.

[7]成思危.虚拟经济的基本理论及研究方法[J].管理评论,2009,21(1):3—18.

[8]崔翠翠.欧盟政治分裂与重心转移的消极影响[J].人民论坛·学术前沿,2019,(22):150—153.

[9]戴翔,张二震.互利共赢新内涵与我国应对贸易摩擦新思路[J].天津社会科学,2014(3):88—91.

[10]杜维明.儒家的"仁"是普世价值[J].西安交通大学学报(社会科学版),2016,36(3):1—8.

[11]范兆斌,左正强.国际自由贸易背景下贸易保护的新趋势及动因分析[J].商业研究,2005(329):37—41.

[12]弗里德里希·李斯特.政治经济学的国民体系[M].北京:华夏出版社,2009.

[13]郭雅欣,魏刚. 国际短期资本流动监控:出资方和受资方的监控方案[J]. 国际经贸探索. 2001(1):42－5.

[14]胡键. 全球治理的价值问题研究[J]. 社会科学,2016(10):3－15.

[15]胡雨."阿拉伯之春"与中东君主制国家政治稳定[J]. 国际论坛,2014(2):63－70.

[16]黄阳华. 重商主义及其当代意义[J]. 学习与探索,2020(04):90－98＋175.

[17]金灿荣. 大国责任[M]. 北京:中国人民大学出版社,2011.

[18]孔庆江,刘禹. 特朗普政府的"公平贸易"政策及其应对[J]. 太平洋学报,2018,26(10):41－51.

[19]李军涛,刘朋飞,胡启贤. 模糊环境下考虑公平偏好的绿色供应链博弈研究[J]. 复杂系统与复杂性科学,2021,18(04):84－94.

[20]李丽,杜凌. 我国出口贸易对经济增长影响的实证分析[J]. 财贸研究,2007(4):44－49.

[21]李瑞琴. 产品内贸易与传统贸易模式对发展中国家经济增长影响的差异性研究——基于中国的实证研究[J]. 世界经济研究,2010(2):62－67.

[22]李晓燕,李铭晨,王谊茜. 美国国会对华贸易政策的自由主义新特征[J]. 学术界,2017(224):235－245.

[23]刘佳,王先甲. 网络博弈合作剩余收益分配的协商方法[J]. 系统工程理论与实践,2019(11):2760－2770.

[24]刘强,谢雪. 贸易保护主义的回归:1881－189年英国公平贸易运动[J]. 财经问题研究,2021,(8):22－30.

[25]刘亮. 数据梳理共建"一带一路"10年来亮眼成绩单[N/OL]. 央视网(2023－10－11)[2025－01－08]. https://news.cctv.cn/2023/10/11//ARTIa03H9zKZns1WPHJwVrSA231011.shtml.

[26]刘旭东. 移民影响英国脱欧的内在机制论析[J]. 世界民族,2019(03):57－68.

[27]刘仲华. 共建一带一路第一现场:跨越山海,钢铁驼队为世界经济增动力[N/OL]. 人民日报(2024－12－11)[2025－01－08]. https://www.workercn.cn/c/2024－12－11/8411067.shtml.

[28]柳丝."一带一路"赋予全球化新内涵[J]. 金融时报,2017－01－24.

[29]马岩."一带一路"国家主要特点及发展前景展望[J].国际经济合作,2015(05):28—33.

[30]南江霞,王盼盼,李登峰.非合作－合作两型博弈的SHAPLEY值纯策略纳什均衡解求解方法[J].中国管理科学,2021,29(05):202—210.

[31]欧盟中国商会.中国企业在欧盟发展报告2024/2025[R/OL].(2024—12—09)[2025—01—08]. https://baijiahao.baidu.com/s?id=1820623043474665241.

[32]邝梅.布什政府贸易政策调整分析[J].国际问题研究,2004(2):46—7.

[33]邱昌情.特朗普政府"退群"对多边主义秩序的影响及应对[J].湖北社会科学,2019(12):23—30.

[34]阮宗泽.人类命运共同体：中国的"世界梦"[J].国际问题研究,2016(1):9—13.

[35]沈贺.美国文化霸权与"普世价值"在我国的传播[J].思想教育战线,2017(270):37—42.

[36]邵宇,秦培景.全球化4.0:中国如何重回世界之巅[M].桂林:广西师范大学出版社,2016.

[37]宋国友.国际贸易政治的研究方法、政策意识和中国取向[J].国际政治研究,2011(2):178—184.

[38]苏志庆,陈银娥.知识贸易、技术进步与经济增长[J].经济研究参考,2014(8):133—157.

[39]孙楚仁,沈玉良,赵红军.加工贸易和其他贸易对经济增长贡献率的估计[J].世界经济研究,2006(3):54—62.

[40]隋福民.世界经济发展不平衡、中国文化基因与"一带一路"建设[J].新视野,2015(06):19—25.

[41]田野.国际贸易、要素禀赋与政体类型的变迁[J].国际政治经济学,2016(2):4—35＋38.

[42]托马斯·孟.英国得自对外贸易的财富[M].北京:商务印书馆,1997.

[43]万勇.技术创新、贸易开放度与市场化的区域经济增长效应——基于时空维度上的效应分析[J].研究与发展管理,2010(6):86—95.

[44]王珏.国际贸易前沿专题[M].北京:中国经济出版社,2013.

[45]王立文.论金融服务自由化条件下我国金融业竞争力的提升[J].江西

社会科学. 2010(8):81-6.

[46]王岚. 全球价值链嵌入与贸易利益：基于中国的实证分析[J]. 财经研究，2019(7)：71-83.

[47]王孝松,施炳展,谢申祥,赵春明. 贸易壁垒如何影响了中国的出口边际？——以反倾销为例的经验研究[J]. 经济研究参考,2014(11):58-71.

[48]王义桅. 全球治理的中国自信与自觉[J]. 当代世界,2016(11):14-17.

[49]王勇. 国际贸易政治经济学:全球贸易关系背后的政治逻辑[M]. 北京：中国市场出版社；2008.

[50]韦军亮,陈漓高. 政治风险对中国对外直接投资的影响——基于动态面板模型的实证研究[J]. 经济评论,2009(4):106-113.

[51]向鹏成,张菲,盛亚慧. "一带一路"沿线国家基础设施投资社会风险评价研究[J]. 工业技术经济,2022,41(03):3-11.

[52]向红. 全球化与反全球化运动新探[M]. 北京：中央编译出版社；2010.

[53]肖晓军. 贸易自由化与地区收入不平等研究进展综述[J]. 生产力研究，2011(10):209-14.

[55]谢文郁. 宗教问题:权利社会和责任社会[J]. 世界宗教研究,2014(2):19

[56]徐丽. 全球价值链视角下的贸易摩擦应对策略研究[J]. 改革与战略,2016;32(277):141-145.

[57]杨飞. 大国博弈和大国平衡:冷战以来东南亚安全格局演进的双重动力[J]. 国际关系研究,2021(04):129.

[58]杨国亮. 对外投资合作中的政治风险_现有研究的综述及其扩展[J]. 经济管理,2012;34(10):192-199.

[59]杨景明. 韩国政治转型的背景与21世纪东亚民主化变动的趋势[J]. 东北亚研究,2002(2):74-77.

[60]叶海林. 中国推进"一带一路"倡议的认知风险及其防范[J]. 世界经济与政治,2019(10):122-142+160.

[61]张红,宋文飞,韩先锋等. 贸易自由化、生产率"饱和"与就业[J]. 软科学.2015;29(181):124-128.

[62]余道先,刘海云. 战略性贸易政策与我国自主创新的发展战略[J]. 国际经贸探索.2007(7):18-22.

[63]余淼杰.国际贸易的政治经济学分析:理论模型与计量实证[M].北京:北京大学出版社,2009.

[64]雨山,王逸.欧盟考虑应对特朗普"关税威胁"[N].环球时报,2024-12-25(011).

[65]张佳.试论詹姆逊文化全球化理论.山东社会科学,2015(243):160-170.

[66]张洁,秦川义,毛海涛.RCEP、全球价值链与异质性消费者贸易利益[J].经济研究,2022,57(03):49-64.

[67]赵丽佳,冯中朝.加工贸易进口、一般贸易进口与经济增长的关系——一个协整和影响机制的经验研究[J].世界经济研究,2008(8):37-43.

[68]张丽娟,赵佳颖.全球价值链下中美贸易利益分配与影响因素的测度研究——基于相对出口增加值率的视角[J].国际贸易问题,2019(08):16-32.

[69]张晓磊,张为付,崔凯雯.贸易利益分配失衡与贸易摩擦.国际贸易,2018(10):52-57.

[70]张宇燕,李增刚.国际经济政治学[M].上海:上海人民出版社,2008:413-414.

[71]赵长峰.国际政治中的新权力观[J].社会主义研究,2007(172):107-109.

[72]郑军,张永庆,黄霞.2000-2014年海上丝绸之路贸易网络结构特征演化[J].国际贸易问题,2017(03):154-165.

[73]郑军,张永庆,黄霞,沈爱忠.基于国际贸易网特性的贸易依赖派系过滤算法[J].计算机应用研究,2017(12).

[74]郑军.儒家文化与合伙创业管理[D].上海理工大学,2007.

[75]庄惠明.多边贸易体制的理论与实践研究[D].厦门大学,2008.

二、英文文献

[1]Antras, P. Firms, contracts, and trade structure[J]. *The Quarterly Journal of Economics*, 2003,118(4):1375-1418.

[2]Antras, P. Incomplete contracts and the product cycle[J]. *The American Economic Review*, 2005,95(4):1054-1073.

[3]Antras, P. Property Rights and the International Organization of Pro-

duction[J]. *The American Economic Review*, 2005, 95(2):25—32.

[4]Awokuse, T. O. Is the export-led growth hypothesis valid for Canada?[J]. *Canadian Journal of Economics*, 2003, 36(1):126—136.

[5]Bacchus, J. The WTO and the international rule of law[J]. *Harvard International Law Journal*, 2003(44):541.

[6]Barton, J. H. The Evolution of the Trade Regime: Politics, Law, and Economics of the GATT and WTO[M]. *Princeton University Press*, 2006.

[7]Balaev, M. The effects of international trade on democracy: A panel study of the post-Soviet world system[J]. *Sociological Perspectives*, 2009, 52(3):337—362.

[8]Bernard, A. B., Eaton, J., Jensen, J. B. Plants and productivity in international trade[J]. *American Economic Review*, 2003, 93(4):1268—1290.

[9]Capling, A. The multilateral trading system at risk? Three challenges to the WTO[J]. *Kluwer Law International*, 2003:37—58.

[10]Castellani, D. Export behaviour and productivity growth: evidence from Italian manufacturing firms[J]. *Review of World Economy*, 2002, 138(4):605—628.

[11]Carmichael, K. The free-trade backlash[J]. *Canadian Business*, 2016, 89(6):18.

[12]Chen, S., Li, D. China-United Kingdom free trade area: Likely impact on the economy and on specific industry sectors in both countries[J]. *Journal of Chinese Economic and Foreign Trade Studies*, 2017, 10(1):111—126.

[13]Chowdhury, Roy, S. Inducing human capital formation: how efficient is an education subsidy?[J]. *International Journal of Business and Economics*. 2010;9(2):105—114.

[14]Claessens, S., Glaessner, T. Internationalization of Financial Services in ASIA[R]. *World Bank*, 1998.

[15]Delgado, M. Firm productivity and export markets: a non-parametric approach[J]. *Journal of International Economics*, 2002, 57(2):397—422.

[16]Dixit, A., Stiglitz, J. Monopolistic competition and optimum product diversity[J]. *American Economic Review*. 1977(67):297—308.

[17]Drahos, P. When the weak bargain with the strong: Negotiations in the World Trade Organization[J]. *International Negotiation*, 2003, 8: 82—84.

[18]Efstathopoulos, C. Reformist Multipolarity and Global Trade Governance in an Era of Systemic Power Redistribution[J]. *Global Journal of Emerging Market Economies*, 2016, 8(1): 3—21.

[19]Eichengreen, B. , Leblang, D. Democracy and globalization[J]. *Economics and Politics*, 2008, 20(3): 289—334.

[20]Elhanan, Helpman, Marc Melitz, Yeaple, s. Export versus FDI with heterogeneous firms[J]. *American Economic Review*, 2004, 94(1).

[21]Feinberg, Robert, M. The spread of antidumping regimes and the role of retaliation in filings[J]. *Southern Economic Journal*, 2006, 72(4): 877—890.

[22]Felbermayr, G. J. Dynamic panel data evidence on the trade_income relation[J]. *Review of World Economics*, 2005, 141(4): 583—611.

[23]Frankel, J. A. , Romer, D. Does trade cause growth? [J]. *American Economic Review*, 1999, 89(3): 379—99.

[24]Fu, D. China's CRC exports down 20% in November as anti-dumping measures bite[N]. *Metal Bulletin Daily*, 2016: 1.

[25]Ghibuțiu, A. The surge in trade protectionism: evidence and Implications[J]. *Impact of Socio-economic and Technological Transformations at National, European and International Level(ISETT)*, 2016, 13.

[26]Girma, S. , Greenaway, D. , Kneller, R. A Microeconometric analysis of matched firms[J]. *Review of International Economics*. 2004; 12(5): 855—866.

[27]Globerman, S. , Walker, M. *Assessing NAFTA: A Trinational Analysis*[M]. Toronto: The Fraser Institute Press; 1993.

[28]Goldberg, P. K. , Maggi, G. Protection for sale: an empirical investigation[J]. *American Economic Review*, 1999(5): 1135—1155.

[29]Grossman, G. M. , Helpman, E. Protection for sale[J]. *American Economic Review*, 1994(4): 833—850.

[30]Grossman, G. , Helpman, E. The politics of free-trade arrangements [J]. *American Economic Review*, 1995 (85): 667—690.

[31]Gylfason, T., Martínez-Zarzoso, I., Wijkman, P. M. Can free trade help convert the 'Arab Spring' into permanent peace and democracy? [J]. *Defence and Peace Economics*, 2015, 26(3): 247—270.

[32]Hechscher, E. F. The effect of foreign trade on the distribution of income[J]. *Ekonomisk Tidslrift*, 1919, 21(2): 1—32.

[33]Hilary, J. Europe mobilize against TTIP [J]. *NACLA Report on the Americas*. 2016(3): 242—243.

[34]Horng, D—C. The human rights clause in the European Union's external trade and development agreements[J]. *European Law Journal*, 2003, 9(5): 677—701.

[35]Hu, D. P. Trade, rural-urban migration, and regional income disparity in developing countries: a spatial general equilibrium model inspired by the case of China[J]. *Regional Science and Urban Economics*. 2002(32): 311—338.

[36]Italo, C., Stanig, P. The real reason the UK voted for Brexit? Jobs lost to Chinese competition[J]. *The Washington Post*. 2016(7).

[37]Jackson, J. The *World Trading System: Law and Policy of International Economic Relations*[M]. The MIT Press, 1997.

[38]Jackson, M. O. A strategic model of social and economic networks[J]. *Journal of Economic Theory*, 1996(71): 44—74.

[39]John Maynard Keynes. *The general theory of employment, interest and Money*[M]. London: Macmilland and Co., Limited, 1936.

[40]Jones, R. W. Heckscher-Ohlin and specific-factors trade models for finite changes: how different are they? [J]. *International Review of Economics and Finance*, 2014, 29: 650—659.

[41]Kanbur, R., Zhang, X. B. Fifty years of regional inequality in China: a journey through central planning, reform, and openness[J]. *Review of Development Economics*. 2005; 9(1): 87—106.

[42]Kaplinsky, R., Morris, M. A *Handbook for Value Chain Research*[M]. ——IDRC, 2001.

[43]Katzenstein, P. J., Keohane, R. O., Krasner, S. D. International organization and the study of world politics[J]. *International Organization*,

2007,54(4):660.

[44]Keehan RO, Macedo S, Moravcsik A. Democracy-Enhancing Multilateralism[J]. *International Organization*, 2009,63(1):11.

[45]Kinne B. J. Trade integration, network centrality, and militarized interstate disputes: Assessing the systemic impact of international trade[J]. *International Studies Association*, 2008:1—52.

[46]Krugman P. R. Increasing returns, monopolistic competition, and international trade[J]. *Journal of International Economics*. 1979;9(4):469—479.

[47]Krugman P. R. Strategic trade policy and the new international economics[J]. *Journal of Economic Literature*, 1987,25(1):214.

[48]Lacewella OP, Wildea PD. Winners and losers of globalization in Europe: attitudes and ideologies[J]. *European Political Science Review*. 2014;6(4):575—595.

[49]Lee J, Wong K. Vertical integration and strategic trade policies[J]. *North American Journal of Economics and Finance*. 2005;16(1):93—117.

[50]Lee J W, Pyun J H. Does Trade Integration Contribute to Peace? [J]. Review of Development Economics,2016,20(1):327—344.

[51]Li Q, Reuveny R. Economic globalization and democracy: An empirical analysis[J]. *British Journal of Political Science*,2003,33(1):29—54.

[52]López-Córdova E, M. Meissner C. The Impact of International Trade on Democracy:A Long-Run Perspective[J]. *World Politics*. 2008;60(4):540.

[53]Magu S. Toxic mixtures : democracy, ethnicity electoral politics, and state failure in Africa[J]. *African Journal of Democracy and Governance*, 2016, 3(1—2):21—50.

[54]Malcolm M. Do local exports impact congressional voting on free trade agreements? [J]. *Economics Letters*, 2017,154:31—34.

[55]Martin P, Mayer T, Thoenig M. Make trade not war? [J]. *Review of Economic Studies*,2008, 75(3):865—900.

[56]Mengistae T, Pattillo C. Export orientation and productivity in sub-Saharan Africa[J]. *International Monetary Fund Staff Papers*. 2004;51(2):

327—353.

[57]Melitz M J. The impact of trade on intra-industry reallocations and aggregate industry productivity[J]. *Econometrica*, 2003, 71(6):1695—1725.

[58]Murshed S M, Serino LA. The pattern of specilization and economic growth: the resource surse hypothesis revisited[J]. *Structural Change and Economic Dynamics*, 2011, 22(2):151—161.

[59]Nalbantoglu C. One Belt One Road Initiative: New Route on China's Change of Course to Growth[J]. *Open Journal of Social Sciences*. 2017;5(1):87—99.

[60]Pattiradjawane R L. The Indonesian perspective toward rising China: Balancing the national interest[J]. *Asian Journal of Comparative Politics*, 2016, 1(3):260—282.

[61]Soto OD. The Real Enemy for Trump Is Mercantilism, Not Globalism[J]. *Wall Street Journal-Online Edition*, 2016:1.

[62]Zürn M, Wilde P. Debating globalization cosmopolitanism and communitarianism as political ideologies[J]. *Journal of Political Ideologies*, 2016, 21(3):281—301.

[63]Zheng J, Wang J F, Shen A Z. Evolutionary game of international tradenetwork based on trade policy differences[J]. Scientific reports, 2025, Vol. 15(1):1095.